本书出版受国家社会科学基金教育学一般课题
“新高考下选考选课选学研究”(BHA170143)资助

序

新时代，推进普通高中育人方式改革是加快推进教育现代化、建设教育强国、办好人民满意的教育，统筹推进普通高中新课程改革和高考综合改革，全面提高普通高中教育质量的重大战略举措。

本书以新高考背景下的选考选课选学为研究对象，详细剖析了选考选课选学育人方式的制度重塑与框架形成，厘定了新高考背景下普通高中育人方式改革的新内涵，指出以选考为育人新引擎、选课为育人新载体、选学为育人新机制的整体性、系统性和综合性改革，三者互为表里、内在统一，共同指向学生健康成长成才育人目标的实现。本书以专业优先的选考博弈为切入点，以选考选课选学的学业进程理路，从育人方式的制度重塑与框架形成、惯习侵扰与条件缺失的现实困境、秩序新构与策略改进的路径建构三个维度八个章节，逐一讨论了学业水平考试与综合素质评价、新高考与高中学习关联度、育人目标与选择性课程、选课指导与支持系统、走班教学与学习共同体、个性化学习与精准指导、终身发展与生涯规划等问题。

首先，本书论述了选考选课选学的育人方式制度重塑与框架形成的时代背景、意蕴架构与逻辑关系。

1. *新高考改革精神与育人目标新指向*

本书站在以立德树人为根本任务的视角，强调了新高考综合改革是贯穿整个教育系统的关键节点，它既充当基础教育的“指挥棒”，决定着基础教育教学的安排，又充当高等教育的“压舱石”，决定着高等学校生源的质量和基础，进而决定着高等学校的特色和人才培养质量。考试招生制度的完善与重塑是新时代全面贯彻党的教育方针，深入推进素质教育，加快培养与选拔人才的重大国家战略，它影响着普通高中教育的组织形式、运行机制、课程体系、评价模式，故而以选择性为特征的普通高中育人新方式在新高考的背景下应运而生。新高考综合改革的核心精神是坚持正确的育人导向，遵循育人为本的基本原则，培养德智体美劳全面发展的社会主义建设者和接班人，把促进学生健康成长成才作为改革的出发点和落脚点，普通高中教育的根本任务是促进学生全面而有个性的发展，为学生适应社会生活、高等教育和职业发展做准备，为学生的终身发展奠定基础。

2. 选考选课选学的意蕴架构

本书详细剖析了充分展示学生主体选择性基因的普通高中育人新方式——选考选课选学的概念内涵，并指出选考指向学习的内在动力，选课指向学习内容更新，选学指向学习方式变革。选考制度的基本内涵不仅在于增加高考机会，更在于赋予学生自主选择权利的育人理念与原则得以实施和验证。普通高中选课制度的最大变化是构建了自主课程选择制度，实现了从"一班一张表"到"一生一张表"。自主选择的课程制度改变了传统静态的高中育人模式，使高中教育充满了压力挑战、激情活力，为学生的健康成长提供多样化选择。以走班制、行政班与教学班并存的选学新样态成为普通高中育人的基本组织形式。选学制度的外显形态具体表现为走班教学，根据兴趣、爱好、学习水平为学生个性成长和多样需求提供课程资源菜单，设置不同课程层级与类型的教学班级，让学生自己选择课程和班级。

3. 选考选课选学的内在逻辑关系

本书解释了新高考背景下普通高中育人方式变革的三大活动载体，即选考、选课、选学，构建了"为什么学、学什么和怎样学"的内在逻辑结构。其中，选考是目标导向、选课是基础载体、选学是主体核心，三者在性质上表现出静态的选择性，在形式上表现出动态的自主性，在价值上表现出主体的适应性，三者高度联系、互为一体，以立德树人为根本，统一于学生健康成长成才的育人目标之中，统一于学生主动建构的学习方式之中，统一于学生自主选择的课程制度之中，是新高考下普通高中育人方式选择性本质的直接转化，是新高考改革精神的现实物化，共同建构了普通高中课程改革、考试改革与教学改革协同一致的育人新方式，体现新高考的选择性精神与立德树人根本任务的坚守。

本书强调，新高考既突出"选择性"特征，也重视"统一性"要求。从选考组合、选考次数到考试时间、考试内容的"统一性"取向，就是要避免"选择性"所带来的盲目性、功利化、趣味化，重在尊重教育规律，重在强化基础性、稳定性、秩序性、战略性。本书认为，选择性育人方式绝不是选择越多就越好，更不是为了选择而选择，"选择性"的唯一目的是走向培养德智体美劳全面发展的社会主义建设者和接班人的统一性要求。

其次，本书分析了选考选课选学惯习侵扰与条件缺失的现实困境。

1. "指挥棒"惯习与选考功利性现象

本书发现，选考制度的核心在于引导普通高中转变育人理念和变革育人方式，将学生的健康成长成才作为根本目标。然而，高考"指挥棒"的惯习却催生了功利化选课、套餐化教学的应试教育新形态和"田忌赛马"选考新现象。物理遇冷、理科萎缩，选考中的"马太效应"、选科中的避趋冲突与自主无助等现象，导致生涯指导窄化，选考咨询、综合素质"重而不要"。从表面来看,这是由于给予了学生更多的选择机会,但归根结底,这既有学生自利心理、畏难心理、从众心理作祟,也有高中学校妥协心理、追效心理相随;既有"学而优则仕"考试文化的掣肘,也是新高考制度本身的"漏洞"所致,这其中交织着政府、学校、家长、考生多方利益的考量博弈,显示出强大的应试教育惯性阻力。

2. 五育失衡与选择性课程体系落差

本书指出,新高考改革在构建促进学生个性化创新性发展的育人过程中,存在五育失衡和选择性课程体系不够完善的问题。本书从历史和实践两个维度分析了当前五育并举过程中存在单兵独进、割裂推进、表层推进、疲劳推进的"单、散、浅、累",五育内部逻辑割裂、目标过于分解、过程过于条块割裂导致疏德、偏智、弱体、抑美、缺劳,产生了唯分数、唯升学、唯文凭、唯论文、唯帽子的顽瘴痼疾。五育之间的不均衡发展致使普通高中选择性课程体系存在落差。其一,在课程建构上,劳动课程普遍缺失;其二,在课程实施上,智育至上,它育旁落依然严重;其三,在课程资源上,个性化课程难以落实;其四,在课程评价上,以纸笔测试为主,综合素质评价操作难。

3. 走班困顿与个性化指导缺席

本书阐释了选课走班是新高考制度下普通高中最主要的教学组织形式和学习方式,深入研究以兴趣、学习水平或专业意向为理想导向的育人方式,在实践中遭遇的种种困顿,个性化、专业性的学习指导仍不能完全满足学生需求。具体表现在:第一,选课走班的盲从性与专业性指导不足;第二,分层分类课程走班的差异性较大与个性化辅导缺位;第三,班级的双重性冲突与平行教育原则难题;第四,学校资源不均衡与自主选择性受限。

最后,本书提出了选考选课选学秩序新构与策略改进的路径。

1. 选考博弈的合理性引导

本书提出,合理引导选考"博弈"的"零和游戏"心态。首先,要引导学生个人兴趣与未来职业的统一;其次,要引导学生个人成长与立德树人的统一;再次,要实现科学选才与社会公平的统一。要下大力气快速地推进教育公平,确保师资、办学条件、经费保障向薄弱学校大力倾斜,要给每个人成长成才创造公平的机会与条件。因此,实现个人兴趣与未来职业、个人成长与立德树人、科学选才与社会公平的"三统一"是普通高中育人方式变革的目标追求。

2. 五育融合的选择性课程完善

本书强调,五育融合的选择性课程体系完善的理论依据有四:一是基于学生完整生命主体的发展需求，实现德智体美劳全面发展的育人目标；二是基于学生成长与成才的个性化需求，实现因材施教选择性教育的育人方式变革；三是基于知识的融会贯通，指向学生整体性的思维方式；四是基于国家的发展需要，指向知识的传承与创新。五育融合选择性课程体系的完善既要转换思维，从还原走向系统，又要转换视角从齐头并进到分类推进。总之，完善五育融合的普通高中课程体系的根本价值定位和基本原则是为培养中国特色社会主义建设者和接班人服务，为学生个性化的健康成长成才服务，这是普通高中育人方式变革的实践载体。

3. "学业、专业、职业"一体化的生涯指导设计

本书认为，一体化的生涯指导设计是普通高中育人方式变革的核心主体，是解决学生如何学习的根本性问题。首先，组建专兼结合的生涯指导团队，促进大学与中学的有效合作。其次，推进学情分析的科学化水平，为学生个性化学习与发展提供综合支持系统。再次，制定国家生涯指导标准，建立专业型社会生涯咨询机构。积极借鉴欧美发达国家相对成熟的生涯教育体系，构建我国生涯发展指导方针和生涯教育框架，为指导教师队伍的专业资格获得和专业咨询机构建立提供合法依据。

4. 育人导向的学习空间改造

本书指出，新高考背景下选考选课选学方式的改变致使育人空间发生了重大转换，原有物理空间布局与新的育人方式不匹配，甚至相冲突。首先，充分认识育人空间功能转换的价值定位。育人空间从"有形"向"无形"、从"单一直线"向"立体多维"的功能转换，打破了学生学习的有形界域。教室从上课场域到育人空间的综合转变，让教室成为课堂教学、学科实验、育人文化、教师办公于一体的学习共同体，让教师成为教室真正的主人，像美国的"56 号教室奇迹"一样来经营教室、经营班级和经营课堂，实现教师即研究者，教师即课程。

本书从历史、理论与实践三个维度入手，通过系统研究专业优先的选考制度、选择性课程体系的构建、选课指导与支持系统、学业职业生涯规划、走班选课与学习共同体构建、个性化学习及指导以及新高考与高中学习的关联度等内容，丰富我国的招生考试制度理论、高中课程理论、教学理论与学习理论。同时，本书也为教育考试管理部门提供了若干针对性的决策参考，为试点新高考模式的改进与优化、高中阶段课改与高校招生实践提供了若干可资参考的建议。

重建适合新时代育人目标与理念的普通高中育人新方式必将是事关高中育人质量提升、教育现代化实现、中华民族伟大复兴的重大长期的教育命题。在当下"双减"的政策背景下，普通高中选考选课选学带来的新变化和新活力、新问题与新挑战，仍需

教育界同仁接续研究。愿每个人都能为加快推进教育现代化，建设教育强国，办好人民满意的教育，培养新时代堪当民族复兴大任的新人而贡献力量。

是为序！

林正范

2023年9月10日

目录

第一章　专业优先与选考博弈

中国具有历史悠久的人才选拔经验，媲美“四大发明”的“科举制度”是中国的一项伟大发明创造，影响着全球的人才选用观念，至今仍然意义深远。作为科举制度发源地的中国，历经了百年历史的沧桑巨变和社会急剧变革，在昂首阔步迈入新时代，建设有中国特色的社会主义国家，实现中国“两个一百年”奋斗目标和中华民族伟大复兴中国梦的伟大征程中，不断地优化考试招生制度。为打破“唯分数论影响学生全面发展，一考定终身使学生学习负担过重，区域、城乡入学机会存在差距，中小学择校现象较为突出，加分造假、违规招生现象”[①]，2014 年以《国务院关于深化招生考试制度改革的实施意见》的发布为标志的“新高考”拉开时代序幕。

第一节　专业优先的选考新策

建立中国特色现代化教育考试招生制度是“2035 年总体实现教育现代化，迈入教育强国行列，推动我国成为学习大国、人力资源强国和人才强国”的重大战略举措，是建成服务全民终身学习的现代教育体系，普及有质量的学前教育，实现优质均衡的义务教育，全面普及高中阶段教育，职业教育服务能力显著提升，高等教育竞争力明显提升，残疾儿童少年享有适合的教育，形成全社会共同参与的教育治理新格局的关键环节。新的考试招生制度是汲取中国千年科举制度之精华后，面对新形势、新问题与新未来，高瞻远瞩、顶层设计的以素质教育为导向，以公平公正公开为原则，以人才选拔为突破口的系统综合改革；是通过深化改革，构建更加公平公正、更加科学合理的高等学校考试招生制度，为率先实现教育现代化提供的支撑服务。

一、新中国高考招生制度演变

中华人民共和国成立后的高考招生制度虽经过曲折发展的变化历程，但始终围绕中国特色社会主义建设任务和中华民族伟大复兴梦想的实现，为满足人民对美好生活

① 上海市、浙江省深化高考综合改革方案[M]. 北京：人民出版社，2014(9)：28.

的向往和对优质教育的追求而不断地完善与深化。

(一) 发展阶段

新中国成立七十多年来,高考招生制度一直受到传统文化、政治、经济、知识等因素制约,随着国家政治、经济、社会的发展与变化,显示出了明显的阶段性特征和复杂曲折的改革历程。以时代的重大事件为节点,以考试制度内涵的变化为依据,中国高考招生制度可分为建立停滞期、恢复尝试期、转折探索期和改革深化期四个阶段。

1. 建立停滞期(1949—1977 年)

1949—1977 年近三十年的时间内,中国高校招生考试制度经历了单独招生、联合招生、统一招生、推荐招生以及停滞招生,最终回归到全国统一招生的曲折历程。

新中国成立初期,全国各项事业百废待兴,许多新制度还没建立起来。1949 年的高等学校招生仍然采用高校单独招生考试旧制,虽然自主性和选择性较强,但是没有统一的标准,考生可以报考多个学校,导致各校重复录取,从而造成有的学校录取率很低,甚至十数次也未能招满。可是,这种情况无法满足新中国各项建设对大量人才的急切需求,不利于较大范围公平选拔人才,不利于整个高等教育的学科结构调整,也会出现区域发展不均衡等问题。同时重复报考也会加重考生经济负担。因此,1950 年东北、华北、华东三大区 73 所学校开始实行联合招生,1951 年这个招生范围又扩大到全国各大行政区范围内统一招生。1952 年发布了新中国第一个统一招生文件《关于全国高等学校一九五二年暑期招收新生的规定》,并成立了全国高等学校招生委员会,全国统一组织命题、制定参考答案和评分标准;1953 年在总结两年联考和一年统考经验的基础上,国家进一步提出了志愿分配、政治审查、体检标准等完善措施。经 1954 至 1958 年的反复讨论和实验,1959 年基本确定了全国统一招生考试制度框架,即教育部制定招生计划和生源计划,统一制定报名条件、政审、体检、考试、录取等规则,并成立负责高校招生、学籍管理、毕业分配的高校学生管理司,各省、自治区、直辖市也相继成立高等学校招生办公室来组织考试、评卷、录取等相关工作。这种工作体制一直延续至今。

统一招生与单独招生一直在矛盾中前行。统一招生考试的统一时间、统一报考、统一录取、统一调配的制度始终很难完全兼顾学校的专业特点、高校主体作用以及考生的多样志愿。因此,关于招生问题的争论始终围绕这一矛盾主线展开,存在着两种根本对立的指导思想的斗争。1949—1958 年,对于是学校单独招生考试还是全国统一招生的讨论一直不绝于耳,结果主张全国统一招生考试的声音高于学校单独招生考试的声音;1958—1977 年,是"以阶级斗争为纲"与"以经济建设为中心"两种根本对立的指导思想在全国统一招生与考试中反复、激烈斗争的时期,主要体现为是肯定还是否定考试的作用，其间还经历了“文化大革命”的停止招生、废除考试。这场斗争最后以 1977 年恢复高考而告终。[①]

2. 恢复尝试期(1978—1998 年)

改革开放后最初的二十年间，以恢复高考为突破口的招生考试制度经历了恢复、重建、引进、变革，在恢复中改进，在变革中更新，在开放中发展，此阶段的高考制度努力与社会政治、经济、文化发展对人才培养的需求相适应，努力在招生条件、考试内容、考试方式、考试管理、招生规范上进行尝试探索。

恢复尝试期的重大历史事件是 1978 年 12 月中共中央十一届三中全会的召开，会议作出了结束“文化大革命”“把全党工作重点和全国人民的注意力转移到社会主义现代化建设上来”的重大决策。1977 年 7 月中共中央十届三中全会恢复邓小平职务，8 月 4 日—8 日便邀请了 30 多位著名科学家和教育工作者座谈，会上许多人强烈呼吁即使推迟半年入学，也要改革“文化大革命”期间的招生制度。8 月 13 日—9 月 25 日又召开了史无前例、会期长达 44 天的北京招生会，粉碎了“两个估计”的精神枷锁，冲破了“两个凡是”的思想束缚。10 月，国务院通过了《关于一九七七年高等学校招生工作的意见》，决定从当年起，恢复高考，废除推荐，恢复考试制度，采取自愿报名、统一考试、择优录取的办法。由于 1977 年的招生工作推迟了半年，1978 年 2 月被录取的新生才走进大学校园。

1978 年起，全国恢复统一考试，由教育部组织命题，各省、自治区、直辖市组织考试、评卷。考试纠正了新中国成立以后“左”倾“以阶级斗争为纲”，片面强调贯彻阶级路线，忽视和降低文化要求，纠正了政治审查的某些错误做法。恢复高考后，遇到的最突出矛盾是考生多、录取少，高考竞争达到了空前激烈的程度，致使片面追求升学率倾向明显。从 1982 年中共十二大确定实行有计划的市场经济到 1992 年中共十四大建立市场经济的转变时期，高等教育从“公费上学”“统包统分”到“缴费上学”“自主择业”，高考进入与经济发展、教育体制相一致的高考改革的目标，逐步制定了《普通高等学校招生暂行条例》《普通高等学校体育专业招生工作暂行规定》《高等艺术院校(系科)招生工作暂行规定》，以及招收保送生、军事院校招收地方考生、招收华侨及港澳台考生、来华留学生考试等系列规定，开始创建有中国特色的高考制度。

1980 年以来，片面追求升学率的“应试教育”问题突出，大量报纸刊登文章如《大突击景象散记》《我呼吁》《黑色七月》《一个怪圈》等报道了高考“独木桥”、扭曲教育本

① 杨学为. 中国考试通史(卷五)[M]. 北京：首都师范大学出版社，2001：56.

质、死记硬背等问题。1983 年教育部提出,有条件的地方可试行初、高中毕业会考,1990 年又发出《关于在普通高中实行毕业会考制度的意见》和《关于改革高考科目设置及录取新生办法的意见》,上海、浙江、云南、湖南、海南、湖北、贵州、河南等省市先后进行会考试验。1991 年后对高考科目的改革经历了从海南、湖南、云南进行了仅存在一年的 4×4“三南方案”模式,到“3＋1”上海模式,再到“3＋2”方案,最终演变到 1997 年决定高考科目实行“3＋X”方案。

恢复全国统一招生考试的二十年间,一方面高考为中国特色社会主义事业输送了无数的各层次各类型人才,另一方面高考竞争愈演愈烈,高考指挥棒的负向作用越发明显,社会批判从“片面追求升学率”到“应试教育”。1998 年教育部提出《面向 21 世纪教育振兴行动计划》,实施“跨世纪素质教育工程”以提高国民素质,提出要加大招生和毕业生就业制度的改革力度,有计划、有步骤地推进高等学校招生考试制度的改革,要从有利于中小学实施素质教育、高等学校公平选拔合格人才、扩大高等学校办学自主权和社会稳定的原则出发,进行高考科目、内容、方法和制度的改革试点,增加对学生能力和综合素质的考核分量,探索适合不同地区和学校特点的高等学校招生、考试、评价的方法和制度。

3. 转折探索期(1999—2013 年)

转折探索期的高考招生制度改革主要围绕素质教育的推进和新课程改革来进行。1999 年是个特殊的年份——新中国成立 50 周年、澳门回归、中美签署关于中国加入世界贸易组织的双边协议等。这段招生考试制度的转折探索期的重大教育标志是“大学扩招”和全面推进素质教育。《中共中央国务院关于深化教育改革全面推进素质教育的决定》中明确提出,“要全面推进素质教育,培养适应二十一世纪现代化建设需要的社会主义新人;要加快改革招生考试和评价制度,改变‘一次考试定终身’的状况”。高等教育扩招,一方面是解决高中毕业生千军万马挤上高考独木桥、竞争激烈带来的沉重学业负担,以及人们从批评片面追求升学率到抨击应试教育等问题;另一方面,也是为适应经济快速发展及改革开放对人才的强烈需求。

1999 年教育部出台了《关于进一步深化普通高等学校招生考试制度改革的意见》,提出高考改革的指导思想是要始终坚持有助于高等学校选拔人才、有助于中学实施素质教育、有助于高等学校扩大办学自主权的三项原则,这是高考制度谋求重大转折的标志。[①] 在此背景下开始推行“3＋X”科目设置方案,试行一年两次考试,实施计

① 宗钰,邹放鸣. 现代化发展与适应性变革[J]. 现代教育管理,2017(11):14—19.

算机网上录取，实施保送生综合素质测试。2000 年教育部实行高考招生综合改革，增设外语听力能力，实行综合素质测试。2004 年教育部印发的《国家基础教育课程改革实验区 2004 年初中毕业考试与普通高中招生制度改革的指导意见》提出，“要改变以升学考试科目分数简单相加作为唯一录取标准的做法，力求在初中毕业生学业考试、综合素质评定、高中招生录取三方面予以突破”，实行分省命题、自主招生试点和综合素质评价，这些调整措施适应了教育新课程改革需求。2008 年推出了“平行志愿投档录取”模式，2009 年实行职业院校“单独招生”模式。2010 年国家发布《国家中长期教育改革和发展规划纲要(2010—2020 年)》，确立考试招生制度改革试点，完善初中和高中学业水平考试与综合素质评价；探索实行高水平大学联考；探索高等职业学校自主考试或根据学业水平考试成绩注册入学；探索自主录取、推荐录取、定向录取、破格录取的具体方式；探索缩小高等学校入学机会区域差距的举措等。[①] 2011 年成立了国家教育考试指导委员会，研究制定考试改革方案，指导高考改革试点。按照不同类型人才的培养要求，开展普通本科和高等职业教育分类入学考试试点；深化高考内容与方式改革，加强国家考试题库建设，着重考查综合素质和能力；加强自主选拔录取管理；深化研究生招生考试改革，探索建立有利于拔尖创新人才选拔培养的机制和办法；加大建设国家教育考试标准化考点力度，确保招生考试安全。

2012 年党的十八大召开，提出办好人民满意的教育，教育要优先发展，并实现国家财政性教育经费支出占 GDP 的 4%的教育改革与发展；促进公平，落实异地高考方案，自主招生政策瘦身，680 个集中连片贫困县的 1.2 万名高考生走入“定向通道”。2013 年教育部颁布的《关于深化教育领域综合改革的意见》[②]明确提出，推进考试招生制度改革；研究制定高考改革的总体目标和基本框架，推进普通本科与高职教育分类考试；督促各地落实进城务工人员随迁子女接受义务教育后在当地参加升学考试的方案；做好高中学业水平考试及综合素质评价改革试点；深化高校自主选拔录取改革试点；完善高校招生考试综合评价改革试点；研究提出高考英语科目一年多次考试实施办法；加大普通高校招生计划向中西部民族地区、贫困地区倾斜力度；实施好国家扶贫定向招生专项计划。同时，推进普通高中考试招生制度改革，清理和规范高考加分政策，加强艺术、体育类等特殊类型招生和自主招生的监管，坚决查处违法违规行为等，并且这些问题都需要进一步深入研究、深化改革。

---

① 国家中长期教育改革和发展规划纲要(2010—2020 年)[EB/OL].(2010-07-29)[2023-02-08]. http://www.moe.gov.cn/srcsite/A01/s7048/201007/t20100729_171904.html.

② 教育部关于 2013 年深化教育领域综合改革的意见：教改[2013]1 号[EB/OL].(2013-01-29)[2022-12-07]. http://www.moe.gov.cn/srcsite/A27/zhggs_other/201301/t20130129_148072.html.

4. 改革深化期(2014 年至今)

2014 年是全面深化教育领域综合改革的开局之年，从此开始系统推进新一轮考试招生制度改革。

2014 年 9 月国务院印发《关于深化考试招生制度改革的实施意见》，对新一轮考试招生制度改革做出系统部署，并提出到 2020 年基本建成中国特色现代教育考试招生制度，逐步形成分类考试、综合评价、多元录取的考试招生模式。[①] 2014 年 9 月，上海市、浙江省发布第一批《深化高等学校考试招生综合改革实施方案》，12 月《关于加强和改进普通高中学生综合素质评价的意见》《关于普通高中学业水平考试的实施意见》《关于进一步完善和规范高校自主招生试点工作的意见》《关于进一步减少和规范高考加分项目和分值的意见》等 4 个配套文件发布。2017 年北京、天津、山东、海南进入高考综合改革第二批试点，2018 年河北、辽宁、江苏、福建、湖北、湖南、广东、重庆等 8 省份进入高考综合改革第三批试点，2021 年广西、黑龙江、吉林、安徽、江西、甘肃、贵州等 7 省份进入高考综合改革第四批试点，截至目前共有 21 个省份进入高考改革综合试点。

(二) 变革内容

新中国成立 70 多年来，招生考试制度的变革是沿着为什么考、考什么和怎样考的逻辑思路展开的，鉴于招生考试制度是一个复杂的社会系统变革，下面仅就高考形式、高考科目、高考录取三个方面加以简单论述。

1. 高考形式的变化

高考形式伴随新中国 70 多年来的政治、经济、文化、教育的变化而变化，其变化的核心依据是国家、高校、学生、知识之间的冲突、矛盾与平衡的关系把握。大致来说，历经统一高考、毕业会考、自主招考、综合测考、分类单考、推荐免考等形式。

第一，统一高考。新中国成立初期，经历了采用旧制的单独招考，到大区联考，再到全国统考的过程。旧制单独招考是由于特殊历史原因所限，但明显不能满足新中国刚成立时对人才的快速需求，所以只能先采取更加有效的大区联考，再采用全国统考的方式。全国统考的最大优点是统一、高效、节省成本，且具有可比性和公平性，有利于全国范围内招生的择优录取，有利于提高命题水平和试卷质量；但最大不足是缺乏灵活性、自主性，不能兼顾高校专业人才培养权利，不能满足学生发展的多样性需求，一考定终身的倾向明显。1952 年确定了统一招生考试，统一高考招生能更好地体现公平，也适应当时国家快速选拔人才的需要。但统一招生始终存在着统一性与特殊

① 国务院. 国务院关于深化考试招生制度改革的实施意见[EB/OL]. (2014 - 09 - 03)[2022 - 03 - 24]. http://www.gov.cn/zhengce/content/2014 - 09/04/content_9065.htm.

性、共性与个性的矛盾，并一直贯穿着统一招生政策变革的始终。从历史的发展来看，全国统一性考试一直占主流。虽然“文革”十年，统一高考被废止。但之后高考制度一直坚持全国统一：1977 年恢复统一高考；1983 年采用面向艰苦行业的“定向招生、定向分配”；1989 年实行标准化考试试点；2000—2004 年，全国开始实施“统一高考，分省命题”，同年北京、上海、安徽、内蒙古四省份率先推行春、秋季高考；2014 年颁布《国务院关于深化考试招生制度改革的实施意见》以后，统一命题增加，分省命题减少；2016 年采用“普通高考全国卷试题”的有 26 省；2021 年全国共有全国Ⅰ、Ⅱ、Ⅲ卷及新高考Ⅰ、Ⅱ卷，共五套卷。

全国统一高考时间也是随着高考改革而变化的(表 1 - 1)。从 1952 年首次实行全国统一高考(每年的 8 月 15—17 日举行)以来，考试时间大致较为集中，时长基本控制在 3 天以内。其中 1952—1954 年是在 8 月中下旬，1955—1965 年是在 7 月中下旬，1977 年是恢复高考后的特殊年份，文史理工类以及加试外语都有具体的时间安排。1979—2002 年的 13 年间日期固定在 7 月 7—9 日三天，2003—2019 年的 16 年间则提前至 6 月 7—8 日，2020 年为 7 月 7—8 日，2021 年以后又调整至 6 月 7—8 日两天。

表 1 - 1　全国统一高考时间与形式

年份	考试日期	考试形式
1952 年	8 月 15—17 日	统一考试、大区联考
1953 年	8 月 20—22 日	统一考试
1954 年	8 月 15—17 日	统一考试
1955—1957 年	7 月 15—17 日	统一考试
1958 年	7 月 20—30 日	单考或联考
1959—1960 年	7 月 20—23 日	统一考试
1961—1964 年	7 月 15—17 日	统一考试
1965 年	7 月 10—12 日	统一考试
1977 年	12 月 6 日—8 日，12 月 9 日—10 日，12 月 11 日—12 日，或 12 月 17 日—18 日，12 月 20 日—22 日	统一考试
1978 年	7 月 20—23 日	统一考试
1979—2002 年	7 月 7—9 日	统一考试
2003—2019 年	6 月 7—9 日	统一考试
2020 年	7 月 7—8 日	统一考试
2021 年至今	6 月 7—8 日	统一考试

第二，毕业会考（详见第二章“高中会考制度的发展”中的论述）。

第三，自主招考。高校自主招生考试与统一考试相伴而行，主要是为了弥补统一招考不能兼顾高校自主权的缺憾，打破“见分不见人”的招考弊端，以更有利于特殊人才培养等。20 世纪 50 年代以来一直存在着“统单”的争论，①从总体趋势来看，都是在坚持共性统考前提下体现个性单独招生。“文革”前的体育、艺术、国防等特殊行业基本上是高校单独自主招生，“文革”期间实行特殊的推荐招生。恢复全国统一高考后，1993 年上海工业大学等 7 所高校试行招收自费生的尝试；2001 年东南大学、南京航天航空大学、南京理工大学三校试行自主招生；2003 年北京大学、清华大学等 22 所国家重点大学各拿出 5%的招生名额进行自主招生试点，2004 年增至 28 所、2005 年增至 42 所、2006 年则增至 53 所。自 2005 年北京开始五校联考探索，到 2010 年已有 80 所高校具有自主招生资格，且出现了“北约”“华约”“京都”“卓越”34 所学校以联盟的形式自主招考。2012 年以后南开大学、复旦大学先后宣布退出“北约”自主招生联考，回归“自行命题，自行考试”。到 2013 年，中国共有 109 所高校可以自主招生。2020 年起，我国重点大学停止“自主选拔录取改革试点”，转而改为强基计划。与此同时，一般地方高校和高职院校部分专业继续实施自主招考。

一方面，自主招考的生源质量普遍高于统招录取，这不仅促进了大学人才培养模式改革，让一批荣誉学院（如竺可桢学院、伯苓班、省身班、致远学院、元培学院、匡亚明学院、文治苑等）进行拔尖人才培养、书院式培养、通才教育等探索，同时也在一定程度上促进了中学素质教育的开展，推动教师教学方式和学生学习方式变革，使学校更加重视学生的兴趣特长，重视竞赛活动，以及创新精神和实践能力的培养。但另一方面，自主招生考试也备受质疑，比如报考条件、选拔方式、考试内容等具有城市倾向，不利于农村考生和弱势群体的平等竞争，容易出现“寒门难出贵子”以及招生成本过高、社会诚信不足、考试压力增大等问题。于是《国务院关于深化考试招生制度改革的实施意见》中明确 2015 年起推行自主招生安排在全国统一高考后进行，自主招生主要选拔具有学科特长和创新潜质的优秀学生，不得采用联考方式或组织专门培训。

第四，综合素质评价。选拔和培养德智体美劳全面发展的人才是立德树人之根本，鉴于统一高考的单一评分录取的弊端会造成“片面追求升学率”和“应试教育”，于是提出了素质教育和综合素质评价的时代课题。1999 年国务院发布《关于深化教育改革全面推进素质教育的决定》，提出高考科目设置和内容改革要进一步突出对

① 李木洲. 高考改革的历史反思[M]. 武汉：华中师范大学出版社，2014：58.

能力和综合素质的考查。2002年《教育部关于积极推进中小学评价与考试制度改革的通知》提出，要在基础教育各学段实行综合素质评价，强调改变以升学考试的科目分数简单相加作为唯一录取标准的做法。2003年《关于开展普通高中新课程试验工作的通知》和《普通高中课程方案（试验）》明确提出，改进学生学业成绩与成长记录相结合的综合评价方式。2004—2012年实行普通高中新课程试验的30个省份明确将普通高中学业水平考试和学生综合素质评价作为高校招生录取的依据或参照标准之一。2014年《国务院关于深化考试招生制度改革的实施意见》要求建立规范的学生综合素质档案，客观记录学生成长过程中的突出表现，注重社会责任感、创新精神和实践能力，包括学生思想品德、学业水平、身心健康、兴趣特长、社会实践等内容，形成"两依据、一参考"（统一高考和高中学业水平考试成绩、参考综合素质评价）新格局。

综合素质评价有利于素质教育的开展与实施，有利于创新人才的培养，有利于转变"唯分录取"的局面，但是综合素质评价也存在着量化衡量之难、记录考察之难、质性比较之难，也存在公平公正诚信等问题。

除上面讲到的主要高考形式之外，"文革"期间还出现了"推荐免考"和昙花一现只实行了一年的广西本专科"分类考试"试点改革。新中国成立以来多种形式的高考改革或长或短、或多或少地都为当前的高考改革提供了有益的尝试，提供了正反两方面的经验，对形成具有中国特色的招生考试制度具有重要的启示意义。

2. 高考科目的变化

考试科目是高考改革的核心内容之一，因为考试科目决定了普通高中的学习方向和大学专业的人才培养基础。新中国成立70多年来高考改革方案的主线都是以高考科目的变化来展开的。厦门大学郑若玲教授依据新中国成立、第一次高考科目大调整、"文革"爆发、高考恢复、上海"3＋1"改革、广东"3＋X"改革、浙沪"新高考"的历史阶段，分析了新中国成立70多年来高考科目变革的"六大阶段六种模式"①（表1-2）。

表1-2　全国统一高考科目变化表

年份	科目模式
1949—1953	共同必考科目：政治常识、本国语文、中外史地、外国语（俄语或英语）、数学、物理、化学、生物。

① 郑若玲，徐东波.高考科目改革向何处去——基于70年高考科目设置变迁与困境的分析[J].复旦教育论坛，2020(3)：91—97.

续 表

年份	科目模式
1954—1965	1954 年文理二元分科：(1)理、工、卫生、农、林等科类的考试科目为政治常识、本国语文、数学、外国语、物理、化学、生物；(2)文、政法、财经、体育、艺术等科类的考试科目为政治常识、本国语文、外国语、历史、地理。 1955 年三元分科：理工、农林医、文史政法财经。理工类考政治常识、本国语文、数学、物理、化学；农林医类考政治常识、本国语文、生物、化学、数学、物理；文史政法财经类考本国语文、政治常识、历史、地理。 1964 年后文理二元分科。理工与农林医合并为一类，与文史政法财经并列为文、理两大类，两类的统考科目为政治常识、本国语文、外国语，理工农林医类非统考科目变为数学、物理、化学 3 门(减少了生物)，文史政法财经类非统考科目仅历史 1 门(减少了地理)。
1977—1987	1977 年二元分科，文科类考试科目为政治、语文、数学、史地；理科类考试科目为政治、语文、数学、物理、化学；外语为报考外语专业的加试项目。 1978—1980 年文六理六，外语统考，史地分为历史、地理；理化分为物理、化学。 1981—1987 年文六理七，生物从农医院校和有关专业的加试项目被列为必考科目。
1988—1998	1988 年，上海 3＋1 模式(统考科目：语数外 3 门；非统考科目：政史地理化生选 1 门)。 1991 年，湖南、云南、海南试点 4×4 模式，即第一组：政、语、史、外；第二组：数、语、理、外；第三组：数、化、生、外；第四组：数、语、地、外。 1993—1998 年，3＋2 模式文科、理科两组，必考科目：语数外 3 门，文科生考政史，理科生考理化。
1999—2013	1999 年，广东试点 3＋X 模式，语数外为必考科目，X 指在物理、化学、生物、政治、历史、地理 6 个科目或综合科目中自行选择 1—2 门高考科目；“3＋文综/理综”，常见的有“3＋文理综合”“3＋文理综合＋1”“3＋文综/理综＋1”。
2014—2021	2014 年，浙江、上海试点“3＋3”模式，必考科目：语数外 3 门，不分文理；选考科目：6 选 3 或 7 选 3(政史地理化生信息技术)；浙江外语、选考科目均有 2 次考试机会，上海只有外语有 2 次机会。
2014—2021	2017 年，北京、天津、山东、海南实行“3＋3”模式，外语和选考科目均只有 1 次机会。 2019 年，河北、辽宁、江苏等八省实行“3＋1＋2”模式，统考科目 3 未变，选考科目：历史、物理 2 选 1，其他 4 选 2(政地化生)；2021 年黑龙江、甘肃、吉林、安徽、江西、贵州、广西等七省实行“3＋1＋2”模式。

注：此表参照厦门大学郑若玲教授文章《高考科目改革向何处去——基于 70 年高考科目设置变迁与困境的分析》的材料整理而成。

高考指挥棒的魔力是靠考试科目来指引的，纵观高考科目改革探索的 70 多年，经历六大模式的更迭变化，“考什么”便会引起“教什么”的变革。从 2014 年新高考试点的实践来看，增加了考试机会，从“一考定终身”到“多考定终身”，但考试压力似乎并没有减少，应试教育的怪圈一直没能摆脱，哪怕实行自主招生时间久了之后也会变成“应试”的策略，这也是高考改革的苦恼所在。另一方面，高考科目变革也始终未能满足高校人才培养的需求。考试题目的命制，经历了分散——统一——再分散——再统一的变化过程。1977 年由各省自主命题；1978 年恢复全国统一命题；1986 年上海开始自主命题，到 2006 年，实施自主命题的省份增加到 16 个；2014 年后，自主命题的省份又开始由增变减，而使用全国统一命制高考试卷的省份则由减变增；2015 年，使用全国统一命制高考试卷的省份增加到 18 个，2016 年又进一步扩大到 26 个；[①]2021 年新老高考的 27 个省份采用的是“全国卷”。21 世纪基础教育课程改革的目的是改变过去死记硬背的教学传统，强调改变“繁、难、偏、旧”的教学内容，让学生更多地学习与生活、科技相联系的“活”的知识；强调变“要学生学”为“学生要学”，要激发学生的兴趣，让学生主动参与、乐于探究、勤于动手、学会合作；课程评价变以前过于强调甄别与选拔为改进教学与促进发展。2007 年实施普通高中新课程方案、推进新高考以来，逐步将课程标准和考试大纲合二为一，努力实现教、学、评一致的综合改革。

高考科目设置与命题是“考什么”和“怎样考”的高考“术”的变革，其实在高考改革过程中我们更应该关心高考“道”的规律，比如什么人有资格上大学、什么人能上大学；大学应该招收什么样的人；大学招生如何兼顾国家利益与人民利益、全面与个性、公平与科学；如何实现招生的安全底线与质量底线等。纵观考试科目的变革，我们不要忘记考试是手段不是目的，是方法手段而不是价值追求，所有的考试都不能忘记立德树人的根本任务与使命。判断高考改革是否成功的根本标准是是否有利于学生的健康成长成才和是否有利于立德树人的国家需求。

3. 高考录取的变化

高考录取政策的变化与国家大的政治政策、教育政策紧密相关，是反映高等教育入学机会是否平等的重要分配机制，招生录取规则经历了从“计划”到“市场”的体制转型，招生名额是从“权力上收”到“分省定额”，录取途径则由“以统为主”到“多元并存”，录取体制由“招办负责”到“高校负责”等。[②]

计划经济时代的招生体制属于统招统分、统一编制，国家有计划地培养专门的人才和国家建设干部，全国高等学校招生名额根据国家培养干部的数额、类别统一规定，是教育部和省级招办根据考生档案按“分段录取”的单轨制。改革开放以后，为解决艰苦行业、边远地区、国防和教育等基础事业存在的“分不进、用不着、留不住”问题，开始尝试“定向招生、定向分配”，或单位委培或自费，到 1992 年还存在统招生、定向生、委培生、自费生等多种招生形式，基本形成了两种收费制度、两条录取分数线的普通高

---

① 王火生. 高考制度改革的道与术[J]. 教育学术月刊，2018(2)：22—33.

② 李木洲. 高考改革的历史反思[M]. 武汉：华中师范大学出版社，2014：203.

等学校国家任务招生计划和调节计划相结合的“双轨制”。为改变“双轨制”调节性计划收费占比高、经济困难生无法升学、录取分数差距过大、生源质量下降等弊端，国家招生开始从“双规”转到“并轨”，实行国家录取统一划线、同一地区实行统一录取标准与收费标准。

录取规则经历了从“分批分段统一录取”，到志愿优先的“差序志愿录取”，再到“平行志愿录取”的改进过程。“分批分段统一录取”是政府按重点、非重点把录取学校分成三批，将考生分数从高到低分成若干分数段，全国重点大学和其他经批准的学校第一批录取，其他本科院校第二批录取，专科学校第三批录取。“分批分段统一录取”的优点是分数面前人人平等，以防止高分学生落榜；缺点是忽略综合素质、个性特长，高校无自主权。20 世纪 80 年代以后，实行志愿优先的“差序志愿录取”方式，即高校按照志愿顺序录取，第一志愿不足时才会投放第二志愿考生档案。差序志愿保障了第一批本科院校第一志愿录取率，也带来了因志愿填报失误“高分落榜”、生源“扎堆”“断档”等问题。2002 年后，实行“分数优先、遵从志愿”的“平行志愿录取”原则，考生在填报高考志愿时，可在指定的批次同时填报若干个平行院校志愿；录取时，按照“分数优先，遵循志愿”的原则进行投档，对同一科类分数线上未被录取的考生按总分从高到低排序进行一次性投档，所有考生排一个队列，高分者优先投档；每个考生投档时，根据考生所填报的院校顺序，投档到排序在前且有计划余额的院校。

（三）演变特点与趋势

新中国成立 70 多年来，高校招生考试取得了巨大成就，积累了宝贵的经验，同时也有一些教训。按照刘海峰教授的观点，70 多年来的发展体现了从计划到市场，从政治到教育，从保密到阳光，从精英到普及的四大趋势①。高校招生是社会发展的风向标，它的变化发展同中国的政治、经济以及世界的变化趋势紧密相关，是伴随社会发展阶段的产物。

第一，高考改革是以多元主体利益驱动为动力的高考政策形成机制，高考政策的形成是中央政府、地方政府、高校与学生四个核心利益相关者博弈的结果。招生指标的分配、考试命题的统分、录取机制的变化都体现了这几大核心关系的变化，整个高考改革的变化特点与趋势是在博弈中前行发展。第二，以注重效率为价值取向。效率与公平的权衡是高考政策的价值取向，经历了从“效率优先，兼顾公平”的多出人才、出好人才的导向走向“注重效率，渗透公平”的多元招考政策。第三，以制度和机构规范为

① 刘海峰. 跌宕起伏：中国招生考试 70 年[J]. 高等教育研究，2019(11)：9—20.

抓手的政策实施过程保障。“制度规范”与“机构规范”是保障高考公开、公正、公平、透明的重要制度保障和法治保障。第四，以政治学话语为主导的高考政策话语文化规则，体现了国家的政治导向。考试制度是国家政治制度的重要组成部分，招生考试体现了立德树人的人才培养需要。深化考试招生制度改革，为建设人力资源强国提供有力保障，为实现“两个一百年”奋斗目标和中华民族伟大复兴的中国梦提供强有力的人才支撑。考试招生制度为国家选才作出了历史性贡献，对提升国民素质、促进社会纵向流动、服务国家现代化建设发挥了不可替代的重要作用。目前，我国高考政策的话语渐趋于多样化，经济学、社会学、文化学、教育学、人类学等话语不断凸显。① 未来高考政策动力形成的机制应向“分权”转变，高考政策价值取向应向“公平与效率相互促进”转变，高考政策过程保障应由管理向治理转变，高考政策话语应向“多元利益主体参与”转变。

高考制度变革正经历一个渐进式自我突破、自我转变与创新的演进过程，它经历了从计划经济到市场经济再到网络社会环境的考试环境转变，从传统学校的学生向多元化社会人的招考对象转变，从“知识立意”向“能力与素质立意”再到“核心素养”的命题思想转向，从政治功能向经济功能、社会功能的考试功能转变，从单纯的“应试教育”到能力创新、素质提升的“素质教育”再到学科素养的拓展考试科目转变，从简单化、行政化的干预模式向分权化、专业化的管理模式转变。高考制度现代化是教育现代化和社会现代化的关键，未来在国家层面上，要坚持公平原则，积极推进高考管理制度的现代化；社会层面上，要坚持依法治考，积极推进高考招考制度的现代化；在教育层面上，要坚持立德树人，积极推进高考命题内容的现代化。②

二、专业优先的政策内容指向

自 2014 年 9 月《国务院关于深化考试招生制度改革的实施意见》实施以来，先后有四批 21 个省份开始推进深化招生考试制度综合改革试点。增加学生选择权，取消文理分科，自主选择“3＋3”或“3＋1＋2”考试模式是新高考的典型特点。

（一）专业优先的高考改革精神

新高考的“新”体现在不分文理，学生自由组合；选考科目——3＋3，第一个 3 指的是语、数、外三门，第二个 3 指的是 6 选 3（浙江为 7 选 3），6 指的是史地政理化生，浙江

---

① 祁占勇，陈赵阳. 40 年来我国高考政策的演进逻辑与未来走向[J]. 江苏高教，2018(3)：19—24.

② 宗钰，邹放鸣. 现代化发展与适应性变革：1977 年以来高考制度改革创新的历史轨迹、现实审思、未来展望[J]. 现代教育管理，2017(11)：14—19.

多了一门技术；语、数成绩当次有效，外语及选考科目成绩两年有效，故有 2 次考试机会，选择其中较高一次成绩计入高考成绩；取消批次，按专业填报志愿。“专业优先”体现在选考科目与未来专业、兴趣爱好紧密相关，特别体现在不同高校不同专业的选考科目要求上。

新高考投档单位首次由“院校”改为“院校专业组”，考生以院校专业组为单位填报本科志愿，本科普通批次设置 24 个平行志愿，每个院校专业组内设 4 个专业志愿，院校专业组由招生院校自主设置，一所高校可设置一个或多个院校专业组，每个院校专业组内可包含数量不等的专业，考生须对照院校专业组的科目要求填报志愿，3 门选考科目中只要有一门与拟报院校专业组的科目要求一致，即满足填报该院校专业组的科目要求，对于不限科目要求的院校专业组，考生在填报时无科目限制①。新高考“把报考专业与选考科目是否匹配作为录取的前置条件，在报考专业与选考科目匹配的前提下，再按总分高低分专业录取，这种‘专业＋总分’的考录模式，打破了一直以来的‘总分匹配’模式”②。

“专业优先”的选考制度使生源竞争更加激烈，专业间投档分数差增大，这就要求考生对不同的专业信息均有相应了解，并对自己的未来做出一定的规划，同时“倒逼高校要加强质量建设、办出专业特色，通过提升办学水平和社会声誉来吸引数量充足、质量较高的生源，推动高校通过精心的培养，使得每个学生成为社会的有用之才，从根本上推动教育质量的提升和教育公平的实现”③。专业优先的新高考改革实施的是把普通本科和高等职业教育入学考试分开的人才选拔方式，完善了高中学业考试和综合素质评价，引导学生学好各门课程，克服文理偏科现象；部分科目实行一年多考，减轻了学生高考压力，完善了高考招生名额分配办法，清理规范了升学加分政策，维护了考试招生公平、公正，加快建立了多渠道升学和学习“立交桥”，为学生成长成才提供多次选拔机会，构成了国家科学选才、促进学生健康发展与维护社会公平的新局面。

（二）专业优先的选考科目设置

2014 年 9 月，国务院发布了《关于深化考试招生制度改革的实施意见》，明确提出启动高考综合改革试点，改革考试科目设置、考生录取机制，促进学生全面而有个性的发展。到目前为止，共有四批试点，每批间及每批内也都稍有差异，具体表现在以下几

---

① 万玉凤. 高考改革公平科学选才——新高考招生录取改革述评[N]. 中国教育报，2018－3－12(6).
② 齐林泉，李萍. 新高考改革如何稳妥推进[N]. 中国教育报，2018－3－10(5).
③ 苏娜，魏晓宇. 改革开放 40 年高考招生制度改革述评[J]. 全球教育展望，2018，47(07)：76—90.

个方面。

1. 第一批：浙江、上海，“3＋3”模式

启动时间：2014年；执行时间：2017年。

新的“3＋3”考试模式是指考生总成绩由统一高考的语文、数学、外语3个科目成绩和高中学业水平考试3个科目成绩组成。计入总成绩的高中学业水平考试科目，由考生根据报考高校要求和自身特长，在思想政治、历史、地理、物理、化学、生物等科目中自主选择。两地实行的不同之处在于：

(1) 浙江高考选3科目的供选项有七门，即思想政治、历史、地理、物理、化学、生物、技术，而上海的选3科目则为思想政治、历史、地理、物理、化学、生命科学。

(2) 考试时间不同。

① 浙江考试时间安排。

必考科目：语文、数学、外语，其中，语文、数学考试于每年6月份进行(高三毕业当年6月)；外语每年安排2次考试，一次在6月与语文、数学同期进行，考试对象仅限于当年参加高考的考生，一次在10月与选考科目同期进行。

选考科目：选考科目每年安排2次考试，分别在4月和10月与高中学考同期进行。外语和选考科目考试每科可报考2次，选用其中一次成绩。

各科考试时间在同科学考的基础上各加长30分钟，各为90分钟。

学考科目：考试一年安排2次，分别在4月和10月进行；4月开考除外语以外的科目，10月开考全部科目，外语另一次考试安排在6月统一高考期间。

② 上海考试时间安排：每年只有一次，且考生仅可以参加一次考试。

必考科目：语文、数学、外语(高三毕业当年6月)。

选考科目：语文、数学、外语仅设合格性考试，参加统一高考的学生，可以用统一科目考试替代合格性考试；选考只能选3门等级考试。各科目的学业水平考试分散在高中三年，随教随清；各科目的学业水平考试和等级性考试，高中生只能参加1次。

(3) 计分有区别。

① 浙江高考总分：(语＋数＋外)×150＋(选考×3)×100＝750分。

必考科目：语文、数学、外语3门，每门满分150分。

选考科目：从思想政治、历史、地理、物理、化学、生物、技术7门科目中选择3门，按等级赋分，每门满分100分；以高中学考成绩合格为赋分前提，每个等级分差为3分，起点赋分40分。总成绩满分750分。语文、数学成绩当次有效，外语和选考成绩2年有效。

② 上海高考总分：(语＋数＋外)×150＋(等级考×3)×70＝660分。

必考科目：语文、数学、外语3门，每门满分150分。

选考科目：从思想政治、历史、地理、物理、化学、生物6门科目中选择3门，每门70分。在高考成绩合成时，这3门等级考的成绩，将按照A、B、C、D、E五等，总计11级，折算成分数。高考总分为660分(传统高考"3＋1"中每门总分150分，满分总计600分)。

另外，学生自由选择参加高考的科目，即选考科目，浙江称为"选考"，上海则称为"等级考"；学生参加的合格性考试(原叫会考)，即学业水平考试，浙江称为"学考"，上海则称为"合格考"；选考(或称"等级考")科目的等级分是由原始分按等级划分进行赋分转换后所得的分值。

经过第一轮的新高考改革试点之后，新高考也在不断地完善。浙江对新高考做了较大的调整与完善，包括：调整学考时间，高中学考按年级定时定科统一安排，同一年级同一科目同一时间开考，从2020年入学的高一学生开始实施；调整外语和选考科目成绩认定时间，从2年有效改为当年有效，从2021年1月起实施；调整选考科目等级赋分，分差由3分改为1分，从2022年1月选考起实施。

2. 第二批：北京、山东、天津、海南(3＋3模式)

启动时间：2017年；执行时间：2020年。

北京、山东、天津、海南均实行"3＋3模式"，取消文理分科，选考科目均采用"6选3"模式，即从思想政治、历史、地理、物理、化学、生物6个科目中自主选择3门参加选考，选考科目成绩计入高考总成绩。

分值设置上，北京、山东、天津明确统一高考的语文、数学、外语3科每科满分150分，学生自选的3门科目每门满分100分，总分合计750分。海南则要求以每个科目原始分转换后的标准分呈现考生成绩，语数外每科原始满分150分，转换成标准分，自选3科每门满分100分。海南是目前仅有的采用标准分这一计分方法的省份。

高考总分：(语＋数＋外)×150＋(选考×3)×100＝750分

合格性考试最早安排在高一下学期，每学年组织两次，原则上学生在完成每门科目的必修课程后即可参加合格性考试，且选考科目不超过3门。

等级性考试选考科目仅有一次考试机会，集中安排在高中三年级。

3. 第三批：湖南、广东、江苏、重庆、河北、湖北、福建、辽宁(3＋1＋2模式)

启动时间：2018年；执行时间：2021年。

从这八省市的改革方案来看，取消了文理分科，实行"3＋1＋2"的考试模式。其中"3"为全国统考科目：语文、数学、外语，是所有考生的必考科目；"1"为首选科目，考生须在高中学业水平考试的物理和历史科目中选择其中一科；“2”为再选科目，考生可以在高中学业水平考试的思想政治、地理、化学、生物中选择两科。科目“3＋1”的部分，也就是语文、数学、外语、物理、历史的考试成绩以原始分计入总分，科目“2”的部分，也就是再选科目，将按照等级赋分，以转换后的分数计入高考总成绩。

高考总分：(语＋数＋外)×150＋(选考×1)×100＋(选考×2)×100＝750 分

选择性考试都是每年一次，安排在 6 月份，与统一高考科目同期进行，考试成绩当年有效。合格性考试成绩以“合格”或“不合格”呈现，选择性考试成绩以分数呈现。

4. 第四批：安徽、甘肃、黑龙江、广西、吉林、江西、贵州(3＋1＋2 模式)

启动时间：2021 年；执行时间：2024 年。

第四批“3＋1＋2”模式基本沿用了第三批新高考落地省份的运作模式。

新高考自 2014 年起，已连续三次升级，至今已迭代到 4.0 版本。第四批最大的不同点是教育部出台了《普通高校本科招生专业选考科目要求指引(通用版)》(以下简称《指引》)，走向大学专业引导下的学生选考，四次不变的是选择性，降低了选择难度，完善了选考科目的引导机制。

(三) 专业优先的志愿录取制度

新高考综合改革除了考试科目与计分规则与之前不同外，最大的变化就是“专业引导、分数优先、遵循志愿、一次投档”的平行志愿录取原则。

专业优先是新高考改革的重要理念之一，通过专业引导将学生的兴趣爱好、高校专业需求与个人的职业生涯发展紧密结合在一起，充分体现学生、高校和国家的需求张力平衡。《指引》对 12 个学科门类下的 92 个本科专业类进行了选科要求说明，以本科专业类为单位设定科目范围一和科目范围二。考生须在科目范围一、二的框架内，根据各专业(类)选考科目的要求，选择 1 科、2 科或 3 科。有的专业必选 1 科，有的专业必选 2 科，有的则需要选择 3 科。同时，明确了同一高校的同一专业，在所有新高考改革省份的选科要求保持一致，以引导学生在中学阶段加强相关基础学科的学习并强化省际统筹协调。这一制度的变化，一是通过锁定各高校专业的选考范围和必考科目，同时限定选考科目，不再有“或”选项，强化了职业规划的重要性；二是通过打通“3＋3”和“3＋1＋2”，统一到“3＋1＋2”的选择性考试框架，来实现学业、专业和未来职业发展的统一。

为体现学生的自主选择性，新高考采用“专业(类)＋院校”或“专业组＋院校”平行志愿录取模式。考生既可以报考同一个高校中的不同专业(类)，也可以是不同高校的同一专业(类)，还可以是不同高校的不同专业(类)，从而拥有了更多的自主选择权。

目前来看，浙江、山东、河北、重庆、辽宁等省实行了“专业(类)＋院校”模式。这种模式是“1 个院校＋1 个专业(类)”为一个志愿单位。学生志愿由“专业＋学校”组成，比如浙江考生可以填报不超过 80 个志愿项。一个志愿项就是一所院校的一个专业(类)，志愿项可以是同一专业的不同院校，也可以是同一院校的不同专业。采用“专业组＋院校”这种投档模式的省份有湖南、湖北、广东、江苏、福建、海南、北京、天津和上海。考生以院校专业组为单位填报本科志愿，比如上海本科普通批次设置 24 个平行志愿，每个院校专业组内设 4 个专业志愿，考生根据自己的选考科目最多可填写(24×4)96 个专业。“院校专业组”由招生院校自主设置，一所高校可设置一个或多个“院校专业组”，每个“院校专业组”内可包含数量不等的专业，考生须对照院校专业组的科目要求填报志愿，3 门选考科目中只要有一门与拟报院校专业组的科目要求一致，即满足填报该院校专业组的科目要求，对于不限科目要求的院校专业组，考生在填报时无科目限制①。新高考“把报考专业与选考科目是否匹配作为录取的前置条件，在报考专业与选考科目匹配的前提下，再按总分高低分专业录取这样一种‘专业＋总分’的考录模式，打破了一直以来的‘总分匹配’模式”。

新高考考生志愿填报要先确定专业，其中最基本的原因就是新高考实行“选科”制度，不论是“3＋3”模式还是“3＋1＋2”模式，不同选科能报考的专业范围有着很大的不同，如没有选物理的考生，很多工科类的专业就不能选择；没有选生物的，不少院校的医学类专业就不能选择。因此，考生在选择专业的时候必须遵循两个原则，一是自己的选科要符合自己打算填报的院校专业对选科的要求；二是根据自己擅长的领域和兴趣选择自己愿意学习的专业。

普通类平行录取采用的是专业平行志愿投档，将直接投到考生所填报学校的具体专业(类)，投档比例为 1∶1，且每一段不存在征求志愿。其投档录取遵循“分数优先、遵循志愿”规则，具体操作是根据考生成绩确定的位次号依次投档录取的。例如，从第一名小 A 的 80 个志愿按顺序开始录取，小 A 被录取了或 80 个志愿已检索完了则第 2 名考生录取开始，依次类推，第 3 名、第 4 名……一直到最后一名考生。录取不分批次，按考生总成绩，分大类实行专业平行投档。

“分数优先”是指每一批次每一阶段院校录取时，高考总分高的考生优于高考总分低的考生投档，考生总分相同时会按语数外的总分进行排序。这改变了“志愿首选”的传统规则，体现了考生个人选择权，按照成绩高低进行检索，成绩好的考生优先检索进

① 万玉凤.高考改革　公平科学选才——新高考招生录取改革述评[N].中国教育报，2018-3-12(6).

行投档，直到高分学生志愿投档到了对应高校后才会检索转到分数排名靠后的考生。

“遵循志愿”是指根据考生填报志愿的先后顺序，意向高的靠前，意向低的靠后。在投档的时候计算机会参考考生的分数和志愿填报顺序进行投档，会先检索出排名第一的志愿，若符合专业和院校的标准就会投档，不符合则检索第二个，以此类推，直到检索出符合投档标准的志愿，投档后其他志愿也就没用了。新高考省份通常有96—100多个志愿，投档时按照志愿1、志愿2、志愿3、志愿4……顺序投档，只要满足就投出，都不满足就掉档了。

“一次投档”是指新高考投档只有一次机会，没有机会进行补档，平行志愿看似数量很多，但它给予考生的选择是唯一性的，它遵循的是一投定“生死”，每个考生只有一次投档的机会。这意味着考生填报的志愿只要符合标准就会被投到一个高校的专业志愿里面，剩余填报的志愿都是没用的，而且它不会去考虑投档的专业是否有被录取的条件，因此考生会出现投档被退回的情况，同时也不可以再参与后续的志愿投档了。

第二节　选考的价值博弈

自2014年9月《国务院关于深化考试招生制度改革的实施意见》实施以来，先后有五批29个省份开始推进深化招生考试制度综合改革，选考科目设置从原来的“3＋3”模式，到“3＋1＋2”模式并存。新高考制度在实践中不断地丰富与完善，但也出现了与制度设计初衷不一致，在某种程度上违背兴趣爱好、专业选择和学生主体性的“功利性”选考博弈现象，社会上还出现了“否定”新高考政策的负面言论。因此，在构建中国特色现代教育考试招生制度，形成分类考试、综合评价、多元录取的考试招生模式的攻坚阶段，理性分析“功利性”选考博弈现象，引导学生做出合理的高考选择显得非常必要。

一、博弈的现象呈现

新高考的自由选科制度大大拓展了高考生选择高考科目的空间，给了考试更多“学其所好、考其所长”的机会。但在具体实行过程中我们却发现，大多数学生的选择充满了盲目性和功利性，“田忌赛马”现象、“理科萎缩”现象、偏理偏文现象、“马太效应”现象、选科中的避趋冲突与自主无助现象等引起了全社会的广泛关注和思考。

（一）“田忌赛马”现象

所谓“田忌赛马”现象就是善用自己的长处去对付对手的短处，从而在竞技中获胜。但新高考中增强学生选择性的制度设计理念，却在高考选科中演变成了考生在选择科目时为了求高分，不根据自己的学习兴趣和实力，而是依赖坚决不选别人强的科目、不给别人当分母的考试策略。有研究认为这与选考制度设计的等值问题没能跟上改革的理念有关。一方面，我们错误地认定不同科目在人才培养上是等值的，可以交互替代；另一方面，按固定比例划分等级的计分方式无法解决不同科目之间在学习难度上的差异。[①] 长此以往，这种出于功利计算的选考策略，影响的不仅是高考考生长远发展的道路，对国家培养社会专业性人才也会产生毁灭性打击。

（二）“理科萎缩”现象

受到长期以来的应试教育影响，“以分数作为唯一的评判标准”成为了学生、家长、学校甚至全社会根深蒂固的想法。那么在新高考改革实行“同分不同值”的等级赋分制下，学生总会偏向优先选择学习相对不吃力的文科从而获得更高的分数，而理科萎缩现象体现得最为明显的就是物理选考人数“断崖式”下滑。浙江首批新高考的考生中物理选考人数为 8.95 万，仅占高考人数的 35.78%，2018 届考生物理选考人数为 7.3 万，下降比例达 18%。[②] 上海市情况与之类似，物理选考比例远低于各方预期。[③] 无法忽视的是出现了大量本身对于物理、化学具有浓厚兴趣的考生，出于高考收益最大化的考量而纷纷弃考，这种片面追求分数的理念已造成了理科“遇冷”现象。需要指出的是，这是首批新高考的情况，之后情况已发生改变。

（三）“偏理偏文”现象

若将自由选科的 7 门学科按传统意义划分，则思想政治、历史、地理科目可归为“文科”，物理、化学、生物还有技术科目可归为“理科”。根据多数学者的调查统计显示，高中生的性别差异带来的选科倾向差异并未因为自由选科而有明显变化。男生选择传统理科和“二理一文”组合的比例较高，女生选择传统文科和“二文一理”组合的比例较高，“男偏理女偏文”的现象依旧普遍存在。杜芳芳对浙江省五所高中的高一学生进行问卷调查后发现，男生选择化学和物理的比例均高于女生，男生更偏爱选择理科；而女生选择政治、历史、地理的比例均高于男生，女生更偏爱选择文科，两个群体在物理和政治两个科目上的差异尤为显著。[④]

（四）“马太效应”现象

马太效应，即一种强者愈强、弱者愈弱的现象。虽然新高考给了学生极大的自主

① 柯政．“选考”制度下的“田忌赛马”：原因与对策[J]．教育发展研究，2016，36(18)：32—38.

② 刘希伟．新高考综合试点改革的四重审视[J]．中国教育学刊，2019(06)：13—18.

③ 季青春．考试与招生联动：高考科目改革的价值、困境与对策[J]．中国考试，2018(06)：10—15.

④ 杜芳芳，金哲．新高考改革背景下高中生科目选择意向现状及对策——基于浙江省五所高中的调查分析[J]．教育理论与实践，2016，36(08)：15—18.

选择权，但长期缺位的选择性教育以及学业指导、生涯规划指导的缺位，使大部分学生的选择极易受到家长、学校的影响。“高考改革是一个利益博弈的过程，高考政策是具有行政效力的游戏规则”①，从这个角度说，学校的学业指导、生涯规划指导对选考了解度、满意度上的“马太效应”现象起到决定性的作用。学生对新高考和选科的了解度、满意度越高，学生的成绩水平也相对越高，文化资本劣势的群体在这种明显复杂得多的新规则中只能默默承受这种不公平待遇。

(五) 趋避冲突与自主无助现象

社会对新高考扩大学生选择权的教育高度认同，但在实际行动中却形成了巨大反差，科目选择的功利主义偏向彻底背离了改革初衷。大部分学生认同自己的学业兴趣和学科专长应当是选择的第一要素，但在实际选择中却充满了不确定性和盲目性。一方面，学生家长和教师不能给出学生期待的建议，因为家长和老师并不清楚他们的真实需要以及社会未来的发展趋势，所以还是会从将目前利益最大化的角度来选择。另一方面，长期处在学校环境中的学生对高校招生的选科要求、高校专业就业情况等了解不足，无助于其做出选择决定。总而言之，学生作为高考选考科目选择的主体，缺乏选择意识和能力，更无法从身边人那里获得有效的建议，以上种种都导致了兴趣与成绩趋避冲突和自主无助现象的发生。

二、博弈的选择困境

新高考改革打破了传统的文理分科界限，给予了学生更多的选择，但在现实中由于学生的选择能力不足、职业定向不稳、兴趣爱好没能真正形成、高中资源不平衡、教学管理经验不足等原因，再加上多元价值观的冲突影响，就会出现“布里丹之驴”或“蝤蛑之谜”的选择困境。

(一) “兴趣中心”与“专业中心”的博弈

选考的“兴趣中心”表现为学生根据自己的兴趣爱好，把自己喜欢的科目作为选考科目。“专业中心”的选考是指学生根据自己喜欢的未来职业和意向专业限考科目来确定自己的选考科目。然而，现实情况是学生的兴趣爱好并不稳定，未来的职业规划对他们来讲还为之过早。与此同时，他们担心当前感兴趣的科目也可能因难度的增加而递减，现在的热门职业几年后或许就变成了冷门专业，自己的兴趣与未来的热门专业存在冲突。因此，在选考科目时，他们既要考虑自己的兴趣爱好，又要兼顾未

---

① 胡金平.三十余年来高考政策研究的社会学审视[J].教育学报，2011，7(4)：19—26.

来的专业发展,同时最重要的是还要考虑在自己的兴趣和心中的理想职业所需的选考科目上,自己能否取得优异的成绩。研究发现,兴趣与成绩之间难以选择,各科成绩比较均衡导致难以做出选择,存在选择就业前景与兴趣科目相冲突的避趋冲突,从而导致以考上大学为目的的“功利性”选择。

(二)“学科中心”与“总分中心”的博弈

学科中心表现为以自己喜欢的学科为选考科目,而总分中心则为以总体考分最高为原则进行选择。学科中心是学生面向未来长远发展的动力源泉,而总分中心则是学生功利化的短期选择。大多数考生在选考科目优化组合时呈现出以下特点:成绩优异的学生会以“学科中心”为原则,而成绩一般的学生会以“总分中心”为原则,这些原则总体表现为“理科萎缩”现象。调查发现,浙江省选择传统理科的考生由60%下降到17%,学生成绩越好就越倾向选择物理和化学,成绩越差就越倾向选择技术。考生所选科目常常是基于各科分数优化组合的产物,为获取更高的总分,会遵循比较优势原则,尽量避开选择资优生所选的科目,以最大化自己的科目选择。

(三)“学生中心”与“国家中心”的博弈

新高考选考的典型标志就是以学生为中心,将选择权利交给学生。学生既是独立自由的个体,也是责任担当的集体,学生选考既关系每个学生的发展,更关系国家集体的未来。但在2017年选考的过程中首先出现了“物理”遇冷现象,上海选考物理的考生不到30%,浙江近30万考生中只有不足9万选考物理。为了保障学生专业学习基础与国家人才培养需求相适应,国家出台了专业限考科目机制、选考科目保障机制、物理和历史二选一等措施,来引导考生选考时既考虑自己的兴趣爱好与能力,同时也避免盲从、过度功利等取向。

以上存在的种种功利性选考博弈现象,加之第三批部分试点省份推迟实施新高考,引起了社会上的错误认识,甚至出现了同新高考的精神相抵触的不良现象。当前形势下,必须果断捍卫新高考制度,重申新高考价值。

三、博弈的选考现状

(一)选考科目的选择

新高考改革打破了过去统一规制的“文综/理综”模式,给予了学生更多的选择权,学生可以自主地选择选考科目。调研发现,目前在选考科目中,选考科目最多的是物理,有55.88%的学生选考;其后是地理和生物,分别有53.56%和53.53%的学生选考;之后依次是政治和化学,分别有48.33%和44.12%的学生选考;选考历史的学生比例最低，仅有38.18%。可见，学生在选考时更青睐传统理科科目。同时，在本次调研的样本省中，浙江实行“7选3”模式，在其他省份选考科目的基础上增加了技术这一科目，并且有48.44%的浙江学生选考技术，选考率较高。

不仅如此，不同性别和不同地区学生在选考科目的选择上存在着一定的差异（表1-3）。从性别来看，男生倾向理科、女生倾向文科的现象依然存在，男生更倾向于选择物理、化学、生物等传统理科科目，而女生更倾向于选择政治、地理、历史等传统文科科目。特别是在物理、化学、政治和历史四门科目上，男女生表现出较大的差异，分别有70.41%和52.15%的男生选择物理和化学，而女生选择物理、化学的比例分别为41.43%和33.88%，明显低于男生；在政治和历史的选择上，分别有34.75%和25.75%的男生选择政治和历史，而女生选择政治和历史的比例分别为62.58%和49.18%，均高于男生。从地区来看，浙江省作为首批试点新高考改革的省份，学生选考政治、历史、地理和技术的比例较高，而传统的理科科目——物理、化学、生物等选考率较低；山东学生选考较多的是地理、生物和政治，其他科目选考率则相对均衡，文理兼选特点比较明显；而在河北，学生选考较多的是物理、化学和生物，特别是物理和化学的选考率均明显高于其他省份。

表1-3 选考科目分布情况

		物理	化学	生物	政治	历史	地理	技术
性别	男生	70.41%	52.15%	55.18%	34.75%	25.75%	54.34%	8.10%
	女生	41.43%	33.88%	50.85%	62.58%	49.18%	55.65%	7.42%
地区	浙江	26.15%	29.82%	33.94%	59.91%	57.34%	47.43%	44.59%
	山东	46.45%	31.75%	61.04%	51.00%	44.11%	66.89%	0.57%
	河北	77.53%	60.88%	50.68%	43.98%	23.11%	43.43%	0.76%
合计		54.71%	42.25%	52.83%	49.83%	38.45%	55.05%	7.73%

（二）选考科目组合

考试科目由相对统一规制的“文综/理综”走向自主选择灵活多样的“3+3”或“3+1+2”模式，相较于“文理分科”的选择制度来说，无论是前两批试点省份“3+3”模式下的“6选3”或“7选3”，还是第三批试点省份的“3+1+2”，都可以生成不同的选考科目组合，实现了从统一规制的“固定组合”到自主选择的“个性组合”的转化。理论上，浙江的“7选3”模式、山东的“6选3”模式以及河北的“3+1+2”模式，一共有35种选考组合方式（其中有15种选考组合含技术）。调研发现，目前浙江有34种选考科目组合

(缺物生政)，山东省有 20 种选考科目组合，河北有 16 种选考科目组合(比山东少物生史、化生政、化生地、生政地 4 种组合)。在这些组合中，政史地选考组合占比最高，占 21.23%；其次是物化生、物化地、物生地组合，选考率在 10%以上；此外，物生政、生政史、物化政、化生地等选考科目组合的选择率较高，其他组合的选考率相对较低。

不同性别和不同地区学生在选考科目组合的选择上存在着一定的差异(表 1-4)。从性别来看，男生的选考科目组合中占比最高的是物化生，占到了 22.04%，其后依次是物化地、物生地、政史地。而女生的选考组合中占比最高的是政史地，占到了 28.13%，比男生在这一选考组合的比例高了 16 个百分点；其后依次是物化生、物生政、生政史等。可见，男生的选考组合以含传统理科科目为主，而女生中占比较高的选考组合多含政治等文科科目。从地区来看，山东和河北占比较高的选考组合大致相似，而浙江由于技术科目的存在，选考组合的占比率略有不同。具体到选考组合上，浙江和山东占比最高的选考组合均为政史地组合，分别为 22.48%和 27.16%；浙江学生选考组合中占比较高的还有政史技(18.84%)、物地技(7.74%)、物化技(5.60%)，包含技术的选考组合占比较高；山东学生的选考组合中，除政史地外，占比较高的分别是物生地(17.37%)、物化生(16.27%)。河北学生的选考组合与其他两省份有所不同，其中占比最高的是物化地，占到 25.01%，其后依次是物化生(20.61%)、物生政(16.62%)、政史地(12.92%)。

表 1-4 选考科目组合

		政史地	物化生	物化地	物生地	物生政	生政史	物化政	化生地	备注
性别	男生	12.83%	22.04%	15.79%	14.13%	5.78%	3.86%	4.75%	3.79%	
	女生	28.13%	10.98%	7.00%	6.70%	8.52%	8.99%	4.09%	4.57%	
地区	浙江	22.48%	5.04%	-	-	-	-	-	-	
	山东	27.16%	16.27%	3.38%	17.37%	2.41%	9.79%	1.37%	7.68%	物政地 4%
	河北	12.92%	20.61%	25.01%	4.90%	16.62%	3.25%	10.08%	-	化生史 5.47%
合计		21.23%	16.04%	11.02%	10.10%	7.27%	6.64%	4.39%	4.21%	

(三) 选考科目的影响因素

通常认为，学生选考受自己的兴趣爱好、擅长科目以及家长、好友等重要他人的影响。为此,我们调研了学生的选考科目与自己喜欢科目、擅长科目、家长建议和好友选择科目的匹配度(表1-5)。

表1-5 学生选考科目与喜欢、擅长、家长建议与好友选择科目的匹配情况

	完全不匹配	1门匹配	2门匹配	3门匹配
喜欢与选考	21.21%	42.16%	31.10%	5.53%
擅长与选考	33.29%	41.98%	21.46%	3.27%
家长建议与选考	27.94%	12.74%	14.69%	44.17%
好友选择与选考	12.80%	20.55%	26.05%	40.16%

首先,学生的选考科目并不一定是自己喜欢或擅长的科目。调研发现,仅有5.53%的学生的3门选考科目都是自己喜欢的科目,31.10%的学生的3门选考科目中有2门是自己喜欢的科目,有42.16%的学生的3门选考科目中仅有1门是自己喜欢的科目,甚至有21.21%的学生的3门选考科目均不是自己喜欢的科目。就选考科目与学生擅长科目的匹配度来看,仅有3.27%的学生的3门选考科目都是自己擅长的科目,有21.46%的学生的3门选考科目中有2门是自己擅长的科目,有41.98%的学生的3门选考科目中仅有1门是自己擅长的科目,甚至有将近三分之一的学生的3门选考科目均不是自己擅长的科目。也就是说,很多学生在进行选考科目选择时,并不是完全尊重自己的兴趣和特长,而是受到许多其他因素的影响。

其次,重要他人的建议也是影响学生进行选考科目选择的重要因素。调研发现,超过40%的学生的选考科目与家长建议、好友选择完全重合。具体而言,有44.17%的学生的3门选考科目与家长建议完全一致,有14.69%的学生的3门选考科目中有2门与家长建议一致,有12.74%的学生的3门选考科目中有1门与家长建议一致,而有27.94%的学生的3门选考科目均与家长建议不一致。就选考科目与好友选择选考科目的匹配来看,有40.16%的学生的3门选考科目与好友选择完全一致;有26.05%的学生的3门选考科目中有2门与好友选择一致,有20.55%的学生的3门选考科目中有1门与好友选择科目一致,比例均高于与家长建议科目的匹配率;而仅有12.80%的学生的3门选考科目均与好友选择科目不一致。可见,学生选考科目的选择会受到家长建议科目与好友选择科目的影响,其中好友选择科目的影响比家长建议科目的影响更大。

此外,学生的选考科目会影响大学专业的选择,同样的,学生对于未来要报考专业的认识和专业选择也直接影响学生的选考。从表1-6中可以看出,当前高中生对未

来将要报考的专业明确度一般,仅有26.28%的学生对自己将要报考的专业有明确的认识,而有32.33%的学生对将要报考的专业不是很明确甚至非常不明确。同时,不同性别、不同成绩的学生对将要报考专业的认识存在着显著差异。在性别方面,独立样本 t 检验结果显示,不同性别学生对报考专业的认识程度存在差异,男生对将要报考专业的认识程度显著高于女生($t=-4.524$, $p<0.001$)。具体而言,有29.98%的男生非常明确将要报考的专业,而女生的这一比例仅为23.06%;有30.76%的男生对将要报考的专业不是很明确甚至非常不明确,而女生的这一比例为33.66%。在学习成绩方面,不同学习成绩的学生对将要报考专业的认识存在显著差异($F=69.625$, $p<0.001$),学生成绩越好,其对将要报考专业的认识越明确。从优秀生、良好生、中等生到差生,对将要报考专业的认识非常明确的比例依次下降,有45.92%的优秀生对将要报考专业的认识非常明确,而差生中这一比例仅为20.87%,低出优秀生25.05个百分点;相反,优秀生、良好生、中等生、差生,对将要报考专业的认识非常不明确的比例依次上升,有3.92%的优秀生对将要报考专业的认识非常不明确,而差生中这一比例达到15.41%,高出优秀生近12个百分点。

表1-6 不同学生对将要报考专业的认识

		M±SD	非常明确	比较明确	不是很明确	不明确	差异检验
性别	男(a)	2.07±0.90	29.98%	39.27%	24.14%	6.62%	$F=-4.524^{***}$
	女(b)	2.17±0.86	23.16%	43.18%	27.11%	6.55%	
学习水平	优秀(c)	1.78±0.85	45.92%	34.48%	15.67%	3.92%	$F=69.625^{***}$ c<d<e<f
	良好(d)	2.05±0.85	28.36%	43.28%	23.31%	5.04%	
	中等(e)	2.20±0.85	21.84%	42.86%	29.04%	6.25%	
	差(f)	2.39±0.98	20.87%	35.01%	28.71%	15.41%	
合计		2.13±0.88	26.28%	41.39%	25.75%	6.58%	

注:$^{***}p<0.001$。

四、博弈的影响因素

新高考的体制改革过程牵扯到多元利益主体,包括各级政府、高校与中学、教师与学生及其家长。因此,权衡各方利益诉求,实现教育公平就显得尤为重要。但各利益群体在此次改革中也暴露出了许多问题。

(一)制度:各学科分数不等值

赋予了学生自由选择权的新高考制度陷入了功利取向的选科博弈窠臼之中,功利取向的考试策略和物理选考人数的断崖式下跌令专家大跌眼镜。众多专家学者看到了等级赋分机制本身隐含的不公平问题——按固定比例等级赋分并不能解决考试等级分数的等值性。因为这样的赋分方式需要一个前提:各科目学习难度大体一致,但这一前提并不能成立。等级赋分制在平衡或矫正同等学习难度水平科目间因科目考试难度不同造成的裸分分数相差较大,从而导致的裸分不等值上是有效的,但是并不能解决因科目学习难度不同而导致的内隐的不等值问题。因为在学生看来,在不同学习难度的科目上拿到相同等级分数所付出的代价不同[①],也就是所谓的各科分数含金量不同。于是在选择过程中就会产生“学得好不如选得好”的现实难题,在功利化的价值取向驱动下如何选择能取得更高的等级分成为了首要考虑的因素。

(二) 考生:选科意向与能力不匹配

扩大学生的选择是新高考改革的一大亮点,却也成了考生的一大难点。现有研究从传统人力资本理论、理性选择制度主义视角、多元智能理论等多种视角分析了考生个人因素对选科偏向的影响,其根本原因还是在于考生的自主选择能力有限。由于从小缺乏相应的培训与指导,考生在选科时常常感到无所适从,因而选择权旁落,他们的选择很容易被老师和家长影响甚至取代。詹真荣和熊乐兰的调研发现,部分家长不尊重学生的个人意愿而把自己的经验当做“标准”强加给学生。而当学生的选科过于分散或者集中,给学校教学设施和师资配备等软硬件造成巨大压力时,老师们会出来“引导”学生选择资源相对丰富的科目。学生的多元选择权实际远未落地。[②]

(三) 高中:教学管理模式更新不完备

新高考选考、多次考试的方式不仅对学生产生了重大影响,对普通高中的教学管理也是一个巨大挑战。普通高中原来的行政班平行授课、统一要求齐步走的教学安排显然已经无法适应新高考改革方案了,所以改革势在必行,分类分层走班模式因此应运而生。但传统的行政班教学和走班教学下行政班与教学班之间的冲突也凸显了出来,主要表现在两个方面:第一,学校办学条件难以完全落实。全面开展选课走班教学对学校的软硬件教学设施提出了较高要求,但是现有教学设施和运行经费难以满足现实需要,尤其是乡村学校、资源薄弱学校更是雪上加霜。部分学校为了减轻教学压力,再加上要考虑学校的升学率、一本率等硬性指标,所以选择给学生推出“套餐制”选科,学生只能从学校给定的“套餐”中进行选择。第二,教师工作负担过重。一方面是深化

---

① 邵光华,吴维维.新高考改革何去何从——关于新高考“选考”和“一科两考”问题的再思考[J].教育发展研究,2018,38(08):13—20.

② 詹真荣,熊乐兰.高考新政的回顾与展望——以浙江省“新高考”改革为例[J].社会科学战线,2018(10):268—272.

课程改革以来,教师选修课程的增多导致的工作量增加;另一方面是学生选课的不确定与学校教师专业结构固化之间存在矛盾,导致学校出现学科教师需求的"潮汐"现象。[①]

(四) 高校:选考科目限制设置不合理

新高考改革改变了传统高考模式下高校被边缘化的现象,加强了高校与高中的衔接,以培养我国需要的专业性人才。因此完善新高考改革制度必须辅之以相应的高校录取制度改革。浙江省为高考综合改革设置了四类考试招生模式:统一高考招生、高职提前招生、单独考试招生、"三位一体"招生,为各类学生设计了不同的升学发展通道,学生可以自主选择适合自己的成才之路,此举获得了一定成效。但部分高校专业对选考科目指向不明,也是不争的事实。从浙江省 2014 年学生高校选考科目设置要求来看,存在高校大类招生时不做任何选考科目要求专业过多(54.2%)和确定 1 门选考科目比例过低(4.78%)两大问题。[①]较为随意的选考科目设置不仅诱发了学生避难就易的功利性选择策略,间接导致了学生在大学专业学习中因缺少相关的知识学习而跟不上教学进度的情况,更重要的是影响了高校科学、系统地培养合适专业人才的需求。

第三节 选考的策略指导

新高考选考是一项"牵一发而动全身"的大事,需要政府、学生、高中和高校的共同参与、共同努力,选考中遇到的困境、问题与挑战折射新高考改革的重点、难点与痛点,事关改革经验的推广与完善。

一、选考政策的价值认识

"3+3"和"3+1+2"的选考模式构成了国家选才、个人成长与社会公平的育人新样态。选考是以自主选择为起点,关系个人与国家、现实与未来,意义重大。

(一) 增强学生自主选择权,打破一考定终身

新高考改革的突出特点之一是增强学生的选择权,打破一考定终身。新高考学生的选考时间、选考科目、选考次数都同以往有所不同。在外语和选考科目上,考生每科可以报考 2 次,选用其中 1 次成绩;选考时间上,一般放在每年的 1 月和 6 月(浙江由

① 钟秉林,王新风.新高考的现实困境、理性遵循与策略选择[J].教育学报,2019,15(05):62—69.

原来的4月和10月调整为1月和6月);选考科目上,浙江采用的是7选3,上海及第二批试点地区北京、山东、天津、海南采用的是6选3模式,第三批试点地区河北、辽宁、江苏、福建、湖北、湖南、广东、重庆采用的是"3+1+2"模式。选择考试时间、考试次数的增加,不仅充分彰显了学生的主体地位,更重要的是缓解一考定终身的弊端,这在一定程度上能弱化一次考试风险,降低学生应考心理负担。

(二) 选考选课选学育人方式的改变

新高考下的选考把选择权还给了学生,由于学习兴趣、能力、偏好差异以及每个学生独特的社会文化背景,必然会出现迥异的选考搭配。选考科目的差异形成了形式多样的选班走课和丰富多彩的选学方式,"一人一课表、一生一规划"的新样态将颠覆传统的教学模式。把更多的选择权交给学生,有助于激发学生学习兴趣、挖掘学生学习潜能,改变唯分数论影响学生全面发展的倾向。同时,这也有助于学生根据自己的特点、潜力,寻找适合自己的专业方向,合理规划学习及发展方向,引导学生全面而有个性地发展,探索学生成长成才的基本规律。

(三) 学生成长国家选才社会公平的统一

以选考为导向的新高考价值取向就是将学生的健康成长与国家科学选才有机地结合在一起,在促进社会纵向流动、推进社会公平中扮演着无可替代的作用。新高考将学生的学业、专业和职业充分地结合在一起,实现从"单一"到"多元"的招生模式,从"唯分数论"向"尊重不同人才个性"的转变。选考科目的选定、选课走班的形成、专业限考的设定为学生生涯规划能力的养成及终身学习"立交桥"的搭建奠定基础。分类考试、综合评价、多元录取的改革风向标,实现从"选分"到"选人"的突破。选考是个人、国家、社会利益有机统一的首要条件,是深化招生考试体制综合改革的应有之义。

选考的价值是以尊重学生的选择为前提,以学生健康成长为根本,以国家长远利益为导向,瞄准未来发展与创新,其意义不可忽视。正确认识新高考的精神意义重大,是克服短期"功利性"选考博弈现象的工作指南。

二、选考引导的理性统一

选考时出现的种种"博弈"现象,造成了考生的"零和游戏"心态,过度功利性和盲目性便成了当下的常态。我们要认清其本质,了解其危害才能避之。

(一) 学生兴趣与未来职业的统一

新高考选考的核心指向就是将学生的学习兴趣与自己未来的专业职业相统一。其原因在于可以保持学生学习的高度积极性,保持其对专业的兴趣,维持创新的源泉,可以自觉抵制职业倦怠，享受学习、工作、生活的幸福。在对学生进行生涯规划时，要充分鼓励学生发展兴趣，让学生在兴趣中找到自我，在兴趣中成就人生。要让学生不要过于迷恋当前的短期功利，不要盲从。要加强对学生的兴趣培养，要根据学生的性向特征及早地进行干预、教育引导，帮助学生正确地认识自我、发现自己的长处与闪光点，努力达到“自己要做的就是自己喜欢做的”状态。

（二）学生成长与立德树人的统一

新高考改革的基本精神就是打破唯分数论的局面，促进学生健康成长与成才。经过浙江、上海，以及后续地区的试点，对不利于学生成长的选考时间、选考顺序、科目赋分、学考折算、选课走班等做了及时的调整与完善，建立了选考保障机制和多样选考模式。但是，目前仍存在选考功利倾向与盲从现象，比如考试投机站位、选考趋易避难、学校代替选择等，造成更加严重的考试心理负担，相当于将原来三年冲一次的考试压力提前至高二，甚至高一。整个高中教育已演变成考试的杀戮场，这严重违背了立德树人的宗旨。在选考博弈中，要积极正向地引导学生，帮助学生养成良好的学习习惯，树立正确的选考观念，要为学生的健康成长构建良好的立德树人环境。

（三）科学选才与社会公平的统一

高考是选拔性考试，是促进社会纵向流动的公平路径之一。分类考试、综合评价、多元录取是新高考的三大导向。社会公平是选考的前提，科学选才是国家的需要，在科学选才的过程中保证社会公平是基本原则。目前，很多资源薄弱的高中面临新高考师资缺乏、教室不足、保障不够的巨大挑战，选考政策难以落实到位，功利性选考“博弈”现象严重。国家要下大力气快速地推进教育公平，确保师资、办学条件、经费保障向薄弱学校大力倾斜，国家要给每个人成长成才创造同等机会与条件。

面对选考的“博弈”现象，我们既要尊重每个学生的个人选择，又要积极正确引导，为实现学生兴趣与未来职业的统一、学生成长与立德树人的统一、科学选才与社会公平的统一而努力。

三、选考策略的四位一体

新高考改革是系统综合改革，需要利益相关方——政府、个人、高中和高校的共同参与、协同努力。

（一）探索体制创新，改进方法技术

新高考制度试点的施行暴露出来的功利化价值取向问题，是对教育公平核心价值理念的巨大挑战，因此各级政府部门需要从制度和技术两个层面入手，完善选科方案，维护高考公平。一方面,要求完善选科制度设计,加紧研制更具科学性、可操作性、可评价的学业水平考试标准,从命题、考试实施、阅卷、成绩报告等多个环节加强对学业水平考试的指导、评估与监督,全面提升学业水平考试,尤其是选考科目考试的权威性和公平性。① 另一方面,优化赋分方式,在保证"总分录取"不变的前提下,综合考虑选考科目特点、选考人数分布规律和选考次数等操作经验,增强测量与评价领域对等级评定、分数等值等工作的技术支持。②

(二) 树立自我认知,提高选择能力

新高考赋予了考生极大的选择空间,那么学生也应该充分利用这个机会,做好充分的准备和规划。首先,要认真剖析自我,对自我有充分的了解,并锐意进取努力学习。将个人理想和人生幸福的正当追求与国家需要、社会召唤有机结合起来,发挥个人价值。其次,理性看待选考政策,多种渠道了解高考政策和志愿填报等相关信息,提高选择意识和能力,在立足于自身、周全考虑的基础上,进行慎重决策,抵抗不良的干扰,尽可能地减少选科盲目、冲动或反复,以开放的心态面向未来并全身心投入备考之中。

(三) 抓住机遇,增强自主变革能力

高中是新高考改革实施的主要阵地,必须及时做好调整,以帮助考生进行科目选择。新高考对高中学校带来的最大冲击就是实行分类分层走班模式带来的师资不足、教室不够、管理跟不上的难题。高中学校不能只等着政府的资源调配,也应该有自主变革能力,加强师资队伍建设,及时引进人才,为学生选科提供有力的师资保障和活动空间。另外,据调查显示,高中学校的师资条件和教学设施水平并不是影响学生考试结果的唯一因素,更重要的是学校的新高考政策指导工作和生涯规划工作是否到位。这也说明高中学校需要加快建立高素质的选课指导队伍,并设置选科和生涯规划教师岗位,真正落实新高考政策。

(四) 树立责任意识,完善专业选科制度

新高考增加了高校招生录取的自主权,尤其是选考科目设置上的权利,这既是机遇也是挑战。学生选考出现趋利性偏差,高校也有着不可推卸的责任。因此,高校作为招生和录取的实施主体,应该切实负起责任。一方面要明确学生的学科素养,合理设置选考科目。高校需要什么样的人才,就要求考生选考什么,切实发挥专业对考生

---

① 于涵,韩宁,关丹丹,章建石,焦丽亚.关于改进新高考选考科目赋分方案的若干思考[J].中国高教研究,2018(06):44—49.

② 张雨强,顾慧,张中宁.普通高中生高考选考科目现状及影响因素研究——以浙江省5所高中首批选考学生为例[J].教育学报,2018,14(04):29—38.

选科的导向作用。另一方面，化“被动”为“主动”，加紧推进招生相关事宜。及时向社会发布本校各专业的发展动态、选科要求和招生计划等相关信息，为选科的顺利推进扫清障碍。

综上所述，新高考改革对社会、学校、学生既是一次机遇也是一场挑战。我们应该坚持继承发展的基本原则，发现并切实面对改革过程中存在的问题，有针对性地进行改进，在继承中前行，在改革中改进，[①]充分发挥新高考选择性的活力，培养出德智体美劳全面发展的社会主义建设者和接班人。

① 教育部.教育部关于印发普通高中课程方案和语文等学科课程标准（2017 年版 2020 年修订）的通知[J].中华人民共和国教育部公报，2020(06)：25＋10—781.

第二章　学业水平考试与综合素质评价

新高考改革的重要导向是完善高中学业考试和综合素质评价，引导学生学好各门课程，克服文理偏科现象，将“一考定终身”转变为“两依据、一参考”（依据统一高考成绩和高中学业水平考试成绩，参考综合素质评价）的人才选拔模式。学业水平考试和综合素质评价在新高考背景下面临哪些新的困难与挑战，如何更好地服务人才培养与选拔是当前必须要面对的新问题。

第一节　新高考“两依据、一参考”的概念与演变

2014 年，国务院颁布《国务院关于深化考试招生制度改革的实施意见》（以下简称《实施意见》）①，明确提出“探索基于统一高考和高中学业水平考试成绩、参考综合素质评价的多元录取机制”，并提出“综合素质评价主要反映学生德智体美全面发展情况，是学生毕业和升学的重要参考”。不难看出，“两依据、一参考”是高考综合改革中招生录取机制的重大变革。下面将从概念方面对“两依据、一参考”中的依据统一高考成绩、依据高中学业水平考试成绩、参考学生综合素质评价做出讨论。

一、“两依据、一参考”的概念界定

“两依据、一参考”主要是指新高考下高考成绩、学业水平考试成绩及综合素质评价成绩三类成绩的使用规则，每一项考试成绩的具体内涵如下。

（一）“两依据、一参考”的内涵

1. “两依据”之一——统一高考成绩

高考成绩是学生高中毕业和高校升学最重要的指标。新高考的主要目标是“形成分类考试、综合评价、多元录取的考试招生模式”，其核心是增加考生的选择权。统一高考成绩是语文、数学、外语三科目的成绩加上 3 门选考科目的高中学业水平考试成绩。

① 国务院. 国务院关于深化考试招生制度改革的实施意见：国发[2014]35 号[EB/OL].（2014 - 09 - 03）[2017 - 04 - 20]. http://www.gov.cn/zhengce/content/2014-09/04/content_9065.htm.

新高考取消高中阶段传统的文理分科，将传统的“3＋文综或理综”模式改为“3＋3”模式或“3＋1＋2”模式，即除语文、数学、外语三门高考必考科目外，考生在学校规定的时间和范围内，根据每个人不同的兴趣方向、未来的就业需求等在政治、历史、地理、物理、化学、生物、信息与技术等科目中选出三门作为高考选考科目。选考科目有两次考试机会，其考试成绩以等级赋分的形式呈现并作为高校录取的依据。这些科目的选择，将很大程度影响考生未来的专业选择方向与报考条件。

2. “两依据”之二——高中学业水平考试成绩

选择学业成绩纳入高考总成绩是新高考实行的一项重要举措。2014 年 12 月，教育部发布《关于普通高中学业水平考试的实施意见》指出，学业水平考试是根据国家普通高中课程标准和教育考试规定，由省级教育行政部门组织实施的考试，其目的是衡量学生达到国家规定学习要求的程度，是保障教育教学质量的一项重要制度。此份文件的出台，确立了高中学业水平考试的重要地位，并且规定了各省级教育部门可以根据不同省份学生的实际情况来组织考试。

在考试内容以及时间上做了相应规定。各省考试内容均为国家普通高中课程方案和课程标准规定及要求的各科目必修内容，并且将学业水平考试分为两类：不计入高考招录的合格考科目学考以及计入高考招考的选考科目选考。科目包括政治、历史、地理、物理、化学、生物、信息与技术。落实“学完即考”“一门一清”。考试次数和时间因地制宜，比如北京、山东和河北实行“一年两次”，而天津等地则实行“一年一次”。

成绩呈现以及使用方式上也不尽相同。新高考中的学业水平考试以等级考试形式呈现，上海和浙江分别划分档次，包括“合格/不合格”和“A、B、C、D、E”5 个等级两种模式，合格线的划定则主要按照卷面成绩、卷面成绩的标准分值以及考生比例三类模式。在浙江学考制度中提到“浙江实行高中学考和高考选考科目一考两用，学生可以参加两次考试的结合方式。高中学考和高考选考科目一考两用，同一科目设计两种试卷，同时在不同试场安排考试，一种为总分 70 分，只有必考题，用于评定学生的学考成绩，另一种为总分 100 分(70＋30)，其中 70 分的试题与前一种试卷完全相同，30 分为加试题。根据学生在 70 分试卷上的得分评定其学考等级(ABCDE)，根据其在 100 分(70＋30)试题上的得分评定其高考选考科目等级(21 级)并赋分，每科计入高考总分的满分值为 100 分。每科目每年安排两次考试，每个学生每个科目都有两次考试机会，其中 30 分的加试题只能参加 3 个科目的考试”①。

---

① 陶百强. 对我国新高考方案高中学业水平考试的思考与政策建议——浙江、上海 2014 年高考改革学业水平考试方案商榷[J]. 中国考试，2015(08)：26—38.

3. “一参考”——学生综合素质评价

新高考对学生综合素质评价的内容、使用程度建立了规范要求。《实施意见》明确提出，推行综合素质评价，建立规范的学生综合素质档案，客观记录学生成长过程中的突出表现，注重社会责任感、创新精神和实践能力，主要包括学生思想品德、学业水平、身心健康、兴趣特长、社会实践五个方面。对于综合素质评价的本质，较为一致的观点是把综合素质评价视为个性发展评价，认为素质教育的理念是在全面发展的基础上肯定个体的独特性和创造性。如李雁冰认为综合素质的评价对象是每一位学生的个性整体，评价方法是“欣赏性评价”，即欣赏学生的独特个性并体验其价值。[①] 王洪席将综合素质评价的本质定位为鉴赏性评定或欣赏性评价，而非等级性评价。[②] 刘志军等人认为其本质是有针对性地从多角度、多层面对学生进行评价，充分尊重学生的不同基础和个性差异。[③]

2014 年 12 月，教育部出台《关于加强和改进普通高中学生综合素质评价的意见》，明确提出“综合素质评价是对学生全面发展状况的观察、记录、分析，是发现和培育学生良好个性的重要手段，是深入推进素质教育的一项重要制度。全面实施综合素质评价，有利于促进学生认识自我、规划人生，积极主动地发展；有利于促进学校把握学生成长规律，切实转变人才培养模式；有利于促进评价方式改革，转变以考试成绩为唯一标准评价学生的做法，为高校招生录取提供重要参考”。该文件要求进一步完善和加强综合素质评价的意见，大力推行素质评价，更加注重引导学生参加公益服务与社会实践，培养学生的社会责任感和创新意识能力，破除传统的“唯分数论”。同时该文件也指出，综合评价的价值不只局限于高考层面，它同时有利于学生自己的人生规划，是实现终身教育的有力工具。

2020 年 10 月，中共中央、国务院在《深化新时代教育评价改革总体方案》中提出，加快完善初、高中学生综合素质档案建设和使用办法，逐步转变简单以考试成绩为唯一标准的招生模式。在该方案中，综合素质档案的建设被逐渐关注，综合素质评价档案袋的内容是否具有科学性，评价范围是否全面，以及评价者的公正性和评价的客观性等为社会所关注。

综合素质评价在内涵上存在着不同的理解：第一，对综合素质评价内容中的“学术能力”与“非学术能力”关系的看法存在分歧。一种观点认为综合素质评价与学科成绩

---

① 李雁冰. 论综合素质评价的本质[J]. 教育发展研究，2011，33(24)：58—64.

② 王洪席. 高中学生综合素质评价：误读与澄清[J]. 中国教育学刊，2016(03)：65—67.

③ 刘志军，张红霞，王洪席，王萍，王宏伟. 新高考背景下综合素质评价的意蕴、实施与应用[J]. 华东师范大学学报(教育科学版)，2018，36(03)：57—68.

无论在理论、政策还是实践层面都属于不同类型的评价，不能将政策中的“学习能力”混同于“学业水平”或“学业成就”，[①]经考察发现，虽然各地对综合素质的理解相差很大，但也存在共同之处，即基本上把综合素质看作“非学术能力表现”，因此，应当“把综合素质评价制度定位为对学生非学术能力素养的评价”。[②] 另一种观点则认为，综合素质是作为一个独特个体所呈现出来的内在、有机、互融的整体性素质，应当将“学术能力”和“非学术能力”都纳入综合素质评价的范畴内。[③] 高中综合素质评价是由“非学术能力”评价与表征学生“学术能力”的高考成绩和学业水平测试成绩一起构成的。[④] 第二，对综合素质评价是一种制度还是一种理念存在争议。崔允漷、柯政提出，综合素质评价应在概念层级上往上提升一级，应作为整个评价体系的一种基本理念，而非评价制度。[⑤] 肖磊、刘志军认为，综合素质评价已然成为我国教育评价制度体系的重要组成部分，且目前已经制度化。[⑥] 李雁冰则认为“综合素质评价既是一种评价观，又是一种评价方式”。[⑦]

新高考的基本精神是打破“一考定终身”“唯分是从”的制度设计，充分尊重学生的自主选择意愿与权利，尽量做到“见分又见人”的录取新机制。“两依据、一参考”是国家人才选拔的新模式，是培养德智体美劳全面发展的社会主义建设者和接班人、搭建终身学习“立交桥”的重要举措。“两依据、一参考”概念的提出是在多年高考制度探索的基础上逐步完善的，有其独特的演变历程。

二、“两依据、一参考”的历史演变

“两依据、一参考”的内涵是新高考下的现实解释和规定，就其来源而言，其内涵有一个历史形成的演变过程。

（一）高中学业水平考试的演变发展

当前高中学业水平考试的前身是普通高中毕业会考，伴随着21世纪基础教育课程改革的开展，作为高中学业标准和毕业合格条件的“会考”在2003年国家普通高中课程方案中被调整为高中学业水平考试。2014年新高考综合改革，浙沪两省份发布试点方案，从学业水平考试成绩中选择三门成绩纳入高考成绩，开启了有关高中学业

---

① 杨九诠．综合素质评价的困境与出路[J]．华东师范大学学报（教育科学版），2013，31(02)：36—41．
② 崔允漷，柯政．关于普通高中学生综合素质评价研究[J]．全球教育展望，2010，39(09)：3—8+12．
③ 刘志军．关于综合素质评价若干问题的思考[J]．课程·教材·教法，2016，36(01)：40—44．
④ 靳培培，周倩．新高考背景下高校招生综合素质评价的问题与对策[J]．当代教育文化，2019，11(06)：82—88．
⑤ 崔允漷，柯政．关于普通高中学生综合素质评价研究[J]．全球教育展望，2010，39(09)：3—8．
⑥ 肖磊，刘志军．制度信任视域下的综合素质评价[J]．课程·教材·教法，2017，37(05)：77—83．
⑦ 李雁冰．综合素质评价的本质[J]．教育研究与评论（中学教育教学），2016(08)：91．

水平考试改革的新历程。

1. 高中会考制度的发展

高中会考制度的历史渊源可以追溯至传统科举考试，清末新式学堂的毕业考试可以说是当代高中学业水平考试的近代渊源。清末新式学堂中的毕业考试，是指由学堂“会同”相关学务官员共同对学生进行毕业考试。在当时的新式学堂中，这种考试的成绩不仅直接决定学生是否达到毕业水准，而且会影响到毕业出路与前途。民国初期，学校毕业考试系由学校自行负责，即所谓“校考”。在江苏、福建等地一些中小学毕业会考实践的基础上，南京国民政府于1932年正式出台《中小学学生毕业会考暂行规程》。[①] 1952年后毕业考试和高校招生考试合二为一，统一高考承担选拔性考试和学业水平考试的双重功能。

新中国的会考制度于1983年首次提出，大致经历了1985—1989年的实验阶段、1990—1999年的全面推行阶段、2000—2003年高中毕业会考决策权下移阶段。毕业会考不同于为升入高等学校而准备的全国统一高考的选拔功能，其重点肩负的是学业水平测试的功能，目的是解决普通高中教育“升学和就业”两重任务之一。1990年高中毕业会考制度开始全面推行，并被定义为国家承认的省级普通高中文化课毕业水平考试。20世纪80年代初，采用高中毕业会考制度的初衷就是改变统一高考后千军万马过高考独木桥的“片面追求升学率”问题，减少高考科目，减轻学生负担。因此1991年之后海南、湖南、云南三省在进行会考基础上的高考科目减少试验，即“3＋2”“3＋X”等。

毕业会考实施一段时间后出现两个问题，一是原来设想的减轻学生学业负担的目标没有实现，二是随着管理权限下移，会考逐渐流于形式。为配合基础教育课程改革，新一轮高中课程改革实验深入推进，会考制度被学业水平考试替代。

会考制度的初衷是基于高中教育的根本任务而确定的，即普通高中要为学生走向社会就业服务，要求他们达到基本的毕业要求，会考是发放高中毕业文凭的依据。随着普通高中教育的普及以及大学扩招等高等教育政策的变化，会考制度逐渐变成可有可无的测试制度，重视程度远不如从前。同时高中会考制度在发展的过程中，逐渐从一种对高中学业成绩的判定，演变为“高考外”的尴尬考试科目，教师、家长不甚重视，学生也需要承受高考之外的负担，这与会考制度在诞生之初检测高中全面学习质量、保障中学教学的质量效率的目标相悖。

---

① 刘希伟.中国近代高中会考制度及其现实观照价值[J].课程·教材·教法，2017(7)：119—123.

2. 高中学业水平考试制度的确立

随着21世纪基础教育改革的深入推进,《普通高中课程方案(实验)》对高中课程目标、内容、结构等方面提出了新的改革要求,毕业会考逐渐被学业水平考试替代。2004年山东、海南、宁夏、广东宣布实行停用会考而采用学业水平考,2005年江苏实行"7选2"学业水平考试,2006年浙江全方位实行必修课学业水平考试,2009年陕西实行学业水平代替高中毕业会考。截至2012年全国共8批次先后进入新课改的省份基本都实行了统一的高中学业水平考试。①

2007年,教育部通知指出"高中新课程实验省(区、市)要逐步建立并完善高中学业水平考试和综合素质评价制度,认真研究设计与之相衔接的高考综合改革方案"。该文件从高中学业水平考试的作用视角出发,对高中学业水平考试和高考的作用进行了阐述与界定。2008年教育部颁布的《关于普通高中新课程省份深化高校招生考试改革的指导意见》提出,要加快建立学业水平考试制度,并且还在招生录取方案中提出,高校招生录取需要在高考成绩基础上逐步增加对于学业水平考试及综合素质的考查,确定将学业水平考试纳入到高校招生评价体系中,不同省份开始将学业成绩计入高考成绩的探索。

2010年《国家中长期教育改革和发展规划纲要(2010—2020年)》明确提出,"建立科学的教育评价体系,全面实施高中学业水平考试",全面实施高中学业水平考试和综合素质评价,普通高等学校本科招生以统一入学考试为基本方式,结合学业水平和综合素质评价择优录取。因此教育部决定从2013年9月起,在全国范围内实行普通高中学业水平考试。2014年,《教育部关于普通高中学业水平考试的实施意见》明确指出学业水平考试的基本原则、考试科目内容、成绩呈现和组织要求。随后,浙沪两省份也印发了学业水平改革指导文件,进行高考改革的试点工作,制定出适宜当地的具体实施方案。结合第一批试点省份经验,第二批新高考改革省份(北京、天津、山东和海南)、第三批新高考改革省份(河北、辽宁、江苏、福建、湖北、湖南、广东、重庆)先后出台了适合新高考下学业水平考试改革的新方案、新程序。②

2014年国务院印发《关于深化考试招生制度改革的实施意见》,重新确定了学业水平考试的定位,指出学业水平考试主要用来检验学生学习程度,是学生毕业和升学的重要依据。新高考"3+3"或"3+1+2"模式中,学业水平"3"或"1+2"的地位格外重要。

总的来说,从高中会考制度演变成为新高考下的学业水平考试制度,是在一次次的

① 李木洲.高考改革的历史反思[M].武汉:华中师范大学出版社:2014:112—122.

② 边新灿.新一轮高考改革的多视域考察——简论浙江高考招生制度改革[M].北京:北京大学出版社:2018:242—244.

实践与革新之中逐渐完善的，时间是检验事物的重要标尺，改革的步伐依然在继续。

(二) 学生综合素质评价的演变历程

学生综合素质评价的演变大致分为前期酝酿阶段、初步探索阶段和深化实施阶段，从 1999 年至今仍处于不断发展变化之中。纵观综合素质评价的历史脉络，我国的政策总体上呈现出“稳中有变”“稳中有进”的气象与格局①。

1. 前期酝酿阶段

高中综合素质评价的前期酝酿阶段大致是从 1999 年到 2004 年。在此阶段，“高中综合素质评价”这一名称还未正式提出和确立，多使用“综合素质考查”“综合评价”“综合性的评价”等称谓，如 1999 年 6 月颁布的《中共中央国务院关于深化教育改革全面推进素质教育的决定》(中发〔1999〕9 号)提出，“高考科目设置和内容的改革应进一步突出对能力和综合素质的考查”。2001 年 6 月颁布的《基础教育课程改革纲要(试行)》提出，“改革高等学校招生考试内容，提供多次机会、双向选择、综合评价的考试、选拔方式”。2002 年 12 月，《教育部关于积极推进中小学评价与考试制度改革的通知》(以下简称《通知》)指出，“高中应探索建立综合性的评价体系”，并将学生的基础性发展目标分为道德品质、公民素养、学习能力、交流与合作能力、运动与健康、审美与表现六个方面。上述几个政策文件都体现了国家对学生综合素质评价改革的初步探索。

2004 年 9 月，山东、海南、宁夏、广东四个省份的高中率先进行了新课程改革实验，同时也进行了普通高中综合素质评价的探索实践，为综合素质评价的实施与推广积累了宝贵的经验。②

2. 初步探索阶段

相比以往过于重视考试、过于重视分数、过于重视知识授受的应试教育，21 世纪初的高中教育改革提出了从应试教育到素质教育的转轨，强化学生的综合素质评价。2004 年以后，学生综合素质评价经历了酝酿阶段后进入探索改革期。2005 年出台的《关于基础教育课程改革实验区初中毕业考试与普通高中招生制度改革的指导意见》指出，学业考试成绩和综合素质的评价结果应成为普通高中招生的主要依据，综合素质评价的内容以《通知》中的六方面基础性发展目标为依据。之后颁布的《关于进一步加强普通高中新课程实验工作的指导意见》有力推动了综合素质评价工作在高中的开展。在综合素质评价的初步探索阶段，实施过程中积累了较多的经验，同时也暴露了一些问题。到 2014 年，除西藏等少数省份外，其他省份都颁布了综合素质评价的具体

---

① 王洪席. 我国综合素质评价政策的演进历程及特征分析[J]. 课程・教材・教法，2016(12)：28—34.

② 程龙. 高中综合素质评价十年回顾与反思[J]. 教育参考，2015(06)：41—46.

实施方案,这标志着高中综合素质评价进入全面实施和推广阶段①。

3. 深化实施阶段

从2010年开始至今,学生的综合素质评价改革依然处于深化实施的阶段之中。2010年出台的《国家中长期教育改革和发展规划纲要(2010—2020年)》提出全面实施综合素质评价。2014年12月,教育部出台《关于加强和改进普通高中学生综合素质评价的意见》,该文件指出了综合素质评价的基本原则、评价内容、评价程序、组织管理和重要意义。浙江省也制定了《浙江省教育厅关于完善浙江省普通高中学生成长记录与综合素质评价的意见》,对综合素质评价提出了更加系统详细的要求。这个阶段主要是深入实施并反思上一阶段综合素质评价中存在的问题,并进行相应的修改完善。② 至此,国家及各省份对于综合素质评价终于有了更为深刻的认识。

第二节 新高考学业水平考试实施的困境与出路

作为新高考主要依据的新高考学业水平考试具有重要的地位和不可替代的作用。然而在实施过程中,却遭遇了学校和教师、试卷出题、学生学业压力以及考试组织形式等方面的困境,本节主要就这几点进行讨论,并从学业水平考试地位的再强调、专业化的学业水平考试命题、规范的考试组织和监管、赋分制度的新探索中寻求困境里的出路。

一、学业水平考试的实施困境

新高考下对于学业水平考试的重新关注,让学校、教师、学生和出卷人都开始重新审视这场考试,并重新调整教与学的组织形式来迎接新高考带来的新挑战。然而在新高考实施后的几年时间里,学业水平考试实施所带来的一些问题也逐渐露出水面。

(一) 学业水平改革的阻力及应试倾向明显

普通高中学生学业水平考试是在总结高中毕业会考制度的基础上,为适应新课程改革需要而实施的一项重要考试评价制度,是对普通高中毕业会考制度的继承与发展。当前,我国学业水平考试在实施中存在学业水平考试性质与功能定位不准,学业水平考试与学校学分认定关系不清,国家政策、规范的执行能力不足等问题。③ 高中

① 程龙.高中综合素质评价十年回顾与反思[J].教育参考,2015(06):41—46.
② 王小明,丁念金.历史与嬗变:普通高中学生综合素质评价改革十年[J].现代教育管理,2015(11):74—79.
③ 关松林.我国普通高中学生学业水平考试问题分析[J].中国教育学刊,2013(11):1—5.

学业水平考试是新一轮考试招生制度改革确立的新型教育评价制度。高中学业水平考试在推行过程中遭遇了制度阻力、实施阻力、学校阻力、教师阻力、学生阻力。等级性考试考生基数、试题难度影响成绩的公平性，究其原因在于该制度本身的不完善、师生的“高考文化”适应性以及教育资源配置失衡。[①] 处于新高考的改革之下，学校和教师的应试倾向还未得到缓解。无论是学校还是教师仍然存在片面追求升学率的现象，很多教师更加关注直观的学业成绩，忽视学生的个性化发展。学业水平考试出现并被纳入高考成绩，很多教师没有从根本上认清学业水平考试的价值，或者是迫于升学压力无奈地忽略其价值与地位。加之每个省份对学业水平考试的处理方式也不尽相同，学业水平考试的成绩更多是影响学生参加“三位一体”或者“自主招生”，作为一线教师也只能服从利益“最大化”追求，这导致学校、教师和学生只能重视纳入高考或用于高考的科目学习。因此出现了只要最终的选择性考试成绩足够优秀，就同样有机会上好大学的认识。以高考分数为主的招生录取方法在形式公平、操作简便等方面具有许多优点，但不可否认的是，这种模式既存在限制高校“择优选才”的自主权，又迫使基础教育不得不大规模、长时间地实施“应试教育”。

应试观念下的学业水平考试歪曲了其定位初衷。在高中学业水平考试制度化过程中，极易出现学业水平考试定位混淆模糊的问题，会影响学业水平考试效果，不利于学生能力的培养。在学考定位较为模糊的情况下，会失去学习的意义，会导致学习与考试的模糊，考试不再是学习的辅助，而成为学习的目的，学习就是为了考试，为了提高考试成绩，这导致不注重培养学生学习的能力，也不注重学生的学习效果。

学业水平等级性考试设计的初衷是增强学生学习的自主选择性，促进学生的个性化和全面化发展。虽然各种组合的出现扩大了学生选择的机会和范围，但是学生的选科依然不是真正从自己的兴趣和专长出发，仍存在着趋易避难的功利化选择倾向。[②] 在进行调研过程中，学生提到，可能只是根据高中期中、期末的部分考试成绩来判断，并且自己其实并未分清楚对于各个科目的喜好程度。学生对于科目的选择也会受到家长、教师、学校的功利化影响，这使部分学生失去了判断力和选择性。

（二）试卷命题难度及考试操作难度增加

在学业水平考试的实施过程中，命题是核心环节，决定了考试的最终质量。而高中的学业水平考试试题通常是由命题专家进行研究制定，而不同次的专家能力、经验不尽相同，很难保证两次考试的难度统一。比如，浙江 7 门选考科目的合格考与等级

① 李宝庆，魏小梅. 高中学业水平考试改革的阻力及突破策略[J]. 湖南师范大学教育科学学报，2017(3)：34—42.
② 卢雨辰. 学业水平等级性考试内容改革的实践与发展趋向[J]. 教学与管理，2021(07)：77—80.

性考是采取“二考合一、一卷两用”的模式，即选择性考试包含学业水平考试。学业水平考试考查的是学生对基础知识的掌握程度，而选择性考试则要选拔出优秀的人才，学业水平考试成绩占其中的70%，选择性考试内容占其中的30%，学业水平考试试题既要适应学业水平考试考生的通过难度，又要体现选择性考试考生的选拔性要求，因而对学业水平考试试题的编制具有较高的要求。同时，一年之内有多次学业水平考试，每次的考试试题在难度上都要控制在相似的程度，在内容上要控制在一个较低的重复率。为了降低重复率，命题人会选择教育教学中教师和学生都不容易关注到的知识点，这就导致学业水平考试的难度很难维持在一个稳定的程度，最终导致学业水平考试的公平性出现一定的问题。① 尽管后来经过高考政策的调整，对学业水平考试的考试对象、考试次数、考试内容以及等级赋分等做了相应的调整，其“科学意义”上的测试自身的弊端仍然问题重重。

从目前各地区颁布的考试招生制度改革方案来看，学业水平考试由各省份统一命题、统一组织考试，所以难以避免各地自行命题时，不同批次的考试难度有差异，这就导致同一考生的等级性考试分数如果放在不同批次的考试中比较，其分数的排名可能会得到较大差异的等级评定结果，这显然有失成绩的公平性。控制难度对考生来说至关重要，将难度系数维持在一个稳定的状态，既能让学生顺利通过学业水平考试，又能从中选拔出相应的人才。将学业水平考试纳入高考，若试题难度过低，则将其纳入高考就没有实质意义，因为缺乏区分度；若试题难度过高，则多数学生不及格，违背了学业水平考试考查学生的基础知识、基本技能的本意，而且还可能导致许多高中生无法毕业，因为许多地方都将学业水平考试作为高中生毕业的依据。所以，将标准评价的高考和水平评价的学业测试两种不同性质、不同功能的评价方式统一到一种评价模式中来的自身矛盾性就决定了问题的先天性。

（三）学生课业压力增加和等级赋分公平性存疑

1. 学生课业压力不减反增

高中学业水平考试改革方案的设计理念是减轻高中学生的课业负担，但是在实践中，学业水平考试实施的是等级制度，与减轻学生的学习压力和考试压力、缓解学生的考试焦虑情绪的学业水平制度设计的初衷相违背。一是学业水平的考试成绩会影响到学生参加三位一体和自主招生。没有获得足够的学业水平等级A，学生就可能会丧失参加名校的自主招生和一些学校的三位一体招生的机会。高考本来就是众人过独

① 陶百强. 对我国新高考方案高中学业水平考试的思考与政策建议——浙江、上海2014年高考改革学业水平考试方案商榷[J]. 中国考试，2015(08)：26—38.

木桥,没有人会放弃尝试,但实际情况却并不是所有人都能够在第一次考试中取得最好的成绩。二是学业水平考试给学生两次考试的机会,很多人会选择参加第二次考试,但是很多学校在参加过一次学业水平考试后就不会再在这个班级开设这门课,对这门课成绩不满意的学生就需要通过自学或其他方式来提高自己学业水平考试科目的成绩,同时还不能放弃其他科目的学习。从课程的学习量上来看,这无疑增加了学生的学习量,并没有起到减轻学生课业负担的作用。

课业的压力容易带来心理的压力。学生在学习过程中可能会产生强烈的不适感、抵触感和心理失衡感。高中学业水平考试涵盖的范围较广,且科目较多,这让学生在学习准备时就容易产生退缩心态,不利于学生长期的成长与发展,也会造成学生心理上的担忧,甚至可能会引发焦虑症、抑郁症等不良后果。

在新高考的理念中,原本是在高考之前进行学业水平考试,让学生做到考一门放一门,减轻学习负担。但是在真正的实践中,并不是所有学生都能够做到考一门清一门,很多学生会选择参加第二次考试,以获得更加优异的成绩。所以,新高考的模式是否真的让学生减轻了课业负担呢?还是说新高考是让学生提早感受到了高考的紧张氛围,并时刻保持着高考的状态呢?如果学生将所有考试都积压到最后关头进行,这是不是会导致学生的课业压力更大呢?因此,在新高考减轻学生课业负担这一方面,我们还面临着巨大的挑战。

2. 等级赋分的公平性存疑

在学业水平考试中,由于在各省份存在着等级赋分的现象,划分等级的公平性备受争议。首先,考生在不同的考试中取得的成绩可能并不具有可比性。《实施意见》中提到,学业水平考试的主要作用是检验学生高中的学习情况,用以作为毕业和升学的参考标准。国家将学考分为计入高考总分的合格考科目学考和不计入高考招录科目的选考科目学考,而在浙江和上海出台的学考实施方案中,学生的等级考试成绩是与考生整体的成绩密切相关的。如果考生参加了两场不同的考试,所参照的总体人数和考生水平的不同,可能会让这位考生面临着悬殊的考试结果。其次,在同一等级内原始成绩较高的考生和原始成绩较低的考生之间也会出现不公平的现象。在浙江的等级赋分制度中,可能就会因为一分的差异而相隔整整一个等级,因此考试的分级中有一定的运气成分。等级赋分的原理是考虑个体在群体中的位置,但也容易忽略群体偏态分布和教育目标达成的教育原理。

(四)考试组织存在压力与监管力度不当

在以往,作为毕业会考的高中学业水平测试由于不纳入高考的成绩范畴,因此出现因高中学校重视力度不够、学生关注度不强而造成的考试组织管理松散的乱象，考试的诚信程度在高校里更是低下。由于长期潜移默化的影响，在承袭了会考制度的部分功能之后，新高考下的学业水平考试中，也存在着管理力度不够、作弊现象频生的问题。有的学校甚至会错误地执行“学校保护”政策，为提高学校的升学率公然地帮助学生作弊。① 阅卷的公平性也不如高考严格，工作缺乏透明性和规范性，导致为了高中学业水平考试的成绩而降低权威性和公信力。

此外，新高考下学业水平考试的时间也不够合理，其一般在学期结束的时候进行，但学期末是学校课程、各大考试最为集中的时间段，安排学业水平考试会动用人力资源、时间资源和教室资源，这对于其他年级的教学来说是一个不小的影响。所以在学业水平考试的组织方面，依然存在着问题。

二、学业水平考试的改进路径

当前，我国新一轮高考改革之下，学业水平考试的出路是处于改革“深水区”之中的探索，在实践操作和理论实施中都存在着一定需要解决的问题。在改革的实施过程中，一方面需要在实践中反复摸索和不断更新，另一方面也需要回溯标准参照测试的性质，从理论上来探析学业水平考试的改革路径。②

（一）要正确认识学业水平考试的重要地位

认清学业水平考试的价值地位是推进其顺利实施的关键。保障高中学业水平考试的顺利实施需要从“分分必争”向“重个体发展”的观念转变。要明晰学业水平考试的全覆盖是避免学生严重偏科、促进学生全面发展、提高学生的综合素质的重要举措。实行高中学业水平制度，有利于普通高中按照国家规定的课程方案和课程标准组织教育教学，实现培养目标。我们应该清楚，新高考下的高中学业水平考试，不仅仅是由国家统一领导、各省自行组织实施的国家级考试，更是衡量普通高中学生的学业水平是否达标的一种考试，是学生为后续深造学习或者工作打下坚实的知识基础的考试。高中学业水平考试被纳入高校招生的依据，其目的和初衷是学生的过程性成长能被关注，能够实现对于学生的多元化评价，促进考试选拔的公平性、科学性。学生应当把国家的需要、高校的要求与自己的兴趣爱好相结合，在新时代所需要人才的基础之上，不断发展自己的个性和特长，避免盲目选考。

---

① 郭娇娇. 普通高中学业水平考试改革的困境与解困[J]. 教育与考试，2019(05)：20—25.

② 臧铁军，刘冰洁. 新高考学业水平考试的定位及调整策略[J]. 教育研究，2020，41(11)：118—125.

(二) 提升学业水平考试命题的专业化水平

《关于新时代推进普通高中育人方式改革的指导意见》中提出,“实施普通高中新课程的省份不再制定考试大纲”。新课程标准正式取代考试大纲成为学业水平考试的重要命题依据。而专业化的命题依据是以新课程为标准,对考试内容进行编写和调整,让命题完全围绕制定好的新课程标准,保障专业化水平的在线①。

试卷命题的标准化是专业性的重要体现。一般标准化考试的试题是由有关专家、教师根据一定的教育目标集体编制的,所有题目都要经过预测和统计分析,取得难度、区分度等有关资料,将数量、难度相等的试题入库备用。尽管不同省市之间的具体赋分转换有些许不同,但总体策略是根据学生在相应考试群体中的位次来进行赋分。所以,学业水平测试同时承担鉴定和选拔的功能,兼有标准参照和常模参照的双重测量属性。要考虑到农村和城市之间的差异,还要考虑到学生的自身因素,要把握住教学的重难点,不能一味追求区分度而选择难度较大的题目,同时也要尽量维持每次考试的难度在同一个程度,尽量保证学业水平考试的公平性,科学合理地控制试题难度。我们知道,难度设计一方面要符合教育测量的科学性要求、分数使用的公平合理,另一方面也要考虑可能引发的一切问题,来保障高考综合改革的顺利实施深化②。在整体进行大规模教育考试难度设计时,一方面要满足考试的测量学要求,另一方面也需要满足试点省份分数转换的理论模型,不能忽视的还有高考相关学科的实测数据。当拥有足够大的样本数时,就可以进行足够科学和全面的预测,规避在考试命题和难度设计中出现的一定失误和风险。为更好地改进命题质量,也要加强命题技术和命题理论的研究,充分利用教育测量和评价的研究成果与现代技术,探索出更为科学的命题路径。

(三) 健全学业水平考试的组织体系与监督机制

高效而健全的考试组织是高中学业水平考试制度的重要保障。要加强组织领导,各地要高度重视,加强领导,精心组织。省级教育行政部门要对学业水平考试进行统一管理。要以法制化的理念明确各相关部门职责,理顺工作关系,加强协调配合,建立健全负责制和问责制,确保工作中不会出现违法犯罪以及重大过失行为而影响考试的公平性和公正性。要严格考试管理,重视防止作弊行为的规范,提高对高考的重视程度。加强考风考纪建设,促进更加规范、有序、公正的考场建设。在新媒体、新技术盛行的当下,为了改变一些家长、学生认为学业水平考试不甚重要的观念,还应该通过一

---

① 卢雨辰.学业水平等级性考试内容改革的实践与发展趋向[J].教学与管理,2021(07):77—80.

② 赵雪,宋宝和.普通高中学业水平选择性考试的难度设计研究[J].教育理论与实践,2022,42(02):18—22.

些自媒体手段增强对于学业水平考试重要性的宣传,以帮助家长、群众答疑解惑,让有关高中学业水平考试的重要信息能够第一时间被家长所了解,促进良好社会舆论的建设。

要确保命题、阅卷、考务等方面的经费投入以及人员配置。要建立好财政的保障制度,避免因为财政经费的不足,造成学校推脱落实高中学业水平考试的监督管理制度。政府应该合理地划出相应拨款支持学校开展学业水平考试,并且提供资源的帮助,可以建立社会监督机制来落实巡视检查与督查。

在学业水平考试的组织实施过程中,同样需要重视学业分数报告的内容、用途和设计形式。以浙江为例,浙江省的学业水平考试成绩报告单由成绩信息和诊断信息两部分构成。诊断信息的子维度里,分别又是试题得分、学科知识、学科能力、考试目标维度这四个方面。同样在每一个维度里面也设置了五个等级,对考生的学业水平进行了对标的层级对应①。因此,在高校的招生之中,可以完全依据新高考下学业水平成绩报告单中的项目,对学生进行筛选和考察,同时可以清晰地知晓学生的优势、特长、能力偏向等。学业分数报告的专业设计和使用能够很好地为高中和高校提供有利的凭证。学生在报考高校时,也能够依据自己的学业报告单分析自己的能力范围和特长优势,从而减少盲从报考,增加报考的专业度和精准性,促进考生更好地自我实现。

(四) 学考水平考试等级赋分新探索

学业水平考试的试卷难度对于赋分是至关重要的。如果难度和教学现实相差过多,会让学生的功利性选择倾向加强。如果试卷难度过低,会容易导致同样分数的高分学生增加;反之,如若试卷难度过高,则会让学生做出逃离考试的选择。分数不论过高还是过低,都会让等级赋分困难。同样,现今的等级赋分方法可能会导致考生的分数不能被清晰地反映出来。特别是在进行转换分数时,学生、家长、学校可能会由于经验不足和对政策的不理解,心理预期产生误差。在考试结束的时候,考生一般会根据自己的考试情况,对自己的成绩进行预估判断,但由于转换分数的出现,可能会让分数段向下移动,引发部分考生的不满情绪,会造成社会的质疑和不满。而且不同能力考生群体之间,如果出现由于转换而受益大的现象,那么考试转换的公平性也将荡然无存,社会的信任度会降低。

在实践过程中,有研究者不断地提出学业等级赋分改进路径。例如,"高考等值对策"认为,"固定标准+年年等值"是完善高考赋分方案的理想方法②。这些建议,既有

---

① 章红斌. 新高考生物成绩报告单教学价值浅析[J]. 中学生物学,2018(2):62—64.

② 于涵,韩宁,关丹丹,章建石,焦丽亚. 关于改进新高考选考科目赋分方案的若干思考[J]. 中国高教研究,2018(06):44—49.

认为运用线性等值和百分位等值法进行等值，保留各省（区、市）目前推出的赋分规则，“以全省（区、市）的代表性样本为参照”确定各科等级分数，通过“年度学科常模”实现“每次考试分数等值，避免”田忌赛马，[①]也有借助参照系划分或调整等级，按同一等级内原始分转换为等级分的“等比例原则”，将得分直观地转换为等级分分量表上的得分[②]；既有基于经典测量理论，通过原始分转换为标准分并使用线性转换的方法进行等值的[③]，也有将新高考的必考科目采用测量等值和量表分数相结合的方式报告分数，自选科目采取标准设定和测量等值相结合的方法报告分数的[④]。无论如何赋分，都要保障选考科目等级得分与考生在这一科目整体水平中的位置相一致的公平原则，都要确保不同科目考生群体水平分布与各科目学生整体水平分布具有相似性和一致性[⑤][⑥]。

总之，学业等级赋分和高考是两种不同的评价方式，如何保证在育人目标的前提下平衡两种考试的本质、优势与弊端，将是一个重大的实践课题和理论命题。

第三节 新高考综合素质评价的重点与难点

综合素质评价对学生的发展至关重要，具体操作运用又极其复杂而困难，在新高考实施的过程中引发了学校、教师、家长乃至社会各界的广泛关注。综合素质评价，评价什么？如何评价？重点是什么？难点又在哪里？……这些问题引起了大家的关注和思考。

一、综合素质评价的重点关注

对学生进行综合素质评价的最初目的是发现并引导学生在学科知识之外的其他能力，包括对于事物的认知能力、社会实践能力和团队组织能力，以此来促进学生的健康全面发展[⑦]。通过全面观察、分析、记录学生的发展情况，不仅能够更好地培养学生

① 杨志明. 完善新高考学业水平等级考试赋分方案的三种策略[J]. 教育测量与评价，2018(12)：5—10.

② 于涵，韩宁，关丹丹，章建石，焦丽亚. 关于改进新高考选考科目赋分方案的若干思考[J]. 中国高教研究，2018(06)：44—49.

③ 张敏强. 高考“一年多考”的“分数等值”研究与实践[EB/OL]. (2016-10-09)[2021-01-20]. http://www.neea.edu.cn/html1/report/16113/77-1.htm.

④ 马跃，韦小满. 新一轮高考改革中的测验等值问题[J]. 考试研究，2015(05)：63—69.

⑤ 邵光华，吴维维. 新高考改革何去何从——关于新高考“选考”和“一科两考”问题的再思考[J]. 教育发展研究，2018，38(08)：13—20.

⑥ 张远增. 新高考学业水平等级考试的等级分连接研究[J]. 中国考试，2021(06)：61—69.

⑦ 王惠清. 高中综合素质评价的定位、难题与改进[J]. 教学与管理，2020(10)：68—71.

全面发展,也有利于学生对未来的选择。因而,综合素质评价能够落地、切实可行、公信有力才是关键。

(一) 关注综合素质评价的可行性

综合素评价经历了时间演变而被纳入新高考“两依据、一参考”政策。综合素质评价的重要性逐渐得到了高中、高校、社会乃至国家的重点关注。刘海峰教授强调,“将综合素质评价作为高校参考和依据的这种探索关键要经得起实践的检验,是不是具有可行性这点最为重要”①。在新高考之前,综合素质评价正常实施,但并未对学生的高考成绩产生什么决定性或者说具有影响力的作用,综合素质评价仿佛游离于高考招生之外。而此次的新高考下综合素质评价改革,让综合素质评价的结果,真正处于“可行”的角度,国家明文规定将其纳入高校招生的“参考”范围之中。综合素质评价要具有可行性,首先需要具有可比性,而要具有可比性,就必须进行量化,但是量化可能会使综合素质评价走样。尽管各省都建立了相应的综合素质评价系统,但保证系统数据的真实性、可量化、可比性仍然是一项艰巨的任务。最起码,可以先把最典型、最具代表性、最能体现学生综合素质的重要事件和关键成绩如实记录且进行合适的量化转化,这是当前可以优先进行的紧迫课题。

同时,要想使综合素质评价具有可行性,也要充分认识到在综合素质评价的实施过程中教师面临的种种具体的操作困难与时间冲突,这就需要制定教师综合素质评价操作指南和工作量激励措施。我们知道综合素质评价是一个需要花费时间和精力的可持续性记录活动,高中教师一边要面临着高考教育教学的压力,一边还要搜集和整理重点体现学生社会责任感、专业志向等的学生外显的活动与行为,并且强调评价内容具备一定的区分度和典型性。纷繁多样的学科成绩转换、志愿服务、获得表彰、竞赛获奖等会给教师带来有形和无形的压力,也给综合素质评价的具体实施带来了阻力与困难。这些因素的叠加会降低综合素质评价的可行性。

综合素质评价对象的完整人格也制约着评价的可行性。学生并非是分裂的多个素质的简单相加。一些地区在进行综合素质评价时,采用的是先分解后集中的办法,便于集中量化评分,但这样也存在割裂或误判学生整体素养的风险。例如,在道德方面,两个学生的道德量化等级分别是 90 分和 89 分,但按照评分规则来说,90 分为 A 级,89 分为 B 级,1 分之差的两种等级之间缺乏相关的合理性②。所以,只有正确认识

① 刘海峰.综合素质评价是否具有可行性最为重要[EB/OL].(2016-10-09)[2023-02-08].http://edu.people.com.cn/n/2014/1225/c1006-26277046.html.

② 辛涛,张世夷,贾瑜.综合素质评价落地:困顿与突破[J].清华大学教育研究,2019,40(02):11—16.

综合素质评价的实际困难，才可能真正将评价做得更切实可行。

（二）聚焦综合素质评价的有效性

除了可行性，评价结果的有效性也是综合素质评价的重点之一。我们知道，综合素质评价的出发点就是弥补用单一学业成绩、单一分数来判断学生的弊端，综合素质评价是对学生的整体画像，呈现出的是一个鲜活的学生个体。这个画像出来的人与真实的学生有多大差距，就是通过评价的“有效性”来衡量。综合素质评价不仅仅是一个价值判断也是一个事实呈现，不仅是一个定性描述也是一个定量刻画的过程。既然是一个评价工具，工具本身当然要具备一定的效度与信度。

综合素质评价的有效性既体现在评价工具的信度上，也体现在效度上。评价工具的信度是指综合素质评价工具的稳定性，不同学校、不同届次、不同时间的评价能够保持相对的稳定性。评价工具的效度是指综合素质评价工具能够测量出学业分数之外的道德品质、身心健康、艺术素养、社会实践，能够真实反映出学生全面发展情况和个性特长，能够真实考查学生的社会责任感、创新精神和实践能力。只有在评价效度和信度的基础上，不同学生之间才可以进行比较分析，才可以真正作为高考录取环节的“重要参考”。

（三）着眼综合素质评价的公平性

综合素质评价的有效性和可行性是从技术工具理性来解释其本质规定性，要求要能用、要好用，然后综合素质评价的公平性则是从价值工具的尺度来阐释其存在的合理性。其本意是保障学生的教育公平，在成绩之外，学生能够有另一种方式来展示自己的特长，让自己的全面发展能够获得认可和肯定，也为那些具有特殊技能的学生开辟了一条除学业考试成绩和高考成绩以外的，能够进入高等学府的路径，这是新高考综合改革和普通高中育人方式变革的根本要求，是培养德智体美劳全面发展的社会主义建设者和接班人的创新举措。

综合素质评价的公平性既包含评价自身的公平性，也包括评价结果使用的公平性。就评价本身而言，城乡差异、局域差异所带来的不同学校之间教育水平和教育资源差距，影响了综合素质的表现与形式，甚至出现了城乡无法填补的素质鸿沟，综合素质形成的资源与条件差距造成了对公平性的挑战，这就需要客观地设计综合素质评价指标，使不同素质的表现在记录上作等值化认同与处置。评价结果使用的公平性体现在高校招生录取时对综合素质评价结果的参考程度，以及高校能否根据办学特色与优势，充分利用综合素质考查结果选拔出符合自己人才培养需要的培养对象。结果使用的公平性是高考参考公信力的重要体现，是教育公平的重要方面。

二、综合素质评价的难点表现

综合素质评价是极其重要和极端困难的复杂性工作，它不是简单地用数量统计来衡量的技术性工作。在高中综合素质评价的实施过程中，“考核什么”和“怎样考核”都面临着种种困难。

（一）评价标准和信度、效度存疑

无论是区域内还是区域间，都缺乏统一规划和推进的综合素质评价的具体操作方案与评价标准，学校各自探索的统一性、规范性、科学性很难得到保证。从目前各试点的实施情况来看，不同省市和地区的高中实施的标准并不相同，差异过大也容易导致横向比较时缺乏效度，无法进行推广和区域联动。当缺乏系统性的定性与定量相结合的指标体系时，评价的信度和效度就落入了“不够可靠”的尴尬境地，人为因素可能会篡改和干扰评价的各环节进程。这主要是由于对学生的综合素质评价存在一些忽视与误解，比如，有的学校把综合素质评价视为不通过纸笔测试而进行的非学业能力（学习能力、学习习惯、学习态度等）评价；有的学校把综合素质评价看作对学生学术能力和非学术能力的综合的评价；也有学校把综合素质评价看作对学生各方面不同相关个性素质的综合体的评价。正是对于综合素质评价有着不同的理解，导致不同学校在开展综合素质评价时，侧重点会有所不同，标准和理解的不同造成的是评价标准的信度和效度不高。

此外，在实际操作中，由于人口数量众多带来的庞大的高考考生规模，让不少省份的综合素质评价填报管理平台无法承担重任。以往不够重视衍生而来的技术缺失，导致很多省级平台的储备空间、储备容量有限以及每个栏目储存材料的空间不足，也限制了评价材料的可信度和准确度。为了减轻实践操作的技术困难和繁杂的工作负担，亟需建立高质量的数字化综合素质评价平台和专业化的评价队伍。

（二）评价等级和内容选择欠缺科学性

目前，正在进行新高考改革的省份，采用的是对学生的素质进行分解、分门别类进行评价填报，依据的是填写的《学生综合素质评价表》。虽然表格式条目填写更加明晰，便于进行比较，但学生和教师会存在“将表格填满”的念头。这种分散式的信息填写会忽略学生是一个鲜活的整体与个体，反而肢解学生的真实整体性。同时，模块化、指标式以分值和等级赋分学生素质，也缺乏科学的论证与实验。

在评价内容的选择上，一些学校采用“写实记录”的方法，它能够体现学生日常学习活动的典型性正面和综合素质信息，但同时也存在着欠缺科学性的弊端。首先，写实记录的大量程序和大量材料，操作时效的及时性和操作程序的复杂性，让学生和教师产生畏难情绪和厌烦、抗拒心理;第二,对于材料的整理和审阅,一般教师采用浏览的方式,不具有完备的科学性和公正性,由于内容繁多带来的记忆遗忘会影响综合素质评价的真实效果;第三,在过程性记录中,综合性评价难以做到真实反映学生参与活动过程的全貌,更难以突出学生发展的过程。就评价内容的本质而言,这种做法最终得到的只是学生各个方面的可见性、外显性和单一性素质的简单集合,无法获得关于学生素质的综合性认识,因此明显偏离学生综合素质评价的初衷①。综合素质评价的初衷是对学生全面的综合素质进行考量,虽然划分条条框框清晰明了,但是也带来对于综合的割裂,这种将学生分成不同等级、分门别类的做法有可能会忽略对学生成长有价值的教育信息,更无法表达出学生内在的学习方法和情感价值观②。

总之,综合素质的综合属性决定了综合素质评价工作的复杂性和科学标准诊断甄别的艰巨性,尽可能寻找有利于学生健康成长成才的评价方式与模式是当前重要的改革任务。

(三) 评价实施的主观性大且流于形式

评价实施疲于检查,流于形式。首先,“突击”现象严重。由于评价往往出现在学期、学年的末尾或者临近检查的时候,学校、教师、学生为了同时应对课程、考试和各种相关事务,对于综合素质评价就有可能进行简化处理,有可能出现只填写必填项目而不重视其他有助于体现学生综合能力的证明;其次,由于缺少固定的标准,一些学生参与的活动可能未在清单中列出,从而缺失了一些学生在参与活动中的生成性经验;再次,鉴于教师工作繁多,学校对于综合素质评价的定位可能与日常教育教学生活脱离,综合素质评价成为了脱离教育教学的额外工作,包袱重压之下的结果就可能会使得综合素质评价走向走过场和应付的境况,会造成真正有价值的教育事件被惯性遗忘或隐蔽。

另外,政策文件不够清晰,致使各地高中与高校在制定具体的综合素质评价方案时,主观性较大,也会产生盲然无措感。综合素质评价已经被纳入新高考的范畴,各高中可以自行制定学校综合素质评价工作实施方案和细则,这对办学地理位置优越、办学经验丰厚的学校并非难事,但对于基础设施较差、学校经验较少的学校来说,是很难凭借自己的理解加以落实运用的。所以,在综合素质评价报告中,主观性色彩浓厚。相较于等级评价,收集的一些成长记录与陈述材料,可能更符合理想中的综合素质评价的要求,但由于记录是长期的过程,可能会出现资料收集不全和记忆混乱的问题,并且在写实记录

① 柴唤友,陈丽,郑勤华,王辞晓.学生综合评价研究新趋向:从综合素质、核心素养到综合素养[J].中国电化教育,2022(03):36—43.

② 吕莹.普通高中学生综合素质评价的现状、桎梏及展望[J].教学与管理,2019(03):68—70.

过程中,材料的感情色彩完全由编撰者自己把控,具有强烈的主观性,再加上最终参与评价的各个主体,譬如老师、高中、高校,每个环节的介入带来的都是主观性的判断,所以任何环节和主体的问题都会让整体评价的客观性大打折扣,公平性令人质疑。

(四) 评价结果的趋同化明显和实用性不足

综合素质评价结果的趋同化明显。在综合素质评价被纳入高考并成为与学生前途命运高度相关的重要评价后,学校在评定学生的综合素质时,评价结果往往趋向于“高位平均”,这会导致综合素质评价结果的区分度低,有效性低。评价过程中,除了极差(严重违反校纪校规)和在某方面极其突出的学生,大部分学生的评价结果十分接近,这也是由“档案式”的评价方式所决定的。例如,若学生在某方面获奖或违反校纪校规,学校会实行加分或扣分的方式来进行“档案”记录,这种传统的评价模式便平均了占绝大部分的“中等”学生的结果,而只对少部分“两头”的学生起到了评价所应具有的作用。

评价结果的实用性不足。新高考精神明确指出评价结果是高等学校招生的依据,但是在实际使用过程中评价结果难以被真正使用。一是评价结果的公信度不够,真实性受到质疑,综合素质评价结果较难完全直接使用。二是“参考”这一模糊的定位,让高校“不愿挂钩”或“无力挂钩”。目前,综合素质评价材料在高校的自主招生中,有这样三方面的作用:首先,在报名环节利用评价材料初步筛选生源;其次,在初步审定环节将评价材料作为专家评分的参考材料;最后,在面试环节,依然将评价材料作为学生提供的素材的一部分,呈现给面试考官。从内部条件来看,招生学校对于综合素质评价档案的审阅不够科学,并且综合素质评价的使用功能在一定程度上与学业水平考试重叠,因此不被重视。从外部条件看来,社会对于综合素质评价的信任程度不足,让民众对于高考背景下的综合素质评价有很强的怀疑态度,让招生学校不敢重用综合素质评价结果。

结果的公正性被怀疑与实用性不够,导致高中愈发敷衍了事,缺乏常态化、科学化的管理,因而造成了综合素质评价实施“流于表面”,陷入“高校不用、高中不管”的困境。在当前实行的平行志愿投档录取模式之下,招生录取基本完全依据分数的高低,综合素质评价结构也缺乏被高校“参考”的机会。在实际的研究中发现,很多学校还会为了不影响正常的教学工作秩序,规避在教学中的繁杂事务,将综合素质评价委托给外包公司或者是个人去处理①。这种处理方式如果得当,可能专业的公司或者研究者能够很好地对综合素质的各方面进行评价和处理,但是倘若处理不当或者处理方式与高考、招生的关联度不大,那么则处于“停摆”的脱节境况。

---

① 吕莹.普通高中学生综合素质评价的现状、桎梏及展望[J].教学与管理,2019(03):68—70.

(五) 区域间教育的公平问题仍显突出

区域教育现代化程度及教育资源的差异与差距影响了综合素质评价的公平性。在社会的固有印象中，综合素质评价和以前实施的高校自主招生类似，有一定的特殊受益群体，即大部分来自大、中城市里家庭经济和文化资本优越、成绩优秀、父母受教育层次高和社会层次较高的层级。相对而言，综合素质评价可能会使来自经济资本、文化资本及社会资本处于劣势的家庭或者地区，特别是贫困地区的“弱势学生”陷入更加不利的境地[①]。比如，考查学生的体育比赛项目参加情况、艺术水平及实践活动经历等可以用来判断学生是否能够进行多方面发展的“身心健康与艺术素养”，就会明显受到家庭环境的影响，偏远农村、山区或海岛的孩子参加比赛和艺术训练的机会少之又少，要想取得综合素质评价高分相对较难。同样，对于综合素质评价中新加入的社会实践环节，农村和城市群体则是完全不同的两种实践路线。城市学生群体的社会实践劳动范围可能会涉及博物馆、美术馆、福利院、孤儿院等具有典型城市特征的实践场所；而对于农村地区的学生来说，社会实践可能是一些农业劳动，却无法开具实践证明，有效性不够、专业性不强。所以，综合素质评价工作仍然是一项艰巨的时代任务。

三、综合素质评价的解决思路

(一) 建立科学的综合素质评价体系

首先，对综合素质评价制度进行正确定位，在功能上必须将其纳入高校招生的指标体系中，在关系上必须厘清其在高考和学业水平考试之间的关系定位，[②]在本质上，应将其视作一种鉴赏性评价而非等级评价。对学生的综合素质以划分等级的方式进行评定，实际上是对综合素质评价本质的曲解与误读，而“鉴赏”则是对生命个体之独特性的精妙感知和尊重，是对学生与生俱来之天赋、潜能与品质的内在体认和品鉴，更能体现评价的本质。[③]

其次，对综合素质评价进行内涵修正。要正确认识和理解“综合素质”，就要把“综合素质评价”在概念层级上往上提升一级，把它作为整个评价体系的一种基本理念[④]，而不仅仅是一项评价制度。在评价内容上，应当以促进学生个性化发展为基本原则，构建一个同时包含“基础性原则”和“差异性原则”的综合素质评价内容体系[⑤]。其中

---

① 卢海弘，张也. 综合素质评价研究：最新进展、主要难点及破解思路[J]. 现代教育管理，2020(05)：46—50.

② 崔允漷，柯政. 关于普通高中学生综合素质评价研究[J]. 全球教育展望，2010，39(09)：3—8＋12.

③ 王洪席. 高中学生综合素质评价：误读与澄清[J]. 中国教育学刊，2016(03)：65—67.

④ 崔允漷，柯政. 关于普通高中学生综合素质评价研究[J]. 全球教育展望，2010，39(09)：3—8＋12.

⑤ 樊亚峤. 综合素质评价纳入高考录取的阻力与对策[J]. 中国教育学刊，2016(06)：33—37＋53.

“基础性原则”可以参考现行的“思想品德”“学业水平”“身心健康”“艺术素养”“社会实践”等方面，作为学生最低限度的发展指标，体现综合素质评价的全面性；“差异性原则”部分则不要求面面俱到，而要体现学生的个体差异和个性发展，凸显学生的优势素质。

再次，灵活选择、合理运用评价综合素质的方法。由于综合素质本身的构成成分复杂多样，使用任何一种单一的方法都难以确保评价结果的科学性、全面性和客观性。因此，要将多种评价方法有机结合起来，灵活选择并合理运用。如使用“课程学习记录”评价学生的非学术能力表现，构建一体化的学生综合实践平台，建立学生综合素质评价与生涯教育的“一站式”服务体系。①

最后，构建高中与高校接轨机制，确保评价体系的科学性。高中综合素质评价与高校招生中的综合素质评价具有“相对独立性”。因此，应当建立高中综合素质评价与高校招生体系之间的衔接机制。该机制应包含两方面内容，一是合格线制，即为五类评价内容设置合格分数线，成绩合格者才能参加高考报名；二是择优参考制，即限项择优纳入高校招生体系，学生选择自己较有优势的项目作为招生录取的参考依据。② 合格线制体现了评价的基础性和全面性，择优参考制体现了评价的差异性和个性化，两者是一个有机整体，共同促进学生全面而有个性的发展。在体系原则上，主要包括选项申报原则、统一样式原则、全面合格原则、择优积分原则等。③

（二）提升综合素质评价的结果效用

作为过程性评价的综合素质评价，正如布鲁姆所说，不是为了将学生进行分级、分类，而是基于对给定学习任务完成效果的检测，进一步帮助教师和学生实现新的目标④。从长远的角度来看，综合素质评价的作用不应仅限于高考使用的“参考”作用，而应该成为引导学生进一步了解自我、感知自我、发掘自我潜能、探索自我多样化发展的有力支撑。综合素质评价具有内隐性的特点，它是通过潜在的方式来影响学生的认知水平以及对应的行为模式的发展。对学生进行综合素质评价，一方面让学生能够更好地在高校中选择专业，或在选学校时更加有自己的兴趣点和想法；另一方面综合素质评价是为了更全面地推进素质教育，从而为学生的终身教育和可持续发展奠定坚实的基础。

针对综合素质评价在招生录取中的作用仍停留在“参考”层面，教育行政部门可以进一步推进改革力度，加强高中和各大高校对综合素质评价的重视程度，将综合素质

---

① 樊亚峤，徐海，赵鹏林. 新高考改革中综合素质评价的实施困境及突破策略[J]. 中国考试，2019(07)：63—71.

② 程岭. 纳入高校招生体系的省级综合素质评价系统构建探析[J]. 中国考试，2020(10)：54—59.

③ 程岭. 纳入高等学校招生体系的综合素质评价："难为"审思与"能为"创建[J]. 教育研究，2020，41(12)：111—120.

④ 马嘉宾，张珊珊. 推行综合素质评价的操作策略研究[J]. 中国教育学刊，2017(02)：1—5.

评价结果与高考“硬挂钩”，才能防止其在具体实施中被弱化或形式化。鉴于评价使用者在时间和效率上面临的困难，可以适当地推迟综合素质评价报告在专业录取中的使用时间，这不仅在本质上使综合素质评价结果与高考招生录取形成了“硬挂钩”，也切实破解了高校在录取过程中没有时间阅读学生综合素质评价档案的难题，规避了高校可能面临的录取不公平风险。①

（三）健全评价监督制度和专业支持体系

第一，完善监督制度，避免虚假现象频发。既然综合素质评价的很多指标无法量化，那么指标的记录和认定就主要依靠教师长期的记录和学校的自主认定，有些家长就会穷尽资源和社会地位来“帮助”子女，“美化”记录评价表，或者按照综合素质评价的指标，“指哪打哪”地对学生进行培养。这有悖于综合素质评价的本来目的，加重了学生的负担、学校的负担。因此，要全面完善落实综合素质评价的诚信制度和监督制度，强化相关法律法规的约束性。从整体制度层面加大学生的失信成本，避免虚假现象的产生。学校应该成立专门的评价部门和监督小组，完备的组织和实施公示制度、诚信制度、复核审查制度，灵活地开展多重配套检查和监督机制，保证综合素质评价在公正透明的情况下得以合理地实施、常态化地开展。

第二，构建专业支持体系，保障全面客观。在专业支持体系方面，要构建全方面、全过程、多维度的综合素质评价监督机制，也可以借鉴国外的经验，依托第三方机构进行专业化的监督评估。同时，还可以借助信息技术手段和新媒体工具，让每一个过程都科学、公正、客观、可追溯，运用技术手段检查排查虚假信息，并且需要在记录中保障学生的隐私和个人信息安全。可以通过校级的电子平台，记录、呈现、交流、评价学生成长发展的过程性、动态性信息，确保综合素质评价顺利落地实施②；也可以运用能够可视化的电子平台，凸显学生成长发展的变化、过程性和连续性，这能够有效解决写实记录的诸多现实问题。同时，确保在高中三年的六个学期过程中，对综合素质评价的得分采取统一标准的全程管理。例如，对创新素养、道德素养、学业成绩等所有内容的分值根据统一的标准进行换算，计入总分，从而避免不同年级、不同科目之间的主次之分和权重差异。还可采用数据可视化的技术，用直观的雷达图或者“学生成长树”作为评价结果的呈现形式，反映学生综合素质发展的优势与不足，为学生描绘出直观、形象的发展图景③。

---

① 樊亚峤，徐海，赵鹏林. 新高考改革中综合素质评价的实施困境及突破策略[J]. 中国考试，2019(07)：63—71.
② 张红霞，侯小妮. 综合素质评价落地的现实症结与突破路径[J]. 教学与管理，2020(22)：72—74.
③ 吴照，季金杰. 以综合素质评价撬动普通高中育人方式变革[J]. 人民教育，2022(06)：44—47.

纵观国内外的实践经验可以看出，通过技术处理或者平台的建设，对综合素质评价进行量化评分，最终将综合素质评价结果融入高考成绩，可以一定程度上解决综合素质评价与高校招生录取模式中不兼容、不匹配的情况。美国高校在招生时，将过程性评价与综合性评价进行合成，最终折算成学业指数和录取指数，并将其作为招生的重要依据和重要参考。比如，将学生的 SAT 成绩或者 ACT 成绩，与学生学习中的年级排名、中学 GPA 课程等进行折算综合。这种量化处理方式不仅解决了过程性和终结性成绩的转换、合成问题，也让各种学校具有可比性。

（四）关注区域之间基础教育的公平发展

现有的综合素质评价指标是中国发展大背景下的整体谋划，但从教育公平的视角来审视，的确对农村弱势群体是不利的。教育公平是教育对社会差异的适应性表现，每一个学生都应该享有同样的、无差别的、无歧视的教育权利、教育资源和教育服务。人才选拔制度的建立和发展是体现教育公平的重要环节①。关注教育公平，需要加强底层弱势学生的教育补偿。现有改革面临的最大困境点就是底层学生的教育资源过于贫乏。在政府层面，政府需要强化职责，促进教育均衡发展，让地区内的高中享有相差不大的教育资源；对于教师和学校而言，要关注学生之间的差异程度，凸显教师和学校的引领作用，在共同努力中帮助弱势学生提升综合素质，提供综合素质发展的资源途径；对于社会而言，信息技术是有利的工具，在互联网时代的今天，需要通过网络为学生提供公平、公开、公正的资源环境和机会，运用信息技术构建良好的资源管理和综合素质评价平台，让底层弱势学生有意识地去发展综合素质能力，并且也能够获得一定的资源和途径，做到“同一起跑线”的基本要求。

解决区域间的教育公平问题，需要站在中华民族的伟大复兴和教育现代化的高度，以刚性政策来加以解决。在区域之间开展校际互动和地区联合，让资源能够以新的方式流动起来，如网络资源的有效利用；其次，在不同地区之间可以开展帮扶和支援活动，让教育公平真正落到实地，因地制宜开展不同的针对性活动和帮助，让偏远地区的学生同样能够接受优质的教育资源，感受先进的教育理念，从而在综合实践活动中取得不俗的成绩和发展自身的特长优势。国家推进的县域高中振兴计划就是推进教育公平的重要举措，落脚点就是要加大力度建立多元保障制度，提升教师的社会地位与经济地位，这才是县域高中振兴之根本。

---

① 洪瑞祥，王晓阳. 新高考综合素质评价发展的影响因素——基于社会学制度主义视阈[J]. 教育学术月刊，2022(01)：58—65.

第三章　新高考与高中学习关联度

2014年9月，国务院发布《国务院关于深化考试招生制度改革的实施意见》。同月，上海市、浙江省分别发布本地区考试招生综合改革实施方案，这标志着全国新一轮的高考改革行动正式启动。之后，教育部先后出台了《教育部关于普通高中学业水平考试的实施意见》《教育部关于加强和改进普通高中学生综合素质评价的意见》以及《教育部国家民委公安部体育总局中国科协关于进一步减少和规范高考加分项目和分值的意见》等相关配套文件，其他各省份也相继制定了考试招生制度改革实施方案及相关配套文件。新高考的实施，对高中教学工作产生了重大影响。分析新高考背景下高中学习的新样态、新高考改革对高中学习的影响及其存在的问题，提出新高考背景下高中学习变革的策略选择，有助于为国家相关政策的调整与完善提供思路，为各地高考改革的全面实施和普通高中教育教学改革提供借鉴经验。

第一节　新高考下高中学习的新样态

2014年9月，《国务院关于深化考试招生制度改革的实施意见》指出，"增加学生选择权，促进科学选才""改革考试科目设置。增强高考与高中学习的关联度，考生总成绩由统一高考的语文、数学、外语3个科目成绩和高中学业水平考试3个科目成绩组成"。将高中学业水平考试纳入高考评价体系，实行必考与选考相结合并且不分文理，是新高考改革的最大亮点，也是社会关注的焦点，具有一定的导向作用。

一、多元化的学业评价新模式

2014年12月，教育部等部委相继公布了考试招生制度改革相关的配套文件，这些文件不仅指明了高考改革的主要任务、宏观措施和改革方向，也对普通高中教学变革提出了明确的要求，即从考试形式、考试科目设置、考试内容等方面进行改革，形成了多元化的学业评价新模式，主要包括：将高中学业水平考试纳入高考评价体系；实行必考与选考相结合，并且不分文理；改变高考科目分数计分方式。

(一) 考试形式

考试形式改革是考试招生制度的重要组成部分。1999 年 2 月 13 日,教育部发布的《关于进一步深化普通高等学校招生考试制度改革的意见》就明确指出,“现行的一次性全国统考暂时不变。积极探索一年两次考试的方案,在试点的基础上待条件成熟时再实施”。2000 年开始,北京、上海、安徽等地试点进行高职院校分类考试改革,之后天津、山东、福建等地陆续开始实施高职院校分类考试,通过将本科与专科(高职)入学考试进行分类,以适应不同高等院校对人才选拔的需要,推动高职院校及职业教育的发展,也为学生及高校提供了自主选择的权利,建构起了高职院校、普通本科院校和学生之间双向、自主选择的通道。随着高考改革的持续深入推进,分类考试、一年两考将成为新高考考试形式的主要发展趋势。

2014 年 9 月,《国务院关于深化考试招生制度改革的实施意见》提出,“形成分类考试、综合评价、多元录取的考试招生模式”,“探索基于统一高考和高中学业水平考试成绩、参考综合素质评价的多元录取机制”。① 在此意见的指导下,各省份逐渐形成了统一高考、高中学业水平考试和综合素质评价相结合的考试制度。其中,统一高考和高中学业水平考试成绩是高校招生录取的主要依据,综合素质评价是高校招生录取的重要参考。

1. 统一高考

统一高考包括语文、数学、外语 3 个科目,分值不变,不分文理科。语文、数学考试于每年 6 月进行。外语科目每年提供两次考试机会,一次在 6 月与语文、数学同期进行,考试对象限于当年高考考生;一次在 10 月与选考科目同期进行。选考科目每年安排 2 次考试,分别在 4 月和 10 月进行。外语和选考科目考生每科可报考 2 次,选用其中 1 次成绩。例如,上海调整统一高考科目,自 2017 年起,统一高考科目为语文、数学、外语 3 门,不分文理;语文、数学、外语每门满分 150 分;考试时间安排在每年 6 月。外语考试一年举行两次,另外一次安排在每年 1 月;学生可选择其中较好的一次成绩计入高考总分。②

2. 学业水平考试

学业水平考试是根据国家普通高中课程标准和教育考试规定,由省级教育行政部门组织实施的考试,主要衡量学生达到国家规定学习要求的程度,是保障教育教学质

---

① 国务院.国务院关于深化考试招生制度改革的实施意见[EB/OL].(2014-09-03)[2023-01-23]. http://www.gov.cn/zhengce/content/2014-09/04/content_9065.htm.

② 上海市人民政府.上海市深化高等学校考试招生综合改革实施方案[EB/OL].[2023-02-08]. http://www.moe.gov.cn/jyb_xwfb/moe_2082/s7866/s8367/201409/t20140923_175288.html.

量的一项重要制度。[①] 学业水平考试主要检验学生学习的程度，是学生毕业和升学的重要依据。2014 年 9 月，《国务院关于深化考试招生制度改革的实施意见》提出“完善高中学业水平考试”；同年 12 月，教育部出台《关于普通高中学业水平考试的实施意见》，对学业水平考试科目与内容、考试对象与时间、考试成绩呈现与使用进行了明确的规定。在浙江、上海新出台的高考招生试点方案中，都将高中学业水平考试与传统高考结合起来，改变过去“一考定终身”的状况。

从学业水平考试的科目看，高中学业水平考试范围覆盖国家《普通高中课程方案（实验）》所设定的所有学习科目，以保证学生完成国家规定课程的学习，改变学生高一入学即分文理科的状况；同时，引导学生认真学习每门课程，避免严重偏科。

从考试内容看，高中学业水平考试内容由各省（区、市）根据国家发布的普通高中课程方案和课程标准的规定及要求确定，对相关科目的实验操作、外语听力和口语的考试提出要求。高中学业水平考试的命题应紧密联系社会实际与学生生活经验，在全面考核学生基础知识和基本技能的基础上，注重加强对能力的考查。

从考试对象看，高中学业水平考试面向全体学生，所有普通高中的在校学生均须参加。高中阶段其他学校在校生和社会人员也可报名参加。

从考试时间看，高中学业水平考试由各学校均衡安排每学年的授课科目，统筹确定每个年级的学生参加考试的科目数量，原则上高一年级安排 2 个科目左右，高二年级安排 6 个科目左右，高三年级安排 6 个科目左右。各省（区、市）每年组织安排的考试要覆盖所有科目，以满足不同学生选考的需要，考试时间一般安排在学期结束时。同时，各省（区、市）要积极创造条件，为有需要的学生参加同一科目的两次考试以及更换已选考的科目提供机会。

在成绩评定方面，高中学业水平考试成绩以“等级”或“合格/不合格”呈现。计入高校招生录取总成绩的学业水平考试的 3 个科目的成绩以等级呈现，其他科目一般以“合格/不合格”呈现。以等级呈现的成绩一般分为五个等级，位次由高到低为 A、B、C、D、E，原则上各省（区、市）各等级人数所占比例依次为：A 等级 15％，B 等级 30％，C 等级 30％，D、E 等级共 25％。E 等级为不合格，具体比例由各省（区、市）根据基本教学质量要求和命题情况等确定。学业水平考试成绩合格，则可作为普通高中学生毕业以及高中同等学历认定的主要依据。要将学生学业水平考试所有科目成绩提供给招

① 教育部. 教育部关于普通高中学业水平考试的实施意见[EB/OL]. (2014-12-10)[2022-02-20]. http://www.moe.gov.cn/srcsite/A06/s3732/201808/t20180807_344610.html.

生高校使用，具体要求和使用办法由各省(区、市)及高校确定。

在上述意见的指导下，各省(区、市)在高中学业水平考试方面采用不同的规定。例如，上海市实行的高中学业水平考试分合格性考试和等级性考试，相关的科目考试分散在高中三年，随教随考随清。各科目的合格性和等级性考试，学生只能参加1次。合格性考试内容以普通高中课程标准中的基础型课程要求为依据，以“合格/不合格”呈现，考试成绩合格是高中学生取得毕业资格的必要条件；等级性考试内容以普通高中课程标准中的基础型和拓展型课程要求为依据，以合格性考试成绩合格为基础，设A、B、C、D、E共5等11级，在每科计入高考总分时，A+为满分70分，E计40分，相邻两级之间的分差均为3分。语文、数学、外语、信息科技、体育与健身、艺术、劳动技术7门科目仅设合格性考试，思想政治、历史、地理、物理、化学、生命科学6门科目设合格性和等级性考试。学生须参加全部科目的合格性考试1次，其中参加统一高考的学生可以用统一高考科目考试替代相应科目的合格性考试；学生在完成基础性课程学习的基础上，可根据自身特长和兴趣，在思想政治、历史、地理、物理、化学、生命科学6门设等级性考试的科目中，选择学习其中3门并参加相应的等级性考试各1次。[①]

浙江实行高中学业水平考试和高考选考科目一考两用、学生可以参加2次考试的方式。高中学考和高考选考科目一考两用，同一科目设计2种试卷，同时在不同考场安排考试。一种为总分70分，只有必考题，用于评定学生的学考等级；另一种为总分100(70+30)分，其中70分的试题与前一种试卷完全相同，30分为加试题，根据学生在70分试题上的得分评定其学考等级(A、B、C、D、E共5级)，根据其在100(70+30)分试题上的得分评定其高考选考科目等级(共21级)并赋分，每科计入高考总分的满分值为100分，各科目每年安排2次考试，每个学生每个科目有2次考试机会，其中30分的加试题只能参加3个科目的考试。

3. 综合素质评价

综合素质评价是对学生全面发展状况的观察、记录、分析，是发现和培育学生良好个性的重要手段，是深入推进素质教育的一项重要制度。[②] 综合素质评价主要反映学生德智体美全面发展情况，是学生毕业和升学的重要参考。2014年9月，《国务院关于深化考试招生制度改革的实施意见》提出“规范高中学生综合素质评价”；同年12月，教育部出台《关于加强和改进普通高中学生综合素质评价的意见》，对学生综合素

---

① 上海市人民政府. 上海市深化高等学校考试招生综合改革实施方案[EB/OL]. (1999-02-01)[2023-02-08]. http://www.moe.gov.cn/jyb_xwfb/moe_2082/s7866/s8367/201409/t20140923_175288.html.

② 教育部. 教育部关于加强和改进普通高中学生综合素质评价的意见[EB/OL]. (2014-09-18)[2023-02-08]. http://www.moe.gov.cn/srcsite/A06/s3732/201808/t20180807_344610.html.

质评价的评价内容、评价程序等进行了明确的规定。

从评价内容看，学生综合素质评价要求主要是反映学生全面发展情况和个性特长，注重考查学生的社会责任感、创新精神和实践能力，其评价内容主要包括学生思想品德、学业水平、身心健康、艺术素养、社会实践等五个方面。

学生综合素质评价由各省（区、市）制定综合素质评价基本要求，由高中学校基于学生发展的年龄特征，结合当地教育教学的实际，科学确定学生综合素质评价的具体内容和要求，并组织实施。各学校要建立规范的学生综合素质档案，客观记录学生成长过程中的突出表现。高等学校在招生时要根据学校办学特色和人才培养要求，制定科学规范的综合素质评价体系和办法，组织教师等专业人员对高中学校提供的学生综合素质档案材料进行研究分析，采取集体评议等方式做出客观评价，作为招生录取的参考。

（二）考试科目设置

我国传统高考科目设置是“3＋X”模式，文科、理科分别进行考查。相关研究指出，这种模式最大的优势在于有一定的开放性、自主性、选择性与兼容性等特点。但在具体实施过程中，普通高中过早地实施文理分科教学，容易导致学生偏科严重等多种问题，这与普通高中新课改提倡的素质教育目的相违背。新高考改革实施后，试点地区出台了不同的考试科目改革政策，主要是通过增加学业水平等级考试或综合能力考核等方式对传统的“3＋X”考核模式进行完善。有学者将试点区域考试科目改革的主要特点总结为：科目选择性增强、兼顾统一性与多样性、保持一定的学科覆盖面、注重综合素质评价。[①②]

新高考在保持以往高考“3”不变的基础上，即保留语文、数学和外语不变，对“X”进行了新的设置，将“X”变为3，这一改革打破了原有的“3＋X”模式，形成了新的“3＋3”考试科目设置模式，使得学生可以有更多的选择和组合。根据教育部等部委相继公布的考试招生制度改革相关的配套文件，大部分省（区、市）对记入高考总成绩的学业水平考试也进行了改革，实施合格性和等级性相结合的考试制度，以进一步构建科学、合理、弹性的评价机制，不再“以分数定终身”。

1. 统考科目

统考科目主要是指统一高考的语文、数学、外语三个科目。《国务院关于深化考试招生制度改革的实施意见》提出，保持统一高考的语文、数学、外语3门科目不变、分值

---

① 王后雄. 新课程高考科目方案述论与改革价值取向[J]. 高等教育研究，2007(5)：26—31.
② 郑若玲. 高考竞争与科目改革[J]. 高等教育研究，2000(4)：41—44.

不变,不分文理科,外语科目提供两次考试机会。

2. 选考科目

选考科目主要是指计入总成绩的高中学业考试的3个科目,由考生根据报考高校的要求和自身特长,在思想政治、历史、地理、物理、化学、生物等科目中自主选择。在6科(或7科)中自主选择3科,可以文理兼修、文理兼选,由原来文综、理综"套餐式"选择变为了"自助餐式"选择。

基于增加学生的可选择性和考查学生更全面的学业水平,各地都在考试科目的设置上采用了新的政策。目前,一些省(区、市)将高考科目设置为"3(语数外)+3(选考科目)"模式,语数外必考,分值均为每门150分;其他3门为选考科目,但在选考科目上,不同省(区、市)略有差异。例如,浙江实行"7选3"模式,即选考科目为7(政治、历史、地理、物理、化学、生物、信息技术)选3,选考科目每门100分,高考总分750分;上海实行"6选3"模式,选考科目为6(政治、历史、地理、物理、化学、生物)选3,选考科目每门70分,高考总分660分。[①] 除了"3+3"模式,2019年4月,广东、江苏、辽宁、河北、福建、湖南、湖北、重庆等8省(区、市)同时公布了新高考改革方案,在高考科目设置上实行"3+1+2"模式,"3"指全国统考科目语数外3门,"1"为首选科目,即在高中学业水平考试的物理、历史2个科目中选择其中1门,"2"为再选科目,即从化学、生物、思想政治、地理4个科目中任选2门。[②] 以江苏省为例,除语数外3门必考科目外,考生需要在思想政治、历史、地理、物理、化学、生物6门中选择3门,但需首先在物理、历史2门科目中选择1门,并以原始分计入总分,每门满分100分;再从思想政治、地理、化学、生物4门科目中选择2门,成绩按等级赋分后计入考生总成绩,每门满分100分。[③]

(三) 考试内容改革

《国家中长期教育改革和发展规划纲要(2010—2020年)》明确指出,考试内容的深化改革要以着重考察综合素质和能力为目标。2014年9月,《国务院关于深化考试招生制度改革的实施意见》提出,要"依据高校人才选拔要求和国家课程标准,科学设计命题内容,增强基础性、综合性,着重考查学生独立思考和运用所学知识分析问题、

① 上海市人民政府. 上海市深化高等学校考试招生综合改革实施方案[EB/OL]. (2014-09-18) [2023-02-08]. http://www.moe.gov.cn/jyb_xwfb/moe_2082/s7866/s8367/201409/t20140923_175288.html.

② "3+1+2"八省份发布高考综合改革方案[EB/OL]. (2019-04-25)[2022-05-03]. https://baijiahao.baidu.com/s?id=1631745196280256228&wfr=spider&for=pc.

③ 江苏省人民政府. 江苏省政府关于印发江苏省深化普通高校考试招生制度综合改革实施方案的通知[EB/OL]. (2019-04-21)[2023-02-08]. https://www.wxjy.com.cn/upload/files/2022/8/483d40c3182c0c44.html.

解决问题的能力”①。上海、浙江作为高考综合改革试点地区，在出台的考试招生综合改革方案中明确指出要“加强考试内容设计和评分管理”，强调统一高考科目命题要根据普通课程标准和高等学校人才选拔要求，科学设计命题内容，增强基础性、综合性，突出能力立意，着重考查学生独立思考和运用所学知识分析与解决问题的能力。②③

不仅如此，在高中学业水平考试方面，《教育部关于普通高中学业水平考试的实施意见》也强调“高中学业水平考试的命题应紧密联系社会实际与学生生活经验，在全面考核学生基础知识和基本技能的基础上，注重加强对能力的考查”。④ 在高中学生素质综合素质评价方面，《教育部关于加强和改进普通高中学生综合素质评价的意见》中关于学业水平的内容也强调“主要考查学生各门课程基础知识、基本技能掌握情况以及运用知识解决问题的能力等，重点是学业水平考试成绩、选修课程内容和学习成绩、研究性学习与创新成果等，特别是具有优势的学科学习情况”。⑤

2019 年 6 月 11 日，国务院办公厅发布的《关于新时代推进普通高中育人方式改革的指导意见》再次强调，“优化考试内容，突出立德树人导向，重点考查学生运用所学知识分析问题和解决问题的能力。创新试题形式，加强情境设计，注重联系社会生活实际，增加综合性、开放性、应用性、探究性试题”。⑥

通过梳理国家以及各省份的高招生改革政策方案可以看出，新高考改革最鲜明的特点是增加“选择性”。首先是科目的选择性。从各省份已经公布或部分公布的高考改革实施方案看，各省份的等级考试科目都实行“6 选 3”模式或“7 选 3”模式并且不分文理，学生可根据自己的兴趣特长、专业志向、就业取向等因素在思想政治、历史、地理、物理、化学、生物 6 个科目或外加技术 7 个科目中选择 3 门参加等级性考试。其次是考试时间的选择性。考试时间的可选择性主要体现在外语考试上，外语科目实行社会化考试、一年多考模式，由学生自主选择考试时间和次数。同时，大部分省份还规定

① 国务院. 国务院关于深化考试招生制度改革的实施意见[EB/OL].(2014 - 09 - 03) [2023 - 02 - 08]. http://www. moe. gov. cn/jyb_xxgk/moe_1777/moe_1778/201409/t20140904_174543. html.

② 浙江省人民政府. 浙江省人民政府关于印发浙江省深化高校考试招生制度综合改革试点方案的通知[EB/OL].(2014 - 09 - 18) [2023 - 02 - 08]. http://www. moe. gov. cn/jyb_xwfb/moe_2082/s7866/s8367/201409/t20140923_175287. html.

③ 上海市人民政府. 上海市深化高等学校考试招生综合改革实施方案[EB/OL].(2014 - 09 - 18)[2022 - 05 - 10]. http://www. moe. gov. cn/jyb_xwfb/moe_2082/s7866/s8367/201409/t20140923_175288. html.

④ 教育部. 教育部关于普通高中学业水平考试的实施意见[EB/OL].(2014 - 12 - 10)[2022 - 02 - 20]. http://www. moe. gov. cn/srcsite/A06/s3732/201808/t20180807_344610. html.

⑤ 教育部. 教育部关于加强和改进普通高中学生综合素质评价的意见[EB/OL].(2014 - 12 - 10)[2023 - 02 - 08]. http://www. moe. gov. cn/srcsite/A06/s3732/201808/t20180807_344612. html.

⑥ 国务院办公厅. 国务院办公厅关于新时代推进普通高中育人方式改革的指导意见[EB/OL].(2019 - 06 - 11)[2023 - 02 - 08]. http://www. moe. gov. cn/jyb_xxgk/moe_1777/moe_1778/201906/t20190619_386539. html.

了高二未通过合格性考试的学生在高三第一学期可以再次参加,也有省份规定每一门科目都可以选考两次,这都是尊重学生选择性的体现。

此外,新高考改革更加强调多元化,关注学生的差异性。传统的高考模式中考试内容较为单一,忽视了学生个体发展的差异性。新高考改革将学业水平考试和综合素质评价纳入高考评价体系中,学业水平考试成绩成为高考招生录取的主要依据之一,综合素质评价成为高考招生录取的重要参考,"两依据、一参考"成为今后高校招生录取的主要模式,也是各省份高考改革政策的重点内容。特别是学生综合素质评价成为高校招生录取的重要参考依据,会倒逼全国高中阶段教育重构课程与教学认识,推动普通高中育人方式变革,扭转"唯分数论"的教学取向,真正将"全面育人"的理念贯彻到高中阶段教育实践中。同时,新高考的考试内容更加强调基础性、综合性,在原有课程内容的基础上增加了与时事政治、科技前沿、热点问题等紧密联系的内容;考试内容更注重学生的能力,强调着重考查学生独立思考和运用所学知识分析和解决问题的能力等。

当然,各省份改革政策在遵循国务院和教育部相关文件精神的基础上,也结合地方实际进行了差异化的政策设计。第一,选考科目设置存在差异。正如前文所分析的,浙江等省份的等级性考试的选考科目实行"7 选 3"模式,上海等省份的等级性考试的选考科目实行"6 选 3"模式,江苏等八省份则是在"6 选 3"模式基础上规定了必须在物理、历史 2 门科目中选择 1 门,并在思想政治、地理、化学、生物 4 门科目中选择 2 门。第二,选考科目分值有所差异。如前文所述,上海和浙江选考科目分值不同,高考总分也不同。浙江选考科目每门 100 分,高考总分 750 分;上海选考科目每门 70 分,高考总分 660 分。

二、多样化的课程设置新体系

招生考试制度的变化带来的是课程设置与课程内容的变化。招生考试制度的深入实施,普通高中课程标准的颁布,普通高中新教材的全面落地,以及《国务院办公厅关于新时代推进普通高中育人方式改革的指导意见》强调的"学业水平选择性考试与高等学校招生全国统一考试命题要以普通高中课程标准和高校人才选拔要求为依据,实施普通高中新课程的省份不再制定考试大纲",为普通高中多样化的课程新体系指明了方向。

(一) 课程类别

根据《普通高中课程方案(2017 年版 2020 年修订)》,普通高中课程由必修、选择性必修、选修三类课程构成。其中,必修、选择性必修为国家课程,选修为校本课程。

1. 必修课程

必修课程由国家根据学生全面发展的需要设置，所有学生必须全部修习。

2. 选择性必修课程

选择性必修课程由国家根据学生个性发展和升学考试需要设置。参加普通高等学校招生全国统一考试的学生，必须在本类课程规定范围内选择相关科目修习；其他学生结合兴趣爱好，也必须选择部分科目内容修习，以满足毕业学分的要求。根据《普通高中课程方案（2017 年版 2020 年修订）》，必修课程的内容指向学业水平合格考。

3. 选修课程

选修课程由学校根据学生的多样化需求，当地社会、经济、科技、文化发展的需要，学科课程标准的建议以及学校办学特色等开发设置，学生自主选择修习。根据《普通高中课程方案（2017 年版 2020 年修订）》，选修课分“选修Ⅰ”和“选修Ⅱ”两部分，“选修Ⅰ”是根据社会对人才多样化的需求，适应学生不同潜能和发展的需要，在共同必修的基础上，各科课程标准分类别、分层次设置若干选修模块，供学生选择；“选修Ⅰ”课程指向学业水平测试等级考。“选修Ⅱ”是学校根据当地社会、经济、科技、文化发展的需要和学生的兴趣，开设若干选修模块，供学生选择；“选修Ⅱ”由学生自主选择，在自主招生中提供高校参考。

（二）开设科目与学分

普通高中开设语文、数学、外语、思想政治、历史、地理、物理、化学、生物、技术（含信息技术和通用技术）、艺术（或音乐、美术）、体育与健康、综合实践活动和劳动等国家课程，以及校本课程。

不同科目均包含必修课程、选择性必修课程和选修课程，《普通高中课程方案（2017 年版 2020 年修订）》对不同类型课程的学分进行了一定的调整。目前，新的课程方案中，必修课程合计 88 学分（语文 8 学分、数学 8 学分、外语 6 学分、思想政治 6 学分、历史 4 学分、地理 4 学分、物理 6 学分、化学 4 学分、生物 4 学分、技术 6 学分、艺术 6 学分、体育与健康 12 学分、综合实践活动 8 学分、劳动 6 学分），相较《普通高中课程方案和语文等学科课程标准（2017 年版 2020 年修订）》中规定的 116 学分有所减少。同时，由于各地学校按照教育部下发的《普通高中课程方案和语文等学科课程标准（2017 年版 2020 年修订）》设置的统一课程，不能满足学有余力学生的个性化学习需求，因此《普通高中课程方案（2017 年版 2020 年修订）》增加了选修课程的学分，选修学分由过去的 28 学分增至 56 学分，其中选择性必修课程≥42 学分，选修课程≥14 学分。此外，《普通高中课程方案（2017 年版 2020 年修订）》还规定校本课程不少于 14 学分。其中，在必修和选择性必修基础上设计的学科拓展、提高类课程之外的课程不少于8学分。学生完成相应课程规定课时的学习并考试（考核）合格，即可获得相应学分。学生毕业学分最低要求为144学分。其中，必修课程88学分，选择性必修课程42学分，选修课程14学分。《普通高中课程方案（2017年版2020年修订）》在课程设置及学分安排上更注重基础性，更加关注学生的个性化学习需求。

（三）科目安排与课程内容

普通高中科目内容根据学科自身特点和学生学习需要设计。必修内容原则上按学期或学年设计，选择性必修和选修内容原则上按模块设计。模块之间既相对独立，又体现学科内在逻辑。模块教学时间根据实际需要设定，一般为18课时的倍数。

在普通高中开设的科目中，外语包括英语、日语、俄语、德语、法语、西班牙语，学校自主选择第一外语语种，鼓励学校创造条件开设第二外语课程。技术包括信息技术和通用技术，其必修内容分别按3学分设计模块。艺术可与音乐、美术两科相互替代，具体开设科目由学校自行确定。体育与健康的必修内容，必须在高中三学年持续开设。综合实践活动共8学分，包括研究性学习、党团活动、军训、社会考察等，研究性学习6学分（完成2个课题研究或项目设计，以开展跨学科研究为主）。劳动共6学分，其中志愿服务2学分，在课外时间进行，三年不少于40小时；其余4学分内容与通用技术的选择性必修内容以及校本课程内容统筹。

国家通过课程标准规定了普通高中课程的主要内容和要求。课程内容的确定主要遵循思想性、时代性、基础性、选择性和关联性等基本原则。在思想性方面，课程标准要求普通高中课程内容应坚持辩证唯物主义和历史唯物主义，加强中国特色社会主义教育，充分反映习近平新时代中国特色社会主义思想，全面落实社会主义核心价值观的基本内容和要求，提升道德修养，并有机融入中华优秀传统文化、革命文化、社会主义先进文化、法治意识、国家安全、民族团结和生态文明等教育，充分体现中国特色。在时代性方面，课程内容要充分反映马克思主义中国化的最新成果，以及当代社会进步、科技发展和学科发展前沿，充分体现先进的教育思想和教育理念，紧密联系学生生活经验，及时更新教学内容。在基础性方面，课程内容面向全体学生，依据学生发展核心素养，精选学生终身发展必备的基础知识和基本技能，打牢学生成长的共同基础；注重培养学生的学习兴趣、学习能力和探索精神，注重培养分析问题、解决问题的能力。在选择性方面，为适应国家人才培养的需要，课程内容要在保证每个学生达到基本要求的前提下，充分考虑学生不同的发展需求，结合学科特点，遵循学习科学的基本原理，分类分层设计可选择的课程，满足学生不同学习需要，促进学生发展。在关联性方面，课程内容在安排上注重学科内容选择、活动设计与学生发展核心素养养成的有机联系;关注学科间的联系与整合;增强课程内容与社会生活、高等教育和职业发展的内在联系。

第二节　新高考改革对高中学习的影响

新高考改革的核心理念是选择性教育,其主要特点是学生选择的多样化。在招生考试方式上,新高考打破过去“一考定终身”的局面,实行“两依据、一参考”(依据统一高考和学业水平测试,参考学生综合素质评价)模式,更加关注学生的综合成长。在考试科目上,新高考赋予学生“6 选 3”或“7 选 3”的选考自主权,学生可以根据自己对于某一门科目的学习基础和学习潜力,结合某一门科目对应的未来大学专业情况,综合确定自己的选择意愿。例如,一项高中学校 2014 年秋季入学的高一学生选考意向调查显示,在 35 种可能的选择方案中,只有“政治＋生物＋技术”组合没有选考意向,学习纯文科和纯理科的选择比例仅为 5.6%和 18%,选择文理交叉的学生占 76.4%,学生选择多元化特点十分突出。①

选择性教育这一核心理念,有助于实现高中学生的个性化发展目标,有利于实现高中教育从“过度选拔”“课堂教人”“一考定终身”向“差异化选择”“课程育人”“关注综合成长”转变。在此背景下,学生对于高中学习的态度发生了转变,不同学生对同一门科目的学习期望、关注程度和学习要求均体现出差异。新高考改革对高中的学习内容、学生的学习方式以及学习态度等都产生了深刻的影响。

一、新高考改革对高中的学习内容的影响

过去,普通高中的学习内容主要依据考试内容确定。由于《普通高等学校招生全国统一考试大纲》(以下简称《考试大纲》)是高考命题的规范性文件和标准,是考试评价的主要依据,它规定了考试内容与形式,因而《考试大纲》也成为普通高中学习、复习备考的主要依据。换句话说,《考试大纲》考什么,学校便教什么。尽管《考试大纲》是依据普通高等学校对新生思想道德素质、科学文化素质的要求及普通高中课程标准制定的,但其与普通高中课程标准是相分离的,或者说并不完全一致。2019 年 6 月 11 日,国务院办公厅发布的《关于新时代推进普通高中育人方式改革的指导意见》提出,“学业水平选择性考试与高等学校招生全国统一考试命题要以普通高中课程标准和高

① 霍益萍,朱益明.中国高中阶段教育发展报告 2015[M].上海:华东师范大学出版社,2016: 110.

校人才选拔要求为依据，实施普通高中新课程的省份不再制定考试大纲”。① 2020 年 6 月，教育部印发《普通高中课程方案和语文等学科课程标准（2017 年版 2020 年修订）》，并以此作为学业水平选择性考试与高等学校招生全国统一考试命题的主要依据。由于新高考改革后废除了考试大纲，考试命题主要以普通高中课程标准和高校人才选拔要求为依据，因而高中的学习内容也主要根据普通高中课程标准来确定。在此背景下，高中学校需要不断加强学校课程建设，以使学生的学习内容更加多元化。

（一）学校课程体系更加完善

提升课程的选择性是我国普通高中课程改革的基本方向。根据国家普通高中课程方案，学生除了完成必修课程，还需要在规定的各学科选修Ⅰ中选择若干课程模块进行学习，学校需要自主开发选修课程Ⅱ，满足学生的多样化发展需求。为将学生的多元化发展道路选择与多样化发展愿望真正落实到课程与教学层面，高中学校在落实新高考的过程中，需要不断完善学校课程方案。

1. 依据普通高中课程方案，创新性实施国家课程

由于升学压力和国家课程框架的限制，普通高中首先需要依据普通高中课程方案，开足开齐国家规定的全部课程。目前多数普通高中依据新高考方案中有关考试科目选择的规定和高中课程方案，夯实必学必考的必修课程，保证学生高水平地完成国家规定的基础性学习任务，确保学生核心素养和基础层面的提升与发展。一些学校则会创新性地实施国家课程，根据学生的整体发展水平，对教学计划和要求进行适度调整，对课程内容加以拓展和延伸，对本学科的前沿知识等方面进行必要的补充，在保证学生高水平完成基础性学习任务的基础上，为学生的个性化发展创造空间，支持学生的整体发展。不仅如此，多数普通高中还会根据学校定位、师资情况和生源特点，及时调整学校课程方案，统筹规划三年的课程安排、教学计划，努力分散考试节点，保持良好的教学秩序。

2. 关注学生个性发展和兴趣特长，加强学校校本选修或特色课程建设

为积极应对新高考对学生个性发展与特长塑造的关注，许多高中学校在整合梳理已有选修课程体系的基础上，积极推进学校校本选修课程和学校特色课程建设。学校的选修课程主要考虑学生的个性化发展和兴趣特长等，可分为面向全体学生的选修课程和面向不同类型学生的选修课程。

---

① 国务院办公厅. 国务院办公厅关于新时代推进普通高中育人方式改革的指导意见[EB/OL].（2019－06－11）[2023－02－08]. http://www.moe.gov.cn/jyb_xxgk/moe_1777/moe_1778/201906/t20190619_386539.html.

面向全体学生的选修课程主要是在课程的丰富性和多样化上加以探索。一方面是培养学生的基本素养和基本技能，如修身类课程、学科基础、体艺基础和劳技基础等；另一方面是对部分课程难度的加深和范围的丰富，如在原有课程内容的基础上拓展学生的学习范围，拓宽学生的视野。

面向不同类型学生的选修课程，一方面是学生可以差异性修习的发展性课程，如一些学科发展型课程、艺术发展型课程，将常规学科内容进行拓展和延伸，开发诸如科学类课程的实验探究课程；或通过将艺术、体育类课程中的常规项目分门别类地扩展成一门课程，让不同需求和特长的学生在一个具体的领域或项目上深入地学习。另一类是为学有余力或在相关领域有特长的学生提供精深取向的课程，如奥赛课程、大学先修课程以及项目课程等，这类课程学生可以选择性修习。此外，许多高中还会开设多种类型的社团活动，如话剧社、机器人社等，作为相关学习领域基础课程和特色选修课程的拓展，为学生发展自己的兴趣和特长提供新的空间。

加强学校课程建设，推进校本选修或特色课程建设是普通高中彰显校本特色、促进学生个性化成长的共同选择。特别是在当前推动普通高中多样化发展的背景下，结合地方特色和学校实际打造富有校本特色的课程体系成为必然选择。例如，浙江省一所中学在开展学情跟踪调查的基础上，依照学生家长大多从事商业和服务业以及学生专业学习选择集中于电子、金融、科技这一现象，从经世之德、经世之术、经世之能出发，从修身、致知、用世三个维度，构建起“三维九类、三层百门”的课程体系，形成了商业类、信息类、创意类等特色课程群，可供学生选择的选修课程达 421 门。[1] 杭州师范大学附属中学秉承提升学生核心素养这一教育理念，建构起五大特色选修课程群：以提升学生终身学习素养为核心的学能课程群、以提升学生生态素养为核心的西溪湿地课程群、以提升学生数字(信息)素养为核心的 ICT 课程群、以提升学生跨文化素养为核心的多元文化融合课程群、以提升学生自我管理素养为核心的生涯规划课程群。学校还利用毗邻高等学校的地理优势，与某高校签订协议，引进 10 门大学先修课程(通识类)、3 门大学先修课程(实验类)，并与其互认学分；从另一所知名高校引进 3 门实验类大学选修课程、1 门类选修课程，让学生更多地了解大学专业，明晰自身生涯规划方向，培养专业志趣。[2] 杭州第十四中学聚焦生物这一学科，加强生物选修课程群与必修课的结合，在实现必修课程校本化的同时，将生物选修课程分为四个课程群和三

---

① 霍益萍，朱益明. 中国高中阶段教育发展报告 2015[M]. 上海：华东师范大学出版社，2016：116—117.

② 任学宝，周丽婷，董莉. 尊重差异与选择 实施分类分层走班教学——杭州师范大学附属中学深化课改探索纪实[J]. 基础教育参考，2014(17)：28—32.

个层次，为对生物感兴趣、希望选择生物作为选考科目以及具有未来从事生物有关专业想法的学生提供了丰富而又有针对性的选修课程。浙江省普陀中学则发挥学校地域优势，建设了海洋生物学科群、海洋生态学科群和海洋拓展类学科群三大课程群，为学生深入了解海洋提供了学习空间。①

通过加强学校课程体系建设，学校将原先碎片化的“师本课程”进行调整和规划，形成了围绕主干学科、分层分类建设、丰富学习经历、注重拓展事业、发展学术能力、培养学生综合学习能力的精品课程体系，形成了一批风格迥异、特色鲜明的选修课程群。这些课程特别是基础必修课之外的课程，大多依托相关学科基础，在原有课程内容的基础上进行延伸和补充，拓展了学生对相应学科知识的学习，深化了学生对学科核心概念和方法的理解。同时，这些课程拓宽了学生的视野，为学生提供了以不同方式进行学习和探索的机会，有利于发展学生的一般能力和综合能力，培养学生掌握学习策略和方法。此外，这些课程还有助于促进学生的个性化成长，培养和发展学生的兴趣特长，形成自己的优势，甚至成为许多学校学生进入优质高校的重要路径；而且学生在选择自己喜欢的课程时，往往有更强的学习积极性，更能体会到学习与探索的乐趣，可以更好地认识和发现自我，更加自信，这些非认知因素对学生的学业成绩乃至今后的人生发展都会产生积极的作用。

虽然各普通高中都在积极加强学校课程体系建设、推进校本课程和特色课程建设，但目前在课程建设过程中也面临许多困境，存在许多问题。首先，部分学校的课程方案定位不清，忽略学校实际特点而盲目照搬照抄，一味追求“高、大、上”却不能凸显办学特色；部分学校的课程体系建设与办学定位之间存在“两张皮”现象，课程无法全面体现学校的办学理念和办学特色，也无法满足提升学校办学质量的整体要求；有的学校在构建课程体系时，为了体现学校文化，过于追求形式，生造课程类别名称，绘制花哨的课程体系示意图，课程体系缺乏系统性与层次性。

其次，选修课程的开发与开设质量仍需提高。为适应新高考改革和普通高中课程方案的要求，满足学生个性化发展的需要，普通高中普遍开设各种选修课程，但目前许多学校选修课程的开发和开设质量堪忧。选修课程开发对学校教师的课程开发能力提出了更高的要求，但是许多学校，特别是农村学校或薄弱学校，教师整体素质偏低，教师缺乏进行课程开发的能力，而且学校往往没有足够的经济能力和社会能力获得外部力量的支持；加之一些学校由于教师短缺，教师间缺少团队协作，尚未形成学习共同

---

① 浙江省基础教育课程改革工作领导小组办公室.浙江省深化普通高中课程改革巡查报告[J].浙江教学研究，2016(1)：3—7.

体。因此，这些学校选修课程的开发往往是更多地考虑教师能不能教，而较少考虑学校的实际特点和学生的实际需求，教师自行申请开发什么课程，学校就同意开发什么课程，缺少系统的规划。而且在进行课程开发时，多以教师个体单打独斗的方式为主，缺乏团队合作和跨学科开发，在一定程度上影响着课程开发质量；一些课程教学内容偏离高中学科核心知识和学生核心素养的要求，内容呈现碎片化、低层次和堆砌问题，课程之间也缺乏层次和梯度，不能很好地满足课程要求和学生发展需要。①

第三，在课程开设方面，调研发现部分学校选修课程课时不足。如有的学校高一年级选修课程少于 20%，对于高二年级，在每年的 9 月、10 月，许多学校为了组织学考、选考的复习，选择减少或停开选修课程，只有 50%的高二学生选修课程数量超过一周 9 节，普通高中选修课程被挤压的情况普遍存在。同时，面向高二年级学生所开设的选修课程也大多为知识拓展类课程，其目的是为学生的第一次学考、选考服务。虽然部分学校表示在选考结束后会补开职业技能类、兴趣特长类和社会实践类的选修课程，但仍存在普通高中或多或少减少选修课程的问题。② 此外，在选修课课时的安排上不尽合理，如有的学校为了组织学考、选考复习，会集中进行选修课的学习，选修课每周 6—8 节，每门每周 1 课时，每个学生每周学习 6—8 门选修，科目多、容量大、间隔长，不利于学生消化吸收，影响课程开设的质量。③

（二）学习内容更加多元

依据新高考改革方向，围绕为孩子健康成长成才搭建终身发展立交桥的改革目标，统一高考、学业水平测试以及综合素质评价所涉及的内容都成为普通高中学生学习的主要内容。

1. 选考和学考内容

就统一高考来说，我国传统高考科目设置是“3＋X”模式，文科、理科分别进行考查。这种文理分科考查的模式，使得普通高中过早地实施文理分科教学，出现了学生偏科严重等多种问题。《国务院关于深化考试招生制度改革的实施意见》明确要求“增强高考与高中学习的关联度，考生总成绩由统一高考的语文、数学、外语 3 个科目成绩和高中学业水平考试 3 个科目成绩组成”。学生可以根据所报考高校的要求和自身特

① 浙江省基础教育课程改革工作领导小组办公室. 2014 年浙江省深化普通高中课程改革巡查报告[J]. 浙江教学研究，2014(5)：6—10.

② 浙江省基础教育课程改革工作领导小组办公室. 浙江省深化普通高中课程改革巡查报告[J]. 浙江教学研究，2016(1)：3—7.

③ 浙江省基础教育课程改革工作领导小组办公室. 2014 年浙江省深化普通高中课程改革巡查报告[J]. 浙江教学研究，2014(5)：6—10.

长,在思想政治、历史、地理、物理、化学、生物等6科(或7科)中自主选择3科作为等级考试科目。相应地,由于高中学业水平测试覆盖国家规定的所有学习科目,学生的学习内容较新高考改革前更加全面。

2. 学生综合素质评价相关内容

将学生综合素质评价作为高等学校招生录取的参考依据,是新高考改革的主要亮点。根据教育部《关于加强和改进普通高中学生综合素质评价的意见》,学生综合素质评价内容主要包括思想品德、学业水平、身心健康、艺术素养和社会实践五个方面。在此意见的指导下,各地建立了普通高中学生综合素质评价信息管理系统,如上海采用整体评价与分项评价相结合的办法,整体记录学生的学习成长经历,主要包括"基本信息和自我介绍""品德发展与公民素养""修习课程与学业成绩""身心健康与艺术素养""创新精神与实践能力""学校特色指标"六个方面的内容。各普通高中为培养学生的综合素质,采取了一系列措施:一是为学生提供综合素质发展平台。有些学校会在高一和高二年级为学生开设各类兴趣拓展课,使那些学有余力的学生能够拓展兴趣实现个性化发展;有些学校通过建立"导师制"来实施研究课程,学生在导师的指导下选择课题项目,在讨论、调研和研究的过程中体验问题解决过程,发展研究能力;有些学校则通过与高校建立长期合作关系,开设高校先修课程和组织各类专题讲座;有些高中则更加关注实用性选修课,比如陶艺、茶艺、化妆技术等,学生通过这些课程的学习,即便高中毕业后不能升入高校学习,也能充分发展自己的特长,掌握某种技能并顺利就业。二是组织学生参加丰富多彩的社会实践活动。例如,组建人文与科学类实验室,体验实验与创作过程;组织各类社团活动、举办各种校园文化活动,带领学生参加高校辩论赛、走进银行体验理财、在创客室进行各种创造活动等,以此发展学生的创新精神与实践能力。三是开展常态化志愿服务等活动,比如走进社区、走进敬老院,发展学生的公民素养,形成良好的道德品行。

梳理发现,新高考后学生的选择更加多样化,学习内容更加多元化。新高考方案赋予了学生"6选3"或"7选3"的选考自主权,学生可以根据自身的兴趣、特长,结合自己对于某一门科目的学习基础和学习潜力,对照不同高校专业录取要求和某一门科目所对应的大学未来专业情况,综合确定自己的选择意愿,学习的选择权和自主权得到充分尊重,学习内容由"整齐划一"变为"私人订制",更加彰显"个性化"。有调查研究发现,98.4%的学生认为自己的选考科目,是在综合考虑自己学习兴趣、个人特长、未来职业愿望以及家长指导意见等多种因素的基础上做出的选择。[①] 同时，高中学业水平测试覆盖国家《普通高中课程方案（实验）》所设定的所有学习科目，保证学生完成国家所规定课程的学习，改变学生高一入学即分文理科的问题，引导学生认真学习每门课程，避免严重偏科；在学生进行选考时，也强调可以文理兼修，打破之前的文理分科壁垒；学生综合素质评价更是从学生思想品德、学业水平、身心健康、兴趣特长、社会实践等方面进行考查，注重社会责任感、创新精神和实践能力。这种多元录取的模式，使得学生的学习内容更加多元化，有助于促进学生的全面发展。

但是，新高考改革使得学习内容多元化后，也面临着一些问题。第一，新高考改革后，高等学校招生录取标准不再像以前那样单一，现在除了看统一高考分数，还要看学生在高中阶段的综合素质评价材料。但学生综合素质评价的具体内容和要求是由各高中学校基于学生发展的年龄特征，结合当地教育教学实际确定的，因此这个标准是不确定的；而且由于不同学校资源占有和资源分配的不同，学校为学生所提供的平台、活动等也是不同的，当综合素质评价上升到很重要的位置后，城市学校或优质学校能更多地从新高考改革中获益，而农村学校或资源薄弱学校的学生可能会处于不利地位。第二，新高考改革强调不分文理，以提高学生的综合素养，但是高中选考直接与高等学校招生相挂钩，许多学校在专业招生上会要求必选科目，如一些专业要求必选物理或者必选历史。因此，尽管新高考方案强调增加学生的自主选择权，但考虑到大学专业的招生要求，学生的选择权仍会受到一定的限制。而且有研究发现，选择权和学习内容的多样化，在一定程度上可能会带来信息超载，也会带来更多后悔的机会。当选择过多时人们所表现出的满意度甚至比选择权少时更低；和那些仅依循课程学习的人相比，自己选择下学期学习课程的学生，较少会为重要的考试而努力，且更容易被游戏和杂志等外界因素所干扰。[②] 第三，学习内容的多元化在一定程度上影响着学生的负担。有研究者以上海高考模式为例分析了学生的负担情况。对于高一的合格性考试，学生需要考地理或生命科学；高二时要考思想政治、历史、物理和化学；到了高三，除了要考语文、数学和外语，还要考思想政治、历史、物理、化学、地理、生命科学等学科的等级性考试。也就是说，学生每年都在考试，这在一定程度上增加了学生的考试负担，而且打乱了学生学习的节奏和规律。

（三）内容更强调综合性和实践性

传统的普通高等学校招生全国统一考试主要依据《考试大纲》，其对考试内容与形

---

① 霍益萍，朱益明. 中国高中阶段教育发展报告 2015[M]. 上海：华东师范大学出版社，2016：112.
② 凌宗伟. 新高考，新方案[M]. 上海：华东师范大学出版社，2019：8.

式进行了明确的规定，因而高中的学习、复习备考都有明确的依据和规范，长此以往，高中学习的应试取向愈发明显。而新高考方案的出台，对高考考试内容和高中学习内容的要求出现了重大转变。

为了适应新高考改革和课程改革的要求，各地根据各自的高考改革方案和课程实施方案，依据高考题型和内容改革的要求，在高中学习内容上进行了相应的改革，更加强调学习内容的综合性和实践性。一方面，新高考改革后的高考试题强调增强基础性、综合性，特别是随着学校课程体系的完善，课程之间的联系更加密切，高中的学习内容也更加综合化，更加强调学科间的交叉。另一方面，新高考后的高考试题更加注重情境性并联系生活实际，增加应用性、探究性，试题设计更加开放、灵活，增加了对学生思考能力和运用知识能力的考查。这就要求高中的学习内容应注重实践性，拓展学生的视野，培养学生灵活运用知识、解决问题的意识和能力；高中课堂教学应该从学生发展的角度而非高考的角度，去教高中生应具备的能力，包括传授科学文化知识、拓展学习兴趣、锻炼学习的洞察力，注重让学生在知识、技能等方面形成一些特长及具备跨文化交流能力。

新高考改革下的高中学习内容更加强调综合性和实践性，这带动了学校教师教学方式的变革，教师的教学思路更加开放，会有意识地给予学生更多的时间与机会思考和参与，有助于增强学生灵活运用知识解决问题的能力，学生的学习兴趣和自主性也有所增强。但高中学习内容走向综合性和实践性后，也面临着一些问题和挑战。首先，新高考改革后，学科交叉现象明显，某个主题的教学可能会同时涵盖几个不同学科的知识点，这种学科融合趋势对教师知识整合和跨学科教学的意识与能力提出了要求。① 但目前我国高中学校的任课教师多为单学科教师，教师在职前没有接受知识整合和跨学科教学的培养，职后培训也多采用分学科方式，未能对教师培训内容、方式与要求做出及时调整，没有为教师提供与高考改革要求相配套的培训内容，这就使得教师在短期内还不能适应知识整合和跨学科教学的要求。其次，学习内容的综合性和实践性也对教师教学和学生学习提出了挑战。一方面，教师在教育教学中要更加开放、灵活，充分调动学生的积极性和自主性，让学生能积极主动参与到问题解决中；另一方面，学生应该在学习过程中培养自己分析问题、灵活运用知识解决问题的能力，应该注重把握知识间的联系和迁移。但目前高中教师和学生还没有完全适应这种教学和学习方面的新要求，还处在摸索过程中。

---

① 张紫屏. 论高考改革新形势下高中教学转型[J]. 课程·教材·教法，2014(4)：89—95.

二、新高考改革对高中学习方式的影响

随着招生考试制度的改革，高中学校的课程体系更加完善，学生的学习内容也更多元化，更加强调综合性和实践性。相应地，为满足不同选科组合学生的学习需要以及学习综合性和实践性内容的要求，高中学习方式也要随之发生变化，主要表现在实行选课走班制和加强个性化学习两个方面。

（一）推进选课走班

学生个性差异、学生自主发展需求已经成为普通高中教育面对的紧迫问题。传统的高中教学实行行政班教学，基本是按学生的成绩水平（一般是所有学科的成绩总分）来进行分班的，每个学生归属的班级只有一个，班主任、各科教师、同学在短期内都是相对固定的。新高考改革对高中课程和高中教学提出了新的要求。同时，由于学生自身的学科知识结构存在不平衡性，在学习方式、学习习惯、特殊能力倾向、兴趣爱好、生活经验等方面都存在较大的差异。如果采取传统的班级授课形式，既不能满足新高考后课程和教学改革的要求，也不利于学生的个性发展，影响教育教学质量的提高。

因此，选课选考后，要实现学生的课程选择权，应对“3＋3”课程模式，必须探索建立与之相配套的教学组织新形式，在教学组织上做出相应调整，实行走班制。2019 年 6 月 11 日，国务院办公厅发布的《关于新时代推进普通高中育人方式改革的指导意见》提出“有序推进选课走班”，“适应普通高中新课程改革和高考综合改革，依据学科人才培养规律、高校招生专业选考科目要求和学生兴趣特长，因地制宜、有序实施选课走班，满足学生不同发展需要”；要“指导学校制订选课走班指南，开发课程安排信息管理系统，加大对班级编排、学生管理、教师调配、教学设施配置等方面的统筹力度，提高教学管理水平和资源使用效率，构建规范有序、科学高效的选课走班运行机制。加强走班教学班级管理和集体主义教育，强化任课教师责任，充分发挥学生组织自主管理作用”。[①] 在此意见的指导下，普通高中积极推进选课走班制。目前，选课走班已经成为普通高中教育教学的新常态，特别是在选修课方面，几乎所有学校的选修课均已实施走班制教学，一些学校的部分选修课也实施分层走班。

走班教学，即把原有的班级打散，根据学生不同学科的学业水平以及个人发展意愿（选择）组成新的教学班，每个学生同时拥有多个班级（教学班）。教学班内教师根据学生学习能力层级对课程内容进行改造，针对不同层级学生特点设计不同的教学路径和

---

① 国务院办公厅. 国务院办公厅关于新时代推进普通高中育人方式改革的指导意见[EB/OL]. (2019 - 06 - 11)[2023 - 02 - 08]. http://www.moe.gov.cn/jyb_xxgk/moe_1777/moe_1778/201906/t20190619_386539.html.

方式，学生根据自身特点和需求选择不同的教学路径。以浙江省为例，调查显示，目前主要的走班教学形式包括三种：一是自主选课走班，即保留行政班，除语文、数学、外语实行以行政班为单位组织教学外，其他选考科目全部由学生自行选课，实施走班教学；二是分部、分类、分层走班，即保留行政班，通过将同一年级分为不同学部（单元）实行平行走班，在同一学部（单元）内语文、数学、外语实行行政班教学，其他选考科目实行走班教学；三是分段、分层、分类走班，即保留行政班，按照学段实施不同学科的分层走班，高一年级下学期物理、化学实行分层走班，高二年级在 11 月份首次学考后，选考物理、化学、历史、地理的同学实行走班学习，高二年级在 4 月份后，所有 7 门选考科目全部实行走班教学，高三年级语文、数学、外语 3 科根据学生水平和自愿原则开展分层走班教学。①

选课走班制打破了行政班建制，建立了融合选修课程和必修课程的教学班，学生可根据自己的学习情况，通过申请，灵活地在不同教学班中流动，实现了“私人订制”。选课走班教学引导学生从自身的能力基础、兴趣爱好、未来规划出发，自主选择课程层级与类别，满足了学生对学习自主安排和自主选择的需求，保障了学生享有充分的学习选择权，获得适合自己个性发展的教育，实现个性化的发展。同时，分层走班教学，打破了单一行政班模式下大一统的教学组织方式，可以充分考虑学生现有学习水平、能力倾向、学习兴趣和个体差异，实现了教师因材施教、学生学其所长，激发了学生的学习积极性、主动性，有效地确保了课堂教学的效益；同时有助于树立学生的信心、培养学生的良好习惯、发展学生的兴趣特长，促进学生的全面健康发展。

在适应新高考的过程中，高中学生的班级概念会淡化，行政班和教学班并存，某一门科目可能有不同年级学生选择学习。因此，对学生适应能力、教师教学、班级管理等提出了挑战。首先，走班教学对学生的学习适应能力提出了挑战。选课走班后，学生基本处于多元多变的教育环境之中，他们频繁来往于行政班以及不同的教学班之间，活动空间和交往的对象频繁发生变化。快节奏的流动、短暂的活动和交流、松散的人际关系、不同的学习氛围和风格等因素，容易产生集体主义思想弱化，归属感和安全感缺乏等问题，对学生的适应能力提出了挑战，许多学生因难以适应“走班制”上课模式而影响了学习。② 其次，在课堂教学方面，选课走班形成的不同教学班之间，学生学习兴趣、学习水平和学习需求存在着集体性的差异，要为不同层级或类别的教学班提供适合的课堂教学，同一内容的教学重点和教学方法均要有所差异，这对教师的备课、上

---

① 浙江省基础教育课程改革工作领导小组办公室. 浙江省深化普通高中课程改革巡查报告[J]. 浙江教学研究，2016(1)：3—7.

② 王润. 新高考改革背景下高中实施走班制的问题审视与路径超越[J]. 中国教育学刊，2016(12)：29—35.

课提出了更高的要求。而且流动的教学特征使教师在掌握学生个体的动态信息和了解学生方面面临一定的困难，容易造成学生个体的教育滞后或延误，个别辅导难以操作。第三，在班级管理方面，走班制以灵活、流动、差异为主要特征，这种“上课来、下课走”的方式让师生在集体归属感、师生认同感上有所减弱，教学班的集体凝聚力相对不足。教学班松散的人际关系、任课教师在管理风格与做法上的差异等，都容易造成学生纪律意识相对淡漠，换位、迟到、逃课等违纪现象增多。[①] 而且伴随着行政班的弱化，作为在传统行政班教学中担任德育主体的班主任的角色也面临弱化，班级德育工作和心理健康教育等工作的开展面临困难，很大一部分班级建设、德育和心理健康教育工作任务落到了任课教师身上。此外，学生考勤记录、作业收发、综合素质评价、教学班教室财物安全保护、卫生环境维护等问题也面临更多障碍，影响着班级管理。

在学校管理方面，推进选课走班教学对学校教育资源配置能力提出了挑战。当前，因推进选课走班产生的对专用教室、实验室、设备器材、信息技术、课程、人、财、制度等的需求是目前学校最主要的资源需求。尽管有超过 60%的学校表示通过挖掘教学空间资源和提高教学空间利用率，用于选课走班的实验室、功能教室、网络资源等硬件资源基本可以满足要求，[②]但因选课走班产生的教师资配置困境仍是学校管理方面面临的主要挑战。首先，教学班数量多于行政班，造成教师数量严重不足。选课走班赋予学生在课程修习方面的选择权，学生可以按照自身的学业水平和未来升学的专业需求来选择修习课程或高考科目。相应地，学校按照不同学生的选择，编排不同学业水平层次或不同专业需求类别的教学班，然后推行走班教学。这样所形成的教学班数量远超出原行政班的数量，过去按师生比和行政班师生比配备的教师人数，在一定程度上无法满足教学班对教师人数的需求。其次，学生选择的不平衡，造成各学科教师数量的不平衡。新高考政策赋予学生“6 选 3”或“7 选 3”的选考自主权，形成了不同的选课组合，学生选课的多样性和不均衡性会造成不同学科教师数量的不均衡；而且不同年级学生选课的动态变化和选考时间存在着差异，学校各学科教师的需求量也相应地处于动态的不平衡之中，学校师资需求经常面临结构性短缺和阶段性落差。当学生的选择过于集中于某一学科时，该学科的任课教师便会面临短缺，特别是生物、地理等小学科教师短缺得更加明显，这将导致走班教学因教师短缺而无法全面推进，同时其他学科教师则可能出现过剩的现象。有学校统计发现，在学生总量相同的情况下，每

---

① 何通海．选课走班在行动——高中选择性教育的设计与实施[M]．杭州：浙江教育出版社，2018：117—118.

② 武秀霞．适应“新高考”的高中学校改革：需求、问题与展望——基于学校资源发展的视角[J]．教育学术月刊，2019(4)：41—48.

届学生选考的科目会发生近50%的浮动，如果完全满足学生的自主选择，则对教师预备计划挑战巨大。[①] 如何安排未被选择的教师的职业生涯和工作，也成为新高考对学校人事管理制度提出的新挑战。第三，传统的教师集体备课模式难以适应选课走班教学的需要，对教师专业发展提出新的要求。如何尽快建立起适应分层分类教学需要的备课制度和教学质量保障制度，分层分类备课如何实现、备课质量如何把握、课程资源如何开发等，成为高中学校教学面临的紧迫性问题。第四，课时安排更加复杂，选修课开设质量大打折扣。由于所有高二学生原则上都可参加6门科目的合格考，学校必须在高二年级开足所有科目；由于地理和生物在高二时有等级考，这就意味着学生在高一时一定要完成这两门学科的学习。在课时总量不变的情况下，上述变化必然要增加必修课课时，挤占选修课学习时间。如自新高考方案实施以来，有些学校的选修课已由原来的70多门减少到20多门且将开设时间统一调整到一个时间段，选修课成为必修课的陪衬，失去了其作为一个独立课程领域的特有优势与价值。

此外，教师管理与激励机制也面临挑战。过去教师的教学业绩和表现通过比较很容易辨别，但新高考改革实行分层、分类走班教学后，教师出勤考核、工作量计算、教学质量评价等都出现与改革前不一样的变数，如何科学而系统地对教师进行管理与激励，许多高中学校都尚未建立相关的绩效考核以及评价制度，难以适应继续高效推进选课制和分层走班教学的需要，教师的工作积极性还有待进一步发挥。

（二）加强个性化学习

普通高中是学生个性形成、多元发展的重要阶段，高中教育应该既要强调共同基础，又要兼顾学生个性发展。但长期以来，普通高中教育存在封闭化和模式化的问题。我国传统的高中课堂教学模式千篇一律，教师照本宣科地讲、学生被动无奈地听，然后进行背诵记忆、完成练习，不断练习、不断应付考试；课堂教学无视师生的个体差异，模式化教学普遍盛行。在这种模式化、传递取向的课堂教学模式下，学生所获得的知识是碎片化的、刻板的，无法形成统一的整体，学生更不会灵活运用所学知识解决实际问题；而且统一的教学内容、统一的教学形式和方法、统一的评价方式，忽略了学生的个性差异，不利于学生的个性发展。无论是基于高中教育的工具价值（大学预科）还是内在价值（基础教育），关注学生的个性发展，为学生提供公平而有差异的教育是高中教育的必然选择。

《国家中长期教育改革和发展规划纲要（2010—2020年）》指出，高中阶段教育是学

① 凌宗伟.新高考，新方案[M].上海：华东师范大学出版社，2019：10.

生个性形成、自主发展的关键时期，对提高国民素质和培养创新人才具有特殊意义；要注重培养学生自主学习、自强自立和适应社会的能力，克服应试教育倾向；要深入推进课程改革，全面落实课程方案，保证学生全面完成国家规定的文理等各门课程的学习；创造条件开设丰富多彩的选修课，为学生提供更多选择，促进学生全面而有个性的发展；积极开展研究性学习、社区服务和社会实践；要推进培养模式多样化，满足不同潜质学生的发展需要。① 新高考改革后，为贯彻“全面实施素质教育，增加学生的选择性，分散学生的考试压力，促进学生全面而有个性的发展”的原则，各地积极推进考试形式和内容改革，并依据《普通高中课程方案(2017 年版 2020 年修订)》构建了体现选择性的课程体系，推进选课走班制。在此背景下，普通高中越来越重视学生个性化发展，积极推进个性化学习，探索实行综合性学习、项目式学习、混合式学习、共同体学习、融通式学习、学科课堂问题引领式学习等诸多学习方式，让高中学生的学习方式更加多元化。

2019 年 6 月 11 日，国务院办公厅发布的《关于新时代推进普通高中育人方式改革的指导意见》强调“深化课堂教学改革”，并提出“按照教学计划循序渐进开展教学，提高课堂教学效率，培养学生学习能力，促进学生系统掌握各学科基础知识、基本技能、基本方法，培养适应终身发展和社会发展需要的正确价值观念、必备品格和关键能力”“积极探索基于情境、问题导向的互动式、启发式、探究式、体验式等课堂教学，注重加强课题研究、项目设计、研究性学习等跨学科综合性教学，认真开展验证性实验和探究性实验教学”“提高作业设计质量，精心设计基础性作业，适当增加探究性、实践性、综合性作业”。② 积极推动个性化学习，满足学生个体发展需要，实现学生全面而富有个性的发展，成为当前高中教育改革的重要内容。

个性化学习属于探究取向的学习，提倡自由、合作、探究。通过个性化学习，学生不仅可以掌握知识和技能，还能学到学习和做事的态度与方法、沟通与合作能力，能学会灵活运用知识解决实际生活中的问题。个性化学习符合新高考改革“选择性教育”的理念，学生可以自由选择、自主学习，教师“教”的过程变成学生“学”的过程，提高学生的自主学习能力，提高学生的学习兴趣，课堂氛围更活跃。

但是在新高考改革过程中，实施个性化学习也面临着诸多问题和挑战。第一，学习方式变革对学生的学习自主性提出更高要求。例如，综合性学习、项目式学习等要求学生具备较高的学习自主性。目前很多学生在义务教育阶段并没有个性化学习的

---

① 国家中长期教育改革和发展规划纲要工作小组办公室. 国家中长期教育改革和发展规划纲要(2010—2020 年)[EB/OL]. (2010-07-29)[2023-02-08]. http://www.moe.gov.cn/srcsite/A01/s7048/201007/t20100729_171904.html.

② 国务院办公厅. 国务院办公厅关于新时代推进普通高中育人方式改革的指导意见[EB/OL]. (2019-06-11)[2023-02-08]. http://www.moe.gov.cn/jyb_xxgk/moe_1777/moe_1778/201906/t20190619_386539.html.

经历，学习自主性、探究意识等有待提高，这在一定程度上影响着个性化学习的效果。第二，为学生的不同需要提供适切的课程，是实施个性化学习的基本要求，丰富的课程是学生对学习内容进行个性化选择与个性化学习的基础；同时每个学生都有其独特的学习风格和学习偏好，而且这种风格和偏好在不同的学习课程与内容中也会呈现一定的差异性。所以，学生对于学习课程和学习方式的自主选择，是学生个性化学习最直接的表现形式，直接影响着学生个性化学习的效果和质量。但目前许多学校，特别是农村学校、薄弱学校的课程体系建设并不完善，课程缺乏丰富性，无法为学生的个性化学习和多样化的学习方式提供基础，直接影响着学生个性化学习的效果。[①] 第三，个性化学习的关键是学习时间的非同步性，学生个体发展、学习内容、优势、时间等存在差异性，这要求学生的学习时间安排应该是个性化的，这样才能更好地体现和符合学生的发展需要。因此，教师需要对每门课程的学习时间、课堂学习节奏进行恰当的计划与安排，在调动学生积极性的同时，对学生的个性化学习给予适切的指导。但由于在职前培养和职后培训中缺乏相应的学习和锻炼，很多教师并不具备这种能力。同时，许多教师习惯了应试体制下的传统育人方式，虽能意识到个性化学习对于学生发展的意义，但碍于思维定式与教学惯性，很难轻易改变原有教学模式，有效地组织开展个性化学习并进行有效指导。有研究发现，目前许多课堂仍以讲授教学为主，学生的学习方式和学习活动的设计都比较单一，个性化学习不够深入，课堂教学质量有待提高。[②]

三、新高考改革对高中学习状态的影响

新高考改革实行的“两依据、一参考”模式以及新高考改革后普通高中课程标准的变革对高中学习内容、学习方式以及评价制度产生了直接影响，进而影响到高中生的学习状态，主要体现在学习兴趣、学习态度、学习压力、心理状态以及学校适应能力等方面。

（一）对学生学习兴趣的影响

新高考改革最鲜明的特点是增加了学生的选择性。从考试科目看，除了语文、数学、外语三门统考科目，学生可以根据学习成绩、兴趣爱好、专业志向、就业取向等因素在思想政治、历史、地理、物理、化学、生物、技术等 6 科（或 7 科）中自主选择 3 科；在学习内容上，学生可根据自己的选考科目组合、兴趣爱好等自行选择选修课程。因此，新高考改革方案最大限度地尊重了学生的自主性和选择性，学生选择自己喜欢或擅长的

---

① 董君武. 个性化学习的系统建构与实践探索——以上海市市西中学为例[M]. 北京：人民教育出版社，2017：52.

② 浙江省基础教育课程改革工作领导小组办公室. 2014 年浙江省深化普通高中课程改革巡查报告[J]. 浙江教学研究，2014(5)：6—10.

科目和学习内容，在学习中往往拥有更高的学习兴趣和更积极的态度，对学生的高中学习状态有积极的影响。

新高考科目改革的初衷是鼓励学生发展兴趣特长，加强文理融合，促进学生的全面发展，但在实施过程中，新高考在增加学生选择性的同时，也带来了一定的负面影响。一是有部分同学和家长出于功利性考虑，为了取得对自己更为有利的高考成绩或便于选择更具潜力的大学专业，在高中选考时往往趋向于选择较容易获得高分的选考科目，而放弃选择物理等较难获得高分的学科；或者在等级赋分制的博弈规则下，家长和学生会有意规避强者而选择更弱的对手，出现了“田忌赛马”的现象。有研究发现，学生兴趣与实际选择存在差异，如物理是学生喜欢程度一般但实际选择最多的科目，而政治虽是学生最喜欢的科目，但实际选择人数较少。① 这些功利化的选考方式，使学生不能完全尊重自己的兴趣与爱好选择自己喜欢的科目，所以选考后许多学生对所选科目的学习兴趣、积极性和学习投入不足，学习成绩提高困难，在学习过程中也更容易产生挫折和焦虑感。二是部分同学面对选择空间的变大，不知道如何做出好的选择，甚至有的同学在高一时暂时无法判断自己擅长什么，误认为这门科目考得不错就觉得是自己喜欢的科目，从而做出不合适的选择。三是一些学生和家长为提前分担高三的学习负担，盲目或跟风选择不合适的科目。例如，由于地理和生物的等级考试在先，很多学生和家长就有一种先考完先完事，或者是第一门等级考科目一定会占便宜等不良心态，于是无论是否有兴趣，都会毫不犹豫地选择生物和地理。有学校在高一下学期进行摸底统计发现，70%以上的学生选择了地理等级考。② 这种盲目的选考方式会影响学习兴趣和学习积极性。

（二）对学生学习态度的影响

根据新高考改革方案，高考实行“统考科目＋选考科目”的形式，统考科目指统一高考的语文、数学、外语三个科目，每门分值均为150分，外语科目提供两次考试机会；选考科目由考生根据报考高校要求和自身特长，在思想政治、历史、地理、物理、化学、生物、技术等6科（或7科）中自主选择3科，选考科目每门100分（如浙江）或70分（如上海），或物理、历史2门必选其一的选考科目以原始分计入总分，其余选考科目以等级分计入总分（如江苏）。除此之外，其他未被计入高考总分的科目均作为学业水平等级考试内容实行合格性考试。

这样的考试科目设置，在一定程度上使得学生对不同科目的态度发生了重大变

① 杨德军，黄晓玲. 基于新高考的普通高中学生模拟选课调查及分析[J]. 教育科学研究，2017(11)：48—53.

② 凌宗伟. 新高考，新方案[M]. 上海：华东师范大学出版社：2019：5—6.

化。有研究认为，新高考改革后，语文、数学和外语三科可能会被过分强化，选考等级科目（政、史、地、理、化、生）的地位在一定程度上会被削弱。作为选考科目，不同科目的学习人数和地位也呈现出差异，如选考地理、生物的学生增加，而选物理、化学等难度较大科目的学生暴跌，历史和政治不温不火，这不仅影响着不同科目教师的教学方式及心态，也影响着学生对不同科目的学习态度。但也有观点认为，选考科目对学生的学习态度有正面影响。选考科目是考生根据自己的学习成绩、兴趣爱好、就业取向等因素综合选择的，通常有更高的学习兴趣和更积极的态度；而且往往秉承“自己选的路跪着也要走完”的心态，更能够坚持不懈、持之以恒，学好自己选择的科目。

除了考试科目的选择性，新高考改革后考试时间也具有了选择性。新高考改革方案提出外语实行社会化考试，考生有两次考试机会，由学生自主选择考试时间和次数。同时，大部分省市还规定高二未通过合格性考试的学生在高三第一学期可以再次参加合格考，有的省份还规定每一门科目都可以选考两次，这是尊重学生选择性的体现。但由于有多次考试机会，学生在学习相应科目的学习态度和备战考试时的心态都与之前所有不同。

（三）对学生学习负担的影响

新高考改革后，高考分为统考和选考两部分，语数外三门科目实行统考，其中外语有两次高考的机会，分别是在每年的 6 月份和 10 月份；选考科目由学生从其他 6 科（或 7 科）中自主选择 3 科；剩余科目作为学业水平测试成绩实行合格性考试。因此，新高考考试次数明显增加，学生高中三年几乎每年都在考试。以上海的高考方案为例，高一时学生要完成信息技术以及地理或生命科学两门科目中至少一门的合格性考试；高二时学生要在完成地理和生命科学两门科目合格性考试的基础上，完成思想政治、历史、物理和化学的合格性考试或等级性考试；高三时学生要完成之前未完成的等级性考试，并参加语文、数学、外语的统一高考。考试次数的增加，在赋予学生更多选择机会的同时，也增加了学生的备考压力和学习负担。研究发现，尽管“两次考试机会”的政策设计符合大多数学生的心理，可以减轻心理压力，但由于大多数学生都不想放弃第二次机会，反而造成了学生总体负担的增加。[①] 不仅如此，备考等级考试（选考）使得考试战线拉长，冲刺高考提前，打乱了学生学习的节律、节奏和规律，在一定程度上也增加了考试负担。[②]

---

① 邵光华，吴维维．我国高考招生制度综合改革的成效与问题研究——基于浙江省 2017 年高考录取学生的调查［J］．中国高教研究，2018(6)：50—55．

② 钟秉林，王新凤．新高考的现实困境、理性遵循与策略选择［J］．教育学报，2019(5)：62—69．

而对于统考科目来说，教学的阶段性变化也增加了学生的学习负担。首先，普通高中在高一阶段将全部科目开齐，增加了高一学生课业压力。之后，为便于学生备战选考科目，语数外三门统考科目的教学课时便会相应减少，教学课时的减少导致教学方式以巩固为主，不会开展深入的教学；而且学生往往无心无力学习语数外。而在所有的选考结束之后，学生的学习就只有语数外三门统考科目，备战10月份的第一次外语考试和6月份的最终高考成为学生的学习焦点。因为这三门统考科目分值大，周课时数又比“＋1”时多。春考和英语一年两考，使得这三科要在高三第一学期末就要把所有的高三新课和总复习全部完成，老师们不得不追赶教学进度，师生均不堪重负。[1]

（四）对学生心理状态的影响

备战高考对于高中生及家长来说是至关重要的大事，高中生的心理健康问题也是家长和学校关注的焦点。新高考改革后，考试方式的变化对高中生的心理状态产生了重大影响。首先是统考和选考科目考试时间不同带来的影响。正如前文所述，选考结束后，学生的学习只剩语数外三门统考科目，高占比的分值和紧张的教学进度不仅增加了学生的学习负担，更影响着学生的心理状态。在学习方式上，许多学校和教师在数学学习上往往奉行题海战术，语文和外语的复习也是一遍遍地重复背诵积累，每天会有很多繁重的任务；加之每天反复重复的只有语数外三门，学习内容单调，学生可能会产生腻烦心理，心态也往往会处于一种较为敏感的状态，熬夜、失眠、焦躁等问题突出。其次是备考节奏带来的影响。过去备战高考是三年的事情，学生可以有自己相对稳定的学习和备考节奏，而且同学之间的节奏是同步的。但是实施新高考后，由于赋予了学生更多的选择机会和选择空间，同学们可以根据自己的兴趣爱好选择不同的考试科目和考试时间，同学们之间的考试时间不同，备考节奏便呈现非同步的状态。这种非同步的学习和备考节奏会影响部分学生的心理状态。例如，有同学反映，在最终高考前已经结束了所有选考科目的学习，同时很多成绩都已经公布，学习心态在很大程度上会受到选考科目以及第一次外语考试的影响，如何妥善处理这个敏感时期学生的心理变化将是一个重大的难题。总之，新高考在考试时间、考试次数、考试科目等方面的调整，在一定程度上增加了学生的学习负担，影响学习的心理状态。不仅如此，选择机会的增加和考试次数的增加，在一定程度上增加了学生的焦虑水平。新高考由“一考”变“多考”、由“统考”变“选考”，从理论上讲应该会降低学生的考试焦虑水平，但有研究发现学生的考试焦虑水平并没有降低，只是在焦虑内容上从“一考定终身”转变

---

① 凌宗伟．新高考，新方案［M］．上海：华东师范大学出版社，2019：42．

为“一选定终身”；除了传统的对考试成绩的担忧，学生还增添了选择迷茫带来的焦虑、选择冲突带来的焦虑以及后悔选错带来的焦虑。① 这些都成为新高考后影响学生心理状态的重要因素。

此外，新高考改革对学生的学校适应能力也有一定的影响。例如，有研究发现，高中生的学校适应能力与学校课程的丰富性、选修课程价值、对选修课程的喜爱程度等呈正相关，与学生选修课程数量呈负相关，而且与走班模式满意度、生涯规划课程满意程度呈正相关。② 新高考改革背景下，高中学校不断强调构建丰富的选修课程体系，要求学生具备一定的选修课选择能力，通过开展生涯规划课程等帮助学生进行选考、选课、选学，而且为适应不同学生的选考需求，高中学校普遍实行选课走班制，这些都会影响学生的学校适应能力。

（五）对新高考的学习应对

新高考改革后打破了过去“一考定终身”的考试评价制度，考试科目上形成了高考科目（含 3 门必考科目和 3 门选考科目）和非高考科目两种不同的类别。非高考科目主要是指高中学业水平考试中除 3 门必考科目和 3 门选考科目之外的其他学习科目。这些非高考科目是高校招生录取的依据，考试成绩主要以“合格/不合格”呈现。由于不计入高考成绩，学校和学生在对待非高考科目的态度上与高考科目存在一定的差异。

1. 学校非高考科目开设情况

根据教育部出台的《关于普通高中学业水平考试的实施意见》，高中学业水平考试主要是衡量学生达到国家规定学习要求的程度，是保障教育教学质量的一项重要制度，考试范围覆盖国家《普通高中课程方案（实验）》所设定的所有学习科目，要保证学生完成国家所规定课程的学习。也就是说，除了高考科目，学校要保证学生学好非高考科目，开足开齐非高考科目是最基本的要求。调查发现，目前有 42.88%的学校每周开设三门及以上非高考科目，有 26.13%的学校每周开设两门非高考科目，有 18.71%的学校每周仅开设一门非高考科目，但仍有 12.27%的学校几乎不开设非高考科目。可见，普通高中对于非高考科目的重视程度还有待提高。

同时，不同地区、不同类型学校对非高考科目的重视程度存在显著差异（表 3－1）。从地区来看，不同地区在非高考科目的开设频率上存在显著差异（$\chi^2=284.589, p<0.001$），山东非高考科目的开设频率最高，而河北非高考科目的开设频率较低；山东有

① 周杨经. 新一轮高考改革下的学生焦虑及其对策——以浙江省新高考第一届学生为例[J]. 中国考试，2016(6)：17—19.

② 李云星，李一杉. 新高考改革背景下高中生学校适应的调查研究——以浙江省 S 市为例[J]. 教育发展研究，2018(22)：30—36.

47.39%的学生反映学校每周开设三门及以上的非高考科目,而河北这一比例仅为37.09%,低出山东10个百分点;相反,山东仅有6.86%的学生反映学校每周几乎不开设非高考科目,但河北的这一比例高达18.65%。从学校类型来看,不同学校在非高考科目开设频率上存在显著差异($\chi^2=252.394$,$p<0.001$),省级重点高中开设非高考科目的频率高于其他学校,有58.25%的省级重点高中学生反映学校每周开设三门及以上的非高考科目,高出其他学校近20个百分点;同时省级重点高中反映学校每周几乎不开设非高考科目的学生比例明显低于其他学校学生。县重点高中和普通高中的非高考科目课程开设率相对较低,对非高考科目的重视程度还需进一步提高。

表3-1 不同学校非高考科目的课程开设情况

		几乎不开设	每周一门	每周两门	每周三门及以上	χ^2
地区	浙江	13.30%	17.98%	25.60%	43.12%	284.589***
	山东	6.86%	22.81%	22.94%	47.39%	
	河北	18.65%	13.86%	30.40%	37.09%	
学校类型	省级重点高中	6.39%	15.60%	19.76%	58.25%	252.394***
	市重点高中	8.15%	30.51%	22.20%	39.14%	
	县重点高中	15.66%	17.16%	28.28%	38.90%	
	普通高中	13.59%	18.69%	28.55%	39.17%	
合计		12.27%	18.71%	26.13%	42.88%	

注:*** $p<0.001$。

2. 学生对非高考科目的课程认知

总体而言,当前高中生比较重视非高考科目的学习(表3-2)。调研发现,目前有26.27%的学生非常重视非高考科目,有38.73%的学生比较重视非高考科目,仅有4.32%的学生对非高考科目不太重视。但不同学习水平的学生对待非高考科目的态度存在显著差异($F=66.759$,$p<0.001$),学生学习水平越高,对非高考科目的重视程度也越高,从差生到中等生、良好生和优秀生,学生对非高考科目的重视程度依次显著提高。有44.83%的优秀学生对非高考科目非常重视,良好和中等学生中这一比例分别为27.21%、22.82%,而差生中这一比例仅为21.29%。但独立样本t检验结果显示,不同性别学生对待非高考科目的态度不存在显著差异($t=-1.352$,$p>0.05$)。尽管目前没有直接证据表明学习成绩与学生对待非高考科目的态度之间存在相互影响关系,但学生特别是学习水平相对较低的学生要加强对非高考科目的重视。

表 3-2 学生对待非高考科目的重视程度

			非常重视	重视	一般	不重视	差异检验
性别	男(a)	2.12±0.89	29.20%	35.30%	30.27%	5.23%	$F=-1.352$
	女(b)	2.14±0.82	23.79%	41.63%	31.04%	3.55%	
学习水平	优秀(c)	1.80±0.86	44.83%	33.86%	17.71%	3.61%	$F=66.759^{***}$，c<d<e<f
	良好(d)	2.07±0.82	27.21%	42.14%	27.34%	3.31%	
	中等(e)	2.18±0.82	22.82%	39.59%	33.96%	3.63%	
	差(f)	2.40±0.94	21.29%	28.15%	39.36%	11.20%	
合计		2.13±0.85	26.27%	38.73%	30.69%	4.32%	

注：$^{***}p<0.001$。

3. 学生对非高考科目的课堂关注度

总体而言，学生对于非高考科目的课堂态度比较积极(表 3-3)，有 72.77%的学生表示自己在非高考科目课堂上会认真听课，只有 2.75%的同学会翘课或干自己的事情。但不同学习水平的同学对非高考科目课堂的关注度存在显著差异($\chi^2=197.575$，$p<0.001$)，学习成绩越好，认真听课的比例越高。有 82.76%的优秀学生在非高考科目课堂上会认真听课，分别有 75.88%的成绩良好学生和 72.30%的成绩中等学生在非高考科目课堂上会认真听课，而在差生中这一比例仅为 55.60%；同时，有 43.27%的差生在非高考科目课堂上选择时不时听一下或干自己的事情，而优秀生这一比例仅为 16.46%，远低于其他学习水平学生的这一比例。

表 3-3 学生对非高考科目的课堂关注度

	认真听课	时不时听一下	干自己的事情	翘课	χ^2
优秀	82.76%	14.89%	1.57%	0.78%	197.575^{***}
良好	75.88%	21.96%	2.08%	0.08%	
中等	72.30%	25.57%	1.93%	0.20%	
差	55.60%	36.69%	6.58%	1.12%	
合计	72.77%	24.48%	2.44%	0.31%	

注：$^{***}p<0.001$。

4. 学生对非高考科目的课程作业

总体而言，学生对于非高考科目作业的态度比较积极(表 3-4)，有 74.22%的学生表示自己会认真完成非高考科目的作业，但不同学习水平的同学对非高考科目作业的态度存在显著差异($\chi^2=218.378, p<0.001$),学习成绩越好,认真完成非高考科目作业的比例越高。有83.23%的优秀学生会认真完成非高考科目作业,而在差生中这一比例仅为55.60%。相反,仅有10.34%的优秀学生表示对待非高考科目的作业会马马虎虎地完成,而差生中这一比例高达27.03%。此外,还有7.42%的差生表示对待非高考科目的作业会视情况而定,多了不做,少就做,甚至有9.94%的学生直接不做。

表3-4 学生对待非高考科目作业的态度

	认真完成	马马虎虎地完成	多就不做,少就做	不做	χ^2
优秀	83.23%	10.34%	3.45%	2.98%	218.378***
良好	78.51%	15.18%	3.26%	3.05%	
中等	73.38%	19.29%	4.32%	3.01%	
差	55.60%	27.03%	7.42%	9.94%	
合计	74.22%	17.83%	4.20%	3.75%	

注:*** $p<0.001$。

第三节 新高考下高中学习方式变革的策略选择

新高考改革是关系广大考生及家庭切身利益、涉及社会各个层面的系统工程,其对于促进公平科学选才、引导学生全面发展和高中育人方式变革具有重要意义。针对新高考改革面临的现实困境和挑战,需要政府、学校、高校等多方协同、系统谋划,不断完善高考招生制度,切实推进高中学习变革,促进学生全面健康发展。

一、强化制度资源保障

新高考改革后,选考制度设计的功利化价值取向问题、教师和基础设施资源保障问题,成为影响新高考改革公平与效率的重要挑战。各级政府作为新高考改革的重要利益相关主体,需要从完善制度设计、强化师资和基础设施资源保障等方面入手,保障新高考改革的顺利推进,维护高考公平。

(一)持续完善高考综合改革制度

科学合理的制度设计是保证新高考改革顺利推进的前提。当前,要加强对高考综合改革试点省份推进情况的科学论证,对考试安排、考试科目、选考科目计分方式等具体环节进行客观分析,针对存在的问题从制度设计层面进行政策调整,持续完善高考综合改革制度。第一，完善选考制度设计。在内容标准上，研制更具科学性、可操作性的高中学业水平考试标准，从命题、考试实施、阅卷、成绩报告等多个环节加强对学业水平考试的指导、评估与监督，全面提升学业水平考试尤其是选考科目考试的权威性和公平性。[①] 在赋分方式上，在保证“总分录取”不变的前提下，综合考虑选考科目的特点、选考人数分布规律和选考次数等操作经验，增强测量与评价领域对等级评定、分数等值等工作的技术支持。[②] 在考试时间与次数安排上，调整考试时间，将等级考的时间适当后移，尊重并考虑学生成长规律，让学生有充足的时间强化知识基础，保障高三年级正常的教学秩序。同时，适当减少考试次数，避免考试次数过多对学校教学秩序、教学管理和学生学习负担带来的负面影响，也避免不同年级学生同台竞争的不公平，降低同一科目多次考试带来的公平性质疑。第二，规范高中学生综合素质评价实施办法。相关部门应在调研不同类型和不同特色高中学校的基础上，针对高中学生综合素质测评细则的制定、评价体系的确立以及评价结果的使用等出台更具指导意义的实施规范，对一些难以量化的测评项目和内容等出台指导性原则或就底线标准进行规定，引导不同学校发挥自己的教育优势，对接高校对于不同专业特长的认定进行综合素质测评。

（二）强化教师资源供给

教师是影响学生学习质量的关键因素。实行选课走班教学对学校师资配置提出了更大挑战，许多学校面临着教师总量不足和结构性短缺并存的问题。为此，要通过增加师资配备和校际师资流动解决教师总量不足与结构性失衡的问题。首先，在当前以师生比为主要教师编制配备标准的基础上，适当考虑学校规模、课程设置，重新核定教师编制数量，增加学校的师资配备。若短期内无法解决特定学科教师的短缺问题，可组织区域内普通高中结成学校发展联盟或实行区域内教师走教模式，鼓励紧缺学科教师按各校课程设置需求灵活流动，实现区域内多所学校共享师资资源。其次，积极引导学校加强用人规划和教师统筹，引导学校对三年课程设置进行统一的规划和协调，对于师资相对比较紧张的学科，在保障教学质量的前提下，适当减少高一年级的课程课时安排，以缓解师资紧张的难题；引导学校加强对教师的统筹管理，加强教师的跨学科教学和跨年级教学培训，必要时对各年级专任教师进行跨年级调配，让教师承担学科知识结构相近的两门及以上学科教学，缓解专任教师的结构性短缺问题。

---

① 于涵，韩宁，关丹丹，等. 关于改进新高考选考科目赋分方案的若干思考[J]. 中国高教研究，2018(06)：44—49.

② 张雨强，顾慧，张中宁. 普通高中生高考选考科目现状及影响因素研究——以浙江省 5 所高中首批选考学生为例[J]. 教育学报，2018(04)：29—38.

(三) 完善基础设施资源保障

学校基础设施建设是影响学生学习质量的重要保障。当前选课走班教学增加了对学校基础设施,如教室、多媒体等教育资源的需求。由于教育资源分布不均衡,不同地区在资源投入上存在着较大差异,一些地区教育基础设施配备不足等问题突出,影响着改革的推进。为此,一方面,政府要在了解学校资源需求的基础上,完善基础设施建设,加大教学设备等配套资源供给,重点加大对经济不发达地区和学校的经济投入和政策倾斜,为这些学校提供针对性帮助,保障改革顺利高效推进的基础条件。另一方面,通过创新资源供给形式,打破了以政府为长期单一供给主体的传统模式,鼓励社会力量通过捐赠等方式帮助学校改善基础设施和教学设备不足的困难;同时,鼓励学校与社区等共建共享资源,在满足普通高中教学需求的基础上,避免过度投入或资源需求变化造成的资源浪费。

二、提高学校育人质量

普通高中学校是新高考改革的主阵地,高中学校育人质量直接影响着新高考改革能否顺利高效推进。针对当前普通高中在课程建设、选课选考和学业规划指导、学校教学和管理等方面面临的诸多困境,学校应客观分析总结问题,积极提高学校育人质量。

(一) 构建多样化和特色化的选修课程体系

多样化和特色化的选修课课程体系是彰显普通高中办学特色、促进学生全面发展的重要载体。在新高考改革强调增加学生选择性的背景下,学校要充分挖掘学校自身的优势和特色,调动学校教师进行课程开发的积极性,整合学校现有课程资源,结合学校特色、学生实际构建多样化和特色化的选修课课程体系。一方面,学校要明确学校办学特色、厘清自身办学优势与劣势,深入调查学生与家长的需求,分析其教育需求;同时结合社会发展对人才培养的要求,科学合理制订学校课程规划。另一方面,可以充分利用家长、社区、社会、高校等各方资源,引导与鼓励社会教育机构及企事业单位积极参与学校选修课程的开发与实施,与高校合作通过远程教学、网络公开课等方式或请高校开放部分专业课程、短期支教等,丰富学校的课程资源,为学生提供选修课程学习的机会。在此基础上,以发展学生核心素养,融合学科核心素养为定位,进行横向与纵向的深度挖掘,研制定位准确、特色鲜明、结构完整、层次分明的课程体系,建设多样化、特色化的选修课程群,以适应不同学生的学习与发展需要。

(二) 加强走班教学管理规范

分层走班教学是新高考背景下高中学校教育教学改革的必然选择,成为高中教学的新常态。但是目前分层走班教学在学校管理、班级管理、学生学习等方面面临多重挑战。为此，要建立走班教学管理规范，完善分层教学走班制度。首先，建立选课走班教学管理规范，在尊重学生选择意愿的基础上，综合考虑学生的入学成绩、班主任和原任课教师意见，并结合课程层次、培养标准和授课方式等要求，引导学生合理地选择不同层次的教学班。在排课方面，根据不同教学班学生的需求和特点，科学合理地分配教师。针对学术能力较强的教学班，可安排有教学特色、思维活跃、课堂驾驭能力强的教师；而对于学生基础比较薄弱、学习习惯较差的教学班，则可以更多地安排一些耐心、细致、善于与学生沟通的教师。① 在学生管理方面，实行“导师制”和“定座实名制”，学科教师除了要承担学科教学任务外，还要负责学生的管理工作；固定每位学生在教学班中的位置，将考勤、课堂表现与学业成绩挂钩，及时了解学生的学习状态，及时和行政班的班主任交流情况；加强对学生的德育、集体教育，加强对学生的班级管理和纪律要求，必要时对学生进行生活咨询与心理疏导。同时，针对实行选课走班后原有班级组织形式被打乱引起的教学班人际关系松散、集体凝聚力不足等问题，可以构建学生学习共同体，促进学生之间的交流与合作，为学生学习和成长营造良好的氛围，提供团队支持，提高学生的学习能力和学习效果。

（三）做好学生的选课指导和学业规划指导

在新高考改革强调“增加学生选择权、促进科学选才”的背景下，提高学生的选择能力和规划能力成为学生发展和高中教育的重要内容。过去由于受到应试教育片面追求升学率的影响，高中学校的选课指导和学业规划指导长期不受重视，导致学生在实行选考选学、选课走班制后选课存在盲目性，学业规划能力不足。为此，学校要重新认识并高度重视对学生选课指导和学业规划指导能力的培养。一方面，将学生选课指导和学业规划教育“融入”学校课程体系，在学校课程整体架构中做好选课指导和学业规划教育实施的顶层设计，构建以各学科课程实施为主体、以选课指导和学业规划导向课程与指导制度为两翼的选课指导和学业规划教育实施体系，积极开展选课指导和学业规划课程。另一方面，开展丰富多彩、形式多样的选课指导和学业规划指导活动，如引导学生开展职业体验活动，组织学生在寒暑假期间通过访问专业人士、到相关单位参观实习等形式开展职业体验；邀请家长或社会知名人士到学校开办职业讲座；邀请高校招生负责老师、已毕业的学长学姐等开展大学介绍会，向学生介绍大学专业及录取条件，让学生提前了解大学专业和招生情况。同时，学校应实行全员导

① 于允锋. 精心涵养分层走班新生态[N]. 中国教育报，2015-03-05(7).

师制，让所有学科教师都参与到学生选课指导和规划指导中去，加强对学生的个别化辅导；鼓励教师积极参加选课指导和学业规划指导的培训，了解进行选课指导和学业规划指导的理论知识，学习一些成功的实践经验，从而满足指导学生选课选考的实际需求。

（四）通过专业支持提高教师的教学能力

新高考改革对教师的课程开发意识和能力、个性化学习指导能力、学业和生涯规划指导能力等提出了更高的要求，但目前缺乏对教师相应的专业支持。为此，要积极通过培训和教研支持提高教师的教学能力。首先，拓宽教师专业发展内涵，更新教师培训内容。突破学科归属意识，强化跨学科意识和能力培养，将课程开发能力、个性化学习指导能力以及学业和生涯规划指导能力作为教师专业发展的重要内容。其次，改革教师培训制度，更新培训内容和形式。积极开展有针对性的专题培训，提高教师选修课课程的开发能力、个性化学习指导能力、学业和生涯规划指导能力；培训形式从“概念解释”和“理论阐述”转向真实情境中的“课堂问题”，通过专题讨论会、课堂实验等方式切实提高实践操作技能。同时，针对传统教师集体备课模式在新形势下的不足之处，打造教师专业发展共同体，建立适应分层分类教学需要的教学研修制度，根据每门学科的选课人数、分层情况、学生特点、设备需求等，讨论并提出具体的教学方案，确定不同层次班级的教学内容、教学目标与教学方法，以此确保各学科分层分类教学的有序推进，保证备课和上课质量。

（五）建构激励相容的教师评价体系

新高考改革后，原有的教师管理与评价制度难以适应高效推进选课走班教学的需要，这影响着教师的工作状态和工作积极性，故迫切需要建构适应新形势的多元化的、激励相容的教师评价体系。首先，完善教师评价与激励机制。走班教学全面实施后，学生分数已无法作为评价教师教学质量的唯一依据，应将教师评价的主要关注点放在教师育人理念、教学方式、教研能力以及专业化发展等走班制需要的适切指标上，就这几项内容设置宏观的教师评价方案与微观具象的评价指标；[①]同时在评价方法上注重质性，在评价主体上体现多元，形成教学班评价与行政班评价一体化、教师评价与学生评价一体化、团队评价与个人评价一体化的教师评价体系。其次，根据学校的实际出台相应的教师绩效考核评价标准，对表现突出、深受学生欢迎的优秀教师给予物质肯定和精神鼓励，使教师收入能真正实现“按劳”“按优”分配，调动教师的工作积极性。

① 王润.新高考改革背景下高中实施走班制的问题审视与路径超越[J].中国教育学刊，2016(12)：29—35.

此外，将教师课程开发与实施能力纳入评优及职称指标，引导教师参与选修课课程研发与实施工作；引导教师参与全员德育工作，构建学生导师、各任课教师、学生个人多元参与的新型德育模式；鼓励教师参与学生生涯规划教育工作，真正实现一岗多责、一职多能，激发教师作为教会学生选择、实现学生个性发展的主体的责任感和积极性。

三、提升学业规划能力

新高考改革增强了学生的自主选择性，但也对学生的学业规划能力、学习适应能力以及学习心态提出了挑战。在新高考改革背景下，学生应该充分利用新高考改革赋予的选择权，做好充分的规划和能力准备，积极调整并更好地适应改革。

（一）基于自身优势提高选择能力

首先，学生要认真剖析自我，树立正确的自我认知，明确自身的兴趣追求、优势与不足，将自我追求、自身选择同国家需要、国家发展、社会需要相结合，发挥个人价值。其次，理性看待选考政策，多种渠道了解高考政策和志愿填报等相关信息，提高选择意识和能力。在此基础上，基于自身优势与不足进行慎重决策，抵抗不良的干扰，尽可能地减少选科盲目、冲动或反复，做好未来学业规划，以开放的心态面向未来和全身心投入备考之中。

（二）增强学习适应能力

新高考改革后，学习内容、学习方式的变革都对学生的学习适应能力提出了更高的要求，能否更好地适应多元化的学习内容、适应选课走班教学和个性化学习方式的变革直接影响着学生学习效果。为此，学生要积极调整自身心理状态，提高学习适应能力。一方面，学生要正视学习内容和学习方式变革的必然趋势，做好心理准备积极面对学习内容和学习方式的变化；另一方面，遵从学校的相关安排，紧跟老师的节奏和步伐，认真听取学校和教师的建议，同时积极与其他同学进行交流，学习他们的成功适应经验等，积极加入或与同学组成学习共同体，共同进步。

（三）保持学习状态和良好心态

新高考选考和学业水平考试打乱了学生过去的学习节奏，增加了学生的备考压力，也使学生面临阶段性的学习枯燥与腻烦心理；而且不同步的考试也会使学生间互相干扰，影响学生的学习心态。对此，一方面，学生要学会自我心理调适，选择适切自身的方法调节复习与备考压力；同时，养成良好的作息习惯，积极参加体育运动和相关集体活动，避免过度熬夜等对身体的伤害，保持良好的身体和精神状态。另一方面，在学习和复习备考过程中，积极聚焦自身，最大限度地避免他人考试状态和考试结果对自身的影响，必要时可寻求心理老师等专业人员的疏导。

四、深化招生制度改革

高校作为高考招生制度改革的重要利益相关主体，对于引导高中学校育人方式、学生和家长的教育选择有重要意义。目前，高校在招生过程中只利用了高考成绩和高中学习表现，未来应通过健全招生机制、加强招生工作能力建设和完善招生专业选考科目要求等方式，加强与高中教育的衔接，引导高中育人方式变革，为高校选拔合适的人才。

（一）建立健全综合多元的招生录取机制

加快高校多元评价体系建设，进一步健全分类考试、综合评价、多元录取的高校招生机制，逐步改变单纯以考试成绩录取学生的模式，综合考虑学生的兴趣特长等因素，引导高中学校转变育人方式、发展素质教育，引导学生和家长改变应试教育取向。同时，高校还要根据社会对人才素质、能力综合化要求的提高，不断进行观念更新与实践改革，逐步转变观念，真正实现综合多元的评价。

（二）完善招生专业选考科目要求

高校的选考科目要求对学生的选科具有导向作用。一方面，高等学校要明确学生的学科素养、遵循人才成长规律，根据人才培养目标、专业发展所必备的学科基础和学生专业学习基本需要，结合实施高考综合改革省份学生选考情况，合理设置并完善招生专业选考科目要求；同时，高校要把学生综合素质评价作为招生录取的重要参考，研究制订高中学生综合素质评价使用办法。另一方面，高校需要将选考科目要求和高中学生综合素质评价使用办法等提前向社会公布，让高中学校、学生和家长明确不同高校不同专业对学生选考科目和综合素质的具体要求，知晓和明确具体的使用规范，实现不同利益主体间信息完全对称。此外，高校还要充分考虑城乡差异和不同群体学生特点，制定相对灵活多样的评判标准，为高校选拔合适的人才。

（三）加强招生工作能力建设

在多元综合招生录取改革的背景下，高校要不断加强招生工作能力建设，提高招生录取工作的科学化和专业化水平。一方面，高校对自身的人才培养理念、定位、特色有清晰的界定和表述，并且确保学校高校招生人员及队伍能准确理解和把握；① 另一方面，高校要进一步规范招生录取制度，做好招生工作与方案宣传、招生队伍的组织等工作；同时强化责任意识，加强招生录取工作的全过程监督。

---

① 董秀华，王薇，王歆妙．新高考改革：高校招生面临的挑战与变革[J]．复旦教育论坛，2018(3)：43—50.

第四章　育人目标与选择性课程

2014年启动的新一轮高考综合改革，不仅将“坚持育人为本”“促进学生健康成长”“扭转片面应试教育倾向”等素质教育的基本主张作为高考改革的基本原则，而且通过赋予学生自主选学选考的权利促进学生全面而有个性的发展。通过扩大学生科目选择权、课程选择权、学生考试选择权、学校选择权、专业选择权来促进育人目标的实现。

第一节　新高考改革与育人目标重塑

一、新高考的基本精神

新高考综合改革从有利于促进学生健康发展、科学选拔各类人才和维护社会公平出发，从为办好人民满意的教育、建设人力资源强国提供有力保障，为实现“两个一百年”奋斗目标和中华民族伟大复兴的中国梦提供强有力人才支撑的战略高度出发，把促进学生健康成长成才作为改革的出发点和落脚点，扭转片面应试教育倾向，坚持正确育人导向，践行社会主义核心价值观，深入推进素质教育，培养德智体美劳全面发展的社会主义建设者和接班人作为根本原则。

（一）科学选才

新高考改革的总体定位是促进公平，科学选才。高考是为国选才的重要途径之一，国家的发展需要是新高考最重要的价值之一。新一轮高考改革贯穿了国家、社会与个人三位一体的价值逻辑，国家统筹安排，凸显了国家的重要需求，同时也回应了社会公众对于教育公平的诉求，满足了人尽其才的个人期盼，彰显了学生的个人选择性，以生为本的价值取向逐渐突显，学生开始成为新高考改革关注的重要群体。新高考改革着力解决30年来招生考试中存在的一些社会反映强烈的问题——“唯分数论”影响学生全面发展，“一考定终身”使学生学习负担过重，区域、城乡入学机会存在差距，中小学择校现象较为突出，加分造假、违规招生现象时有发生。在保持现行考试招生制度稳定的基础上，适应经济社会发展对多样化高素质人才的需要，更好地促进学生健康发展，更好地科学选拔各类人才，更好地维护社会公平。通过新高考改革能够促进学生主动地健康成长，实现文理融通、多元发展，并且能够拓展学生的选择空间，引领学生走向科学求真、人文崇善、艺术尚美，成己成人，促进公平。

（二）整体育人

新高考改革坚持育人为本，遵循教育规律。通过综合改革，贯彻党的教育方针，全面实施素质教育，增加学生的选择性，分散学生的考试压力，促进学生全面而有个性地发展。通过推进九年义务教育均衡发展，完善义务教育免试就近入学的具体办法，试行学区制和九年一贯制对口招生，改进高中阶段学校考试招生方式来破解中小学择校难题。实行优质普通高中和优质中等职业学校招生名额合理分配到区域内初中的办法，落实和完善进城务工人员随迁子女就学和升学考试的政策措施，保障育人的良性环境。整体设计从基础教育到高等教育的考试招生制度改革，促进普通教育、职业教育、继续教育之间衔接沟通，构建衔接沟通各级各类教育、认可多种学习成果的终身学习"立交桥"。

（三）公平公正

新高考改革着力完善规则，确保公平公正。把促进公平公正作为改革的基本价值取向，加强宏观调控，完善法律法规，健全体制机制，切实保障考试招生机会公平、程序公开、结果公正。通过提高中西部地区和人口大省高考录取率，增加农村学生上重点高校人数等多项措施，努力缩小区域高等教育入学机会差距。通过减少和规范考试加分，完善和规范自主招生，完善高校招生选拔机制，改进录取方式，实现教育公平。通过加强信息公开，加强制度保障，加大违规查处力度来保障公平公正的实施。这一轮招考制度改革，是我国自恢复高考以来最系统、最全面的考试招生制度改革，不仅能推动高中课程的变革，也形成了连锁反应，传递到初中阶段甚至小学阶段，引起基础教育阶段课程的系统性改革。

二、新高考的育人目标

新高考综合改革始终围绕"为谁培养人""培养什么样的人""怎样培养人"的教育使命展开，坚持立德树人的根本任务。

（一）学生中心

坚持以学生为中心，关心每一位孩子，努力为每个孩子的成长奠定坚实基础。明确学生是教育存在的前提和价值追求的目标。坚持"以学生为中心"首先要尊重学生自主选择和学习的权利。换言之，在新高考背景下，应当由学生自己根据自身的学习兴趣和学业水平来选择自己选考的科目。应当杜绝学校或教师出于各种目的或威逼利诱或强制要求学生选择某几门选考科目的现象。其次,坚持“以学生为中心”的教育理念还要尊重学生的差异。学生之间是存在差异的,这个差异性体现在学生的学习兴趣、学习能力以及学业水平上。因此学校在进行教学班的设立以及教师在开展教学活动时,对学生不能一概而论。教师应当通过对学生日常学习生活的观察以及谈话交流,认识到学生的学情、个性以及对未来的规划等,对不同的学生实施不同的教学策略,从而达到“因材施教”“因时施教”的效果。最后,坚持“以学生为中心”的教育理念还要关心、爱护学生。学生并不是教师的下属或者附庸,而是一个个不同的独立个体。不论是学校、班主任还是教学班的教师,都应当关注每一位学生的需求,关心每一位学生的健康成长。

(二) 育人为本

把培养德智体美劳全面发展的教育目标作为改革的出发点,从应试教育转变为素质教育。扩大选考科目的灵活性,既要考虑学生的兴趣爱好,将学生作为独立的个体看待,又要为社会提供不同的人才。“从更为宏观和长远的视角来看,高考本质上是关乎国家未来人才质量和规格的一次选拔活动,也是关系国家公民文化和素养整体水平的发展的重大问题”。[①] 育人功能在高考的功能系统中占据着重要的基础地位。所谓的育人为本,就是将培养人、培育人作为整个教育教学的根本目的,时刻将坚持、维护学生的发展权益放在第一位,视学生的健康成长为最重要的任务,最终实现学生自由全面的发展。新高考将选择性赋予学生,就是认识到个体生命的独特性和无限可能性,这种独特性由个体独特的遗传因素与环境相互作用,并通过经历、经验、感受和体验最终汇入到个体生命中,成为个体生命中独特的、不可分割的一部分。育人为本就是充分地考虑到学生的实际情况,尊重学生的生命成长规律、身心健康发展规律,发展学生的个性,开掘学生的无限可能,积极发挥学生的主体性、积极性和创造性。

(三) 彰显个性

新高考育人目标指向的是每个孩子的健康成长成才。面向每个孩子必然要充分彰显学生的个性,发挥每个孩子的主体性,只有这样才能落实育人为本的基本精神,才能培养创新思想和创新实践,未来才能为国家的科技强国奠定基础。新高考下的选考走班制的出发点是增加学生自主选择权与发展学生的兴趣与特长,它能够最大限度地满足学生发展需求[②]。新高考模式下学生可对高考学科进行自由的选择与组合,符合

---

① 娄立志,张基惠.新高考本体价值之表达:评价理念、育人功能、人本取向[J].中国考试,2019(10):30.

② 王润,周先进.新高考改革背景下高中走班制机制构建[J].当代教育科学,2016(6):49—53.

学生个人的兴趣与能力，为其自主职业规划提供条件，避免了传统高考制度中文理分科导致学生对部分科目不感兴趣、偏科的困境，更符合学生的身心发展与职业发展需求。除此之外，这样的组合方式对扩大学生的交际圈、培养及提升学生的人际交往意识与能力来说，无疑大有裨益。

落实育人目标的高中选择性课程体系旨在鼓励高中生在自身潜质的基础上自主而积极地探索、充分而和谐地发展，实现对知识与技能、过程与方法、情感态度价值观三维目标的多元整合，符合并凝练了核心素养培育的价值内涵，在全面贯彻党的教育方针的前提下推动实现知、情、意、行有机统一的育人目标，培养德智体美劳全面发展的社会主义建设者和接班人。因此，选择性课程体系的构建，能够为各省、各地区实施高考改革和课程改革从而促成学生“成人”，实现高校纳贤，满足国家人才战略需求等教育理想提供行动指南。

三、育人目标与选择性课程的内在逻辑

新高考改革的基本原则是增加选择权，以选择性课程为育人载体来实现德智体美劳全面发展的社会主义建设者和接班人的育人使命。

（一）增加选择权是普通高中育人改革导向

考试科目由相对统一规制的“文综/理综”走向自主选择灵活多样的“3＋3/3＋1＋2”模式。相较于“文理分科”的选择制度，无论是前两批试点省份“3＋3”模式下的“6选3”或“7选3”，还是第三批试点省份的“3＋1＋2”，都可以生成12种以上的科目组合，实现了从统一规制的“固定组合”到自主选择的“个性组合”的转化。新课程设置指向教考一致，还学生课程选择权，将课程分成了依据学生全面发展需要设置的必修课程，依据学生个性发展和升学考试需要设置的选择性必修课程，以及依据学生多样化需求自主选择修习的选修课程。明确各类课程的功能定位，与高考综合改革相衔接。

（二）选择性课程是普通高中课程改革的育人新载体

课程是实现育人目标的载体与手段，是教师教和学生学的基本内容，是普通高中育人的基础。选课是选考的具体载体，新高考下的选课是通过面向全体学生终身发展的选择性课程体系和面向个体升学考试的个性化选考科目课程来实现的。新高考的选课制度是普通高中改革的重点，遵从学生成长成才的选择性教育理念，构建了普通高中自主课程选择制度。选择性课程育人价值的实现则是通过学生个性化选课来实现，其最直观的表现是实现了从“一班一张表”到“一生一张表”的转变，从而保证课程

落实落细。新的选课制度不仅给学生提供了课程类别的选择，也给学生提供了课程层级的选择，不仅为学生提供师资选择，也为学生提供课程资源选择，这在某种程度上改变了传统静态的高中育人模式，使高中教育充满压力与挑战、激情与活力，为学生的健康成长提供了多样化选择。

第二节　选择性课程的源流与价值

一、选择性课程的源流

人类世界充满选择性，选择是人类的基本生存方式之一，它贯穿于人类生活的各个阶段和领域。选择性体现了“学生中心”“育人为本”“彰显个性”的新高考改革育人目标。“选择性课程，一般指的是新课标中所指的选择性必修课程和选修课程”①，在新高考改革的背景下，它被赋予了新的意义，即以选择性为目的的整体课程改革，旨在为受教育主体提供课程内容和形式的多元选择，实现学生的差异化、独特性和特色化的培养。选择性课程的构建成为我国新高考推动下教育改革的重要内容，受到社会各界的高度重视和普遍关注。

（一）选择性课程的起源

选择性课程以选修课为溯源关键词，选修课是相对必修课而言的。近代资本主义商业兴起之后，社会要求培育能适应社会政治经济发展要求的个性发展的学生。选择性课程最初滥觞于德国的柏林大学，后传入美国，并得到了长足的发展与完善。19世纪末，选择性课程的设置由大学被移植到中学。设置选择性课程允许学生有选择课程的自由，它的目的是为学生未来的发展提供更深入、更广泛的知识和技能储备，帮助学生更好地为以后的学业或事业做准备。

在美国，学校要求学生根据个人需要选择选修课。比如，喜欢音乐的学生，可以多选一些与音乐有关的课程；对经济感兴趣的学生，可选修一些经济类的课程；对服装时尚有兴趣的学生，可选修服装设计等相关课程；计划大学读工程专业的学生，可选修数学或者科学类的课程；等等。

目前世界上高中选修课的设置基本有以下四种方式：任选制、选科制、定向选修制和全选修制。美国高中选修课的设置为全选修制，即所有课程均具有选修的性质。也就是说，社会科学、英语、数学、科学、外语、艺术、体育、职业教育等都是必修学科，每个

---

① 庞君芳，任学宝．选择性课程的改革：背景、意义及实践向度[J]．中国教育学刊，2022(2)：71.

学科都开设不同水平的课程，学生可以根据自己的情况和兴趣进行选择。[①]

（二）选择性课程的发展

选择性课程传入中国并在高中实施，发轫于1919年。新中国成立以后，教育部在1963年7月颁布的《关于实行全日制中小学新教学计划（草案）的通知》中首次将选修课程纳入其中，提出了在保障必修课程的基础上，酌设选修课。[②]

我国选修课过去通常是指高等学校各学科、专业教学计划中规定的由学生自行安排选择学习的课程，是与必修课相对的。必修课主要是学习基础知识，掌握基本技能；选修课是根据学生的兴趣来拓展自己的知识面，培养综合素质。2003年《普通高中课程方案（实验）》发布，我国普通高中开始开设选修课。选修课的设置有助于拓展学生的知识与技能、发展学生的兴趣和特长、培养学生的个性，同时促进教师的专业成长，形成学校特色，使学校办学模式多样化。选修课的建设是高中新课改的亮点之一，《普通高中课程方案（实验）》规定，选修课分"选修Ⅰ"和"选修Ⅱ"两部分，"根据社会对人才多样化的需求，适应学生不同潜能和发展的需要，在共同必修的基础上，各科课程标准分类别、分层次设置若干选修模块，供学生选择"，此种选修模块为"选修Ⅰ"。"学校根据当地社会、经济、科技、文化发展的需要和学生的兴趣，开设若干选修模块，供学生选择"，此种选修模块为"选修Ⅱ"。

"新高考方案"前的选修课，课程标准虽对它给予了充分重视，但以往的高考制度并未能充分体现教育民主，各省份的高考方案没有充分重视选修课程的地位，不能给选修课程以适宜的赋分，也即高考的指挥棒偏离选修课程，才造成了选修课程在高考中难以落实。

"新高考方案"后的高考，不仅必考和选考的分数会进入高考总分，还充分重视选修课程在整个高考中的权重，因此促成了选修课程能够在高考中落地生根。新高考的总分满分为750分，其中语文、数学、外语每门满分150分，3门选考科目每门满分100分。这其中，必考部分（语数外）高考分值高，选修课程分值也会相应增高；选考的3门课程基础分为70分，加分为30分，这里的加分就是考选修课程。这就充分证明新高考中的选修课程不仅在必考部分得到落实，在选考部分也会得到充分的落实，从而避免了过去选修课程似有实无的尴尬，实现了真正的选修课程革命。"新高考制度"不仅将选修课程落到了实处，而且促进了选择性课程的发展。

---

① 解露，周序．选修课的意义与价值[J]．中国教师，2018(7)：127—128.

② 黄伟．半个世纪以来的高中语文选修课程的历史发展[J]．天津师范大学学报（基础教育版），2006(2)：16.

二、选择性课程的价值

（一）贯彻落实增加课程选择性的时代要求

高中阶段教育与义务阶段教育相衔接，与高等教育相对接，其重要性不言而喻。我国在过去40多年里，以增加课程的选择性为重要目标，只为实现真正的基础教育课程改革。① 我国于1991年颁布的《关于在普通高中开设选修课的意见》，首次提出了两种不同形式的选修课程，即具有必修课性质的“指定选修课”，以及按照自己的兴趣选择的“任意选修课”。② 2010年出台的《国家中长期教育改革和发展规划纲要（2010—2020年）》，明确指出要为学生提供多样性的选修课程平台，并且增加选修课程的开放性和选择性。③ 2017年颁布实施的《普通高中课程方案和语文等学科课程标准（2017年版2020年修订）》，增加了责任性条件“条件保障”和“管理与监督”，明确各级部门、学校以及教师必须增强选修课程意识，强化选修课程责任。随着我国对选修课程探究的不断深入，浙江省为适应新高考改革形势，出台了适合本省的“新高考方案”。如今，教育部、浙江省对课改以来的问题和成绩进行总结分析，一致认为其为学生选择选修课程增加了选择性，符合课程改革的时代要求。

（二）构建学校课程多样化建设的现实回应

我国的学校课程建设以必修课程为主，选修课程的地位一直处于弱势。2010年国家强调以多样化的培养模式推动学校课程多样化发展。④ 2020年增加“必修、选择性必修为国家课程，选修为校本课程”⑤，明确了课程之间的多样化。当所有课程的选择性增强，课程改革就必须落实到具体学科上，这要求选修课程从横向与纵向上增加类型与数量，以此网格式地搭建多样化学校课程体系。

2012年6月浙江省提出按照“调结构、减总量、优方法、改评价、创条件”的总体思路，加快选修课程建设步伐，积极开展学生走班选修课程活动。同时将原来选修课程学分从28分提高到48分，把选修课程分成知识拓展、兴趣特长、职业技能、社会实践四大课程内容，明确规定知识拓展课程不多于总课程的60%，职业技能不少于总课程的20%。⑥ 2014年提出将原本的必修、选修课程与如今的必修、选修课程深度融合，要求全省普通高中必

---

① 朱婕，雷浩．课程选择性不断增强的40年[J]．中国教育学刊，2018(06)：18—24.

② 国家教委基础教育司．关于在普通高中开设选修课的意见[J]．人民教育，1991(10)：14—15.

③ 国家中长期教育改革和发展规划纲要工作小组办公室．国家中长期教育改革和发展规划纲要（2010—2020年）[EB/OL]．(2010-07-29)[2023-02-08]．http://www.moe.gov.cn/srcsite/A01/s7048/201007/t20100729_171904.html.

④ 国家中长期教育改革和发展规划纲要工作小组办公室．国家中长期教育改革和发展规划纲要（2010—2020年）[EB/OL]．(2010-07-29)[2023-02-08]．http://www.moe.gov.cn/srcsite/A01/s7048/201007/t20100729_171904.html.

⑤ 付宜红．2020年修订版普通高中课程方案及标准的主要变化及有关考虑[J]．基础教育课程，2020(13)：22—28.

⑥ 浙江省教育厅．关于深化普通高中课程改革的通知：浙教基[2012]81号[EB/OL]．(2012-06-19)[2023-02-08]．https://www.zj.gov.cn/art/2012/6/19/art_1229400468_59053668.html.

须开设大量多样化的选修课程供学生学习，让每位学生在高中的三年学习里必须在四类选修课程中完成相应的学分。浙江省此次改革突出了选修课程的重要性，以实现学校课程多样化的建设，最终促进学生在不同学段、不同方向、不同内容上的多样化选择。

(三) 推进学生全面与个性发展的实践呼唤

我国高考不断进行改革，其实质是为了追求“学生的发展”。2010 年《国家中长期教育改革和发展规划纲要(2010—2020 年)》提出，“注重培养学生自主学习、自强自立和适应社会的能力”最终“促进学生健康发展”。[①] 2014 年《国务院关于深化考试招生制度的实施意见》进一步提出，“把促进学生健康成长成才作为改革的出发点和落脚点”实现“促进学生健康发展”。[②] 2020 年修订时明确“选修课程，由学校根据学生的多样化需求，当地社会、经济、文化发展的需要，学科课程标准的建议以及学校办学特色等开发设置，学生自主选择修习”。[③]

学校建设选修课程必须要与我国新高考改革的核心价值取向相统一，不断促进学生健康发展。选修课程是在学生的个人兴趣与个人目标的基础上，为学生提供增长知识、培养特长、加强与社会生活联系的课程，可以由学生自由、自主地选择。为推进学生健康、全面与个性的发展，必须以尊重发展的差异性为前提，以关注学生发展的丰富性为基础，以重视学生发展的过程性为保障。首先，对学生发展的差异性给予尊重，其途径就是增加学生的选择权，进而实现学生差异化、个性化发展。其次，关注学生发展的丰富性，这意味着学校课程要关注学生发展内在的核心素养，理解不同的核心素养指向不同的学习能力，重视各个能力的提升与综合能力的培养。最后，重视学生发展的过程性就是要探索选修课程科学的评价体系，关注学生过程中的真实性与生成性，让学生在选修课程中获得思考与反思的能力，提升交流与沟通的能力。学生的全面与个性的发展是学校课程不断建设的具体方向，是学校课程不断努力的实践重点。[④]

第三节 选择性课程构建的内容与原则

一、选择性课程的构建内容

新高考“选择性”的特点要求中学的学科特色要更加鲜明，真正体现多样化，满足

① 国家中长期教育改革和发展规划纲要工作小组办公室. 国家中长期教育改革和发展规划纲要(2010—2020 年)[EB/OL]. (2010-07-29)[2023-02-08]. http://www.moe.gov.cn/srcsite/A01/s7048/201007/t20100729_171904.html.

② 国务院. 国务院关于深化考试招生制度改革的实施意见[J]. 人民教育，2014(18)：16—19.

③ 付宜红. 2020 年修订版普通高中课程方案及标准的主要变化及有关考虑[J]. 基础教育课程，2020(13)：22—28.

④ 杨清. 新高考背景下学校课程建设的困境与出路[J]. 教育科学研究，2020(10)：62—67.

广大学生不同的教育需求。选择性课程兼顾了学生的智力和非智力发展,学生在选择课程时,能够选择适应不同层次智力发展的课程,进而形成学生独特的学习风格和学习方式。选择性课程以丰富的课程为选择性需求,强调学生在选择课程中的积极性、自主性和能动性。学校、学生和课程三者之间形成了多向适应、和谐发展的关系。选择性课程的设置,有利于分层、分类教学,推动学生个性、多样地发展,为学生的终身发展奠定良好的根基。

“选择性”在课程体系上主要体现以下几点。

(一) 学校自主设置课程

“尊重学生兴趣,提供适合学生需要的课程,是学校课程设置的前提”①。浙江省将课程(必修课和选修课)设置权还给了学校,省内不再有统一的课表,每一所学校可根据本校学生的实际安排课程,使突出个性发展的“一生一课表”成为可能②。人类的智能是多元的,加德纳曾指出人类的智能主要是由语言智能、数学逻辑智能、空间智能、身体运动智能、音乐智能、人际智能、自我认知智能、自然认知智能等组成。所以,每个学生都有不同的智能优势组合,学校应根据学生不同的智能优势,设置多元的课程,并根据学生的发展水平,制定不同的学业水平考试标准。学校在课程建设中要根据学生的“最近发展区”和真实需要设置适合学生发展的课程,并力求课程结构的体系化、多元化和统整化,更好地促进学生个性的发展。

(二) 分类建设选修课程

明确开设四类选修课程,即把选修课程分为知识拓展类、职业技术类、兴趣特长类、社会实践类四类,鼓励教师开发开设适合学生需要的选修课程,学校可以创建富有校本特色的课程体系。浙江省 2014 年在“新高考方案”中明确了“各科课程标准”,要求开设选修课程。在此基础上,浙江省普通高中选修课程开设数量大幅度增加。据统计,在申报一级特色示范学校的高中中,每校平均开设了一两百门选修课程供学生自主学习、拓展学习。分类建设选修课程时,要着眼于系统化,因为不同门类的课程之间是相辅相成的关系,各种课程之间既具有独立性和差异性,也具有统一性和融合性。所以,在设置选修课程时,要有清晰的建设思路和系统性的方法,并在此基础上不断地发展、丰富和优化课程,提升课程的时代性和适应性。在编写课程材料时,要注重材料的整合原创,编写者要态度端正,投入相应的时间和精力,要能经过自己的处理带有鲜明的个人特色,整合材料时要注意取舍、裁剪、消化和吸收,展现学校的特色、本土特色

---

① 庞君芳,任学宝.选择性课程的改革:背景、意义及实践向度[J].中国教育学刊,2022(2):74.

② 朱振岳.浙江高中课改新政鼓励学校及学生“自主学习”[J].课程教材教学研究(中教研究),2012(Z4):40.

和教师特色。

（三）扩大选课范围

新高考改革提出整合各种课程资源，扩大学生选择空间，鼓励职业高中、高等院校、企业和社会办学机构开发开设符合普通高中学生需要的选修课程，鼓励学生在校内、跨校和社会培训机构选课，以满足学生个性发展的需要。选择性课程是国家课程之外的有益补充，满足了学生的兴趣、爱好，拓宽了学生的知识视野，挖掘了学生的潜在能力，有利于培养学生刻苦钻研、努力进取的精神，为学生与社会之间架起了有益的桥梁，为学生的个性发展提供了多种可能性，引导了学生的创新性发展。学校应该有意识地调查学生、家长和社会的需求，分析乃至预测未来社会的发展趋势，制定出符合学校发展实际、具有本校特色的选择性课程体系。学校围绕着“课程体系”“课程开发”积极组织教师培训，鼓励教师阅读相关教育理论的书籍，增强教师的课程意识，提高其课程开发能力和课程理论修养，掌握选修课程教材编写的能力，使教师成为课程的开发者、教学的研究者和反思的实践者，以更加专业的知识能力适应选修课程开发的需求。

（四）实施弹性学制

人与人之间的心理智能是不同的，学校建构的选择性课程就应该能反映出学生心理智能的相异性。学校应认真分析每个学生的心理智能，实施弹性学制，鼓励学生制订发展规划，形成个人修习计划，在达到规定的毕业要求时，可以申请提前毕业。它最大限度地体现选择性课程的“选择性”，并为学生的知识、经验、学习兴趣、智力水平等方面的差异，提供个性发展的可能性。学校实施弹性学制，这在一定程度上重构了学校教育教学管理模式，真正落实了以选课走班为核心的新的教学组织形式，尊重了学生的主体性，改变了课程资源的供给方式，重建了学校的学制制度，最终，实现了学校育人方式的变革。

二、选择性课程的构建原则

（一）课程安排的均衡化与公平性

针对学生选考科目的选择，可以在一定程度上保证学生兴趣与学业成绩的平衡，促进课程设置的均衡化和公平性。

杭州市XJ中学在实践层面的探索就体现了这一原则。XJ中学在课程设计上遵循“培养面向未来的领军人才的课程结构”的理念，设置“必修＋选修”的课程体系，实现了课程安排的均衡化与公平性。

1. 必修课

XJ 中学对国家课程从形式、内容和讲授方式上进行变革创新，尝试 MOOC、翻转课堂等新的课堂方式，并且在构建的过程中开始尝试建设 XJ 空中课堂，与互联网相结合，搭建一个网络平台，实现学生自主选课与个性化学习。

2. 选修课

XJ 中学将学生需求、XJ 品牌、教师特点、校外资源、杭州特色等融入选修课课程中，积极探索自主选修的走班选修课模式(表 4-1)。

表 4-1 自主选修的走班课结构

名称	目　　的	类别
科技创新化	体现领军人才学会创新、学会求知的要求	知识拓展类
精神成长化	体现领军人才做人和生活的要求	兴趣特长类
技能实训化	体现领军人才学会做事的要求	劳动技能类
领导管理化	体现领军人才学会合作、学会领导的要求	社会实践类

课程设置的前提是明确教育目的和培养目标，这也是课程设置的首要依据，即要从教育目的出发设置课程。因此，可以抓住均衡化、公平性、多样化、专业化等目标来对选考课程设置进行优化。

XJ 中学认为，应在高一阶段将物理、化学、生物、技术、政治、历史、地理这七门课程纳入课程安排，且安排相同的课时比重，保证每一位学生都能有足够的时间学习七门选考科目，给予学生更多的自主选择性和兴趣偏好，促进课程安排的均衡化。避免因物理、化学开设难度相对较高而安排更多课时的现象，误导学生对传统理科产生爱好偏向或是抵触心理。在高二阶段，临近高考选考前后，合理安排选考科目和语文、数学、外语这三门主课的时间。避免因为高考选考增加选考科目课程而减少主课课程，避免因高考选考结束而减少选考课程，进而“恶补”主课课程。为保证学生对于选考课程和主课程的学习状态，可以加大自选课程的比例，让学生自主地按照需求和兴趣对科目进行学习与复习。

(二) 课程设置的多样化与专业化

针对学生选考科目选择的盲目性，应在一定程度上明确学生的学习目标和学习导向。学校可以在能力范围之内为高中生提供多种选考组合方案，后续年份再进行师资调整、资源配置，逐渐满足学生的需求，力求最大限度为学生谋求发展，促进课程设置的多样化和专业化。[①]

以浙江省杭州市H高中为例。该高中在高一和高二年段会安排类似“社团课”的拓展性课程，学生可以按照兴趣来选择自己加入的社团。对此，该学校在此基础上开设文化课类型的社团课。一方面，能够让学生们更好地了解该门课程，有利于未来“7选3”的选择；另一方面，能够让学生在感兴趣的领域充分得到知识的拓展和实践的锻炼。例如，设置职业生涯规划课程，帮助学生确定自己的兴趣，让学生全方面地了解自己所选课程的学习内容。在具体选考课程上，“政治”可以开设“新闻时事类课程”，“历史”可以开设“历史文献故事研读类课程”，“地理”可以开设“世界地图全览类课程”，“物理、化学、生物”可以开展“实验探究类课程”，“通用技术”可以开展“建模、编程类课程”等。

（三）课程设置的系统性与整合性

ZD附中的探索，就体现了选择性课程设置的系统性与整合性。

1. 重构学校课程体系，体现系统性

ZD附中提出并坚持“文化立校、课程育人”的办学思路，结合学校办学历史和实践，建立了基于学校育人目标的课程体系。

ZD附中基于学校办学历史，梳理了三大学校文化：明远文化、求是文化和西湖文化，并概括形成“人格与学术并重，本土与国际兼容”的办学特色。在此基础上，做好课程的顶层设计，统整国家课程、地方课程和校本课程，在实践中从大力开发开设选修课程，到建立特色选修课程群，到建设各学科课程纲要，再到整合必选修课程，最后形成了ZD附中课程体系。

这一在新高考背景下完善的课程体系，是对原有三级课程的重构，既体现学科课程，也追求跨学科课程，注重学生跨学科知识和综合素质培养；既体现基础性，也追求选择性，让学生在选择中学会学习、学会负责、学会成长；既体现知识性学习课程，更追求体验性学习课程，让学生在做中学，在悟中学。通过重构学校课程体系，让课程育人功能得到了最大化的实现。

这一课程体系是学校新课程改革的核心，有利于推行走班制教学，有利于推行学生选课，落实学生的课程选择权，最终实现课程育人。

2. 构建学生生涯发展教育体系，突出选择性

ZD附中认为，生涯发展教育不仅仅是一门课程，更是一个育人体系。生涯发展教

---

① 张雨强，顾慧，张中宁. 普通高中生高考选考科目现状及影响因素研究——以浙江省5所高中首批选考学生为例[J]. 教育学报，2018，14(04)：29—38.

育是由内而外的教育,它通过引导学生进行自我认知与外部世界探索,确定自己未来的人生发展方向,解决学习的目标与动力问题。生涯发展教育是一门由终至始的教育,它着眼于人生发展规划与职业发展规划,落实专业规划与学业规划,学校的课程体系需要根据学生的发展需要来构建。

3. 借鉴先进的课程理念与技术,体现整合性

浙江省是全国"新课改""新高考"的先行区,分层分类多样化课程体系和高校招生制度改革影响下的普通高中全面选课走班模式,对各级各类学校教育教学变革提出了新的挑战①。

ZD附中创新性地开创出"互联网+学科教室"新格局,实现了分层走班教学常态化、专业化,在拓展学习空间、创新课程资源、突破师资瓶颈和实现个性评价等方面实现了新突破,在人才培养上走出了一条可借鉴推广的实践之路。

推进融合创新,实现学校育人方式转变。想上什么课,自己来选。在ZD附中,每人都有份独一无二的课表。选课走班时,学生不仅可以根据兴趣,还能根据自己的学业水平来选择不同班级,而实现这一转变的基础,就是有技术含量的学科教室。跳出"行政班教室+普通实验室"的传统思维,学校利用以互联网、大数据、人工智能为代表的信息技术与"学科教室"融合创新,更新学科教室设置,将学科教室建设从教室内、校园内延展至教室外、校园外,再到虚拟空间,形成了立体多元的学科教室体系。

学校在三年内将70%的教室改造成学科教室,还将一些教室进行了多学科融合的功能设计,通过更换室内陈列的器材、墙上张贴的挂图等教学用品,达到一室多用。除了教室,整个校园包括图书馆、教学楼走廊、校园绿化带等都是校园学科功能教室体系的组成部分,学科教室由室内延伸到室外,形成"校园功能教室"。ZD附中还利用地缘优势,使校外空间成为学科功能教室体系的重要延伸,其利用大学实验室开设相应的实验课程;利用中国丝绸博物馆、中国茶叶博物馆等作为课程基地,开设丝绸文化、茶艺等20余门课程。学校与许多互联网教学平台合作,创设"虚拟功能教室",通过开发在线课程应用,实现了学生跨班级、跨校区上课,缓解了"分层走班"背景下教学空间的紧张,为师生们提供立体化的无界教学"大"空间②。

ZD附中的大胆尝试,从单一的课程到多学科整合的课程更有利于学生未来的发展,是理论与实践相结合与应用的过程,充分展示出课程整合与育人的理念。

---

① 申屠永庆,周红军.打造新高考背景下的"互联网+学科教室"[J].浙江教育技术,2018(4):29—31.

② 申屠永庆.新高考下学科功能教室的创建与运行[J].中小学管理,2017(09):56—58.

第四节 选择性课程构建的策略与保障

一、选择性课程的构建策略

(一) 以“学”定“教”,以“课程标准”替代“考试大纲”

2020年取消高考大纲,直观地反映出人们对学业质量的要求从关注知识技能走向侧重核心素养的发展趋势。选择性课程体系的构建是浙江高中新课改在两个规律的基础上实现两个育人目标的手段与途径。① 其中,两个规律是指教育规律和人的成长发展规律,两大育人目标是指在共同的基础上有个性地发展,人人成才。促成学生全面而有个性的发展的主要落脚点是转向核心素养的课程标准的研制与落实。依托考试大纲和课程标准的教学的本质区别在于是为“考”而“教”还是以“学”定“教”。考试大纲的主要性质是考试的标准和控制命题的刚性指导文件。而“课程标准”在2001年颁布的《基础教育课程改革纲要(试行)》中的界定是“国家课程标准是教材编写、教学、评估和考试命题的依据,是国家管理和评价课程的基础”。正如宋宝和与赵雪所言,“课程标准规定的是国家对学生在某个方面或领域的基本素质要求,它毫无疑问是课程活动的出发点和归宿”②,课程标准是学生在某学科领域学习中的应然状态,是学业标准的基本要求。从哲学认识论方面来看,课程标准更多地表述了理解能力、综合分析能力、创造能力等属于较高认知层次的能力,而考试大纲仅仅零散地将其细化为行为目标,缺少整合与提升,有悖于选择性课程体系“发展”和“整合”的特征。更进一步探讨课程标准的发展空间,基于核心素养研制适切的课程标准,有助于学生可持续健康发展,从而促进我国公民整体素质的提高。现有研究显示,我国学生核心素养包括自主发展、社会参与、文化修养三大类素养。邵朝友等学者提出了指导性策略,从学生核心素养到课程标准的转化过程需要一个过渡环节,即学科核心素养。③ 学科核心素养标准向上连接着课程标准的最高目标,向下关联着具体的学生核心素养,起到了联锁和纽带作用。因此,课程标准是对学科课程的规范和要求,教师以课程标准为纲领性文件,将提升学生学力作为教学重心,才能发挥教育的本质功能,还原高考本真。

(二) 以“评”促“学”,实现课程评价体系科学转型

对课程评价体系的追问,最终落脚于“如何考”“考什么”的问题。为实现课程评价

---

① 胡晓红.选择性:浙江高考改革和高中新课程改革的共同目标[J].中国考试,2017(05):35—38.

② 宋宝和,赵雪.课程标准与考试大纲[J].中国考试,2016(12):5—9.

③ 邵朝友,周文叶,崔允漷.基于核心素养的课程标准研制:国际经验与启示[J].全球教育展望,2015,44(08):14—22+30.

体系的科学转型，引入了“发展性课程评价”的概念。刘志军将“发展性课程评价”定义为“建立在规范性评价和超规范性评价双向互动的基础上，以促进学生全面发展、教师不断提高、课程不断发展为目的的新的课程评价系统”。① 这一“发展性”体现在评价目的与价值取向发展、评价反馈发展与评价要素多元化发展。首先，评价目的与价值取向发展是课程评价改革的核心，张扬等指出“促进学生发展是发展性课程评价的最终目的和追求”②，董建春更是将其细化为“所有学生的全面、整体、积极、主动发展”③。其次，评价反馈发展指的是“由注重对结果的判定逐渐转向对课程的改进”。原有课程评价体系属于“成绩评定”的范畴，对课程教学的持续改进并无实质性的促进作用，而发展性课程评价将终结性评价与形成性评价相结合，在实现评价重心转移的同时增加了课程评价对课程改进的反馈。新高考改革虽然对考试的次数以及时间布局进行了调整，将考试贯穿全学程，但是“过程性学习”的概念还需要进一步深化与落实。最后，评价要素多元化发展中的要素包括评价主体、评价标准、评价方法、评价对象。发展性课程在评价范围上的优越性表现在评价对象的广度，即全面性。具体而言，从学生角度出发，张扬归纳出了五个“转向”，即“转向注重学习能力的、注重达到结果的过程的、面向学生现在和未来的、注重跨学科知识的运用的、认知领域和情意领域并重的综合评价”④。因此，为了实现从“应试”到“育人”的良性转变，助推高中人才培养模式转型，应当将综合素质评价全面融入到课程评价中去。由于我国目前尚且不具备全面普及综合素质评价的条件，环境、成本、专业程度均需要长期探索与经验积累，因此要在自主招生、三位一体、强基计划等已实施综合评价的领域进行阶段性评估，逐步深化改革。

（三）以“趣”导“选”，形成多方价值目标重叠共识

罗尔斯批判直觉主义的公平观，认为它由一些可能相互冲突的最初原则构成，不可能给出任何建设性的解答。⑤ 多元利益主体产生的价值诉求难以实现重叠与统一。从利益主体的视角看待新高考下效率与公平的问题，应避免陷入相对主义的泥沼，减少主观判断与直觉依赖，因此需要各利益主体的协同参与。首先，教育行政部门在高考政策制定中发挥统领作用，需围绕以下几点进行落实：一为优化课程结构，协调高考科目课程与其他课程的比例；二为实现育人模式转型，扩展学生个性发展空间，从实

---

① 刘志军.论发展性课程评价的基本理念[J].学科教育 2010(1):6—10.
② 张扬，尹红，李孟辉.高校发展性课程评价探析[J].中国农业教育 2010(01):55—57.
③ 董建春.论发展性课程评价制度建设[J].中国教育学刊，2008(04):52—55.
④ 张扬，尹红，李孟辉.高校发展性课程评价探析[J].中国农业教育，2010(01):55—57.
⑤ 钟秉林，王新凤.新高考的现实困境、理性遵循与策略选择[J].教育学报，2019，15(05):62—69.

质上为学生减负。其次，吸纳各利益主体多元参与和协同治理。校方从实际出发，制定校本化分科分层教学要求，完善选考课程顶层设计、确立多样的选考课程组织形式，引导自主选科目、选层次、选教学班级。同时，加大学生、家长的话语权，赋予学生充分的自主选择权，使其能够从自身学习兴趣、学科学业基础、专业发展趋势、大学招生要求几个方面进行学科选择，同时自主合理确定高中学业水平考试的选考科目、层次和进度。重视学生、家长、高中教师等群体对高考综合改革的参与与落实，是实现教育治理现代化格局的必要之举，也是加快实现选择性课程体系构建的关键途径。

二、选择性课程的构建保障

（一）推进专业化的引领，凸显学校专业特色

由于选修课程具有广泛性的特点，故在开设实践过程中需要多方面的专业引领。以浙江省为例，各级教育部门与主管教育行政机关积极推进“浙江省普通高中学科基地培育学校”，研究与设计普通高中学科课程体系，开发与开设内在联系密切的四大类选修课程，在全省多个学科基地进行培育，以点带面进行研究和引领，为课程改革实验提供良好的平台。同时，各级教育部门与主管教育行政机关在要求学校开设选修课程的同时，必须加强选修课程建设的规划与指导，提供具有专业性、科学性的帮助。从战略与战术两个层面调整学校选修课程开设，优化学校自身具备的教学方法与教育资源。在战略层面，必须了解学校在开设选修课程过程中面临的困境和挑战，科学分析学校所在的区域和学校资源的优势和缺陷，有机整合学校内部资源、外部环境教育资源。在技术层面，提供不同专业人士的指导，例如，提供课程专家在课程、课程开发与实施等概念内涵理解上的引导，学科教学论专家在基于学科派生出来的选修课程群建构上的引领，同时，提供不同专业人士、企事业从业人员在具体课程内容、实践及评价上的引领。

浙江省深化课改下的选修课程开发，其实质在于学校在被赋予课程管理的权限内，在专业化的引领下，充分利用社区、社会、学校的课程资源，探索研究、设计、实施与评价具有各自学校特色的课程。开设与开发选修课程不是主观随意或行政化的指令，而是基于明确的学校教育目标，立足于学校需要创建的特色，创办多样化的办学模式。坚持教育的发展内在规律，拒绝“功利至上”主义，在开设过程中，学校应当思考如何将学校文化与当地地方文化相结合，充分挖掘其所在地区的教育资源、教育素材，如社会文化、人文景观、自然环境、经济发展水平等，构建具有学校核心特色的选修课程，形成

多样化、特色化的普通高中办学的价值取向与发展趋势。

(二) 明确课程之间关系,增加学生课程的选择性

将科目分解为既相互独立又相互关联的多种模块是此次浙江省新高考改革在课程结构调整上的重大举措。《浙江省深化普通高中课程改革方案》提出总学分概念与提高选修课程学分的举措,使学生有充足的选择空间决定自己学什么内容、选择哪些必修课程与选修课程。强调选修课程必须由学生自主选课,允许学生跨班级、跨年级、跨学校选课。如果学校内无满足学生发展方向的选修课程,就必须允许学生走出校外到社会、社区中修习选修课程。如果学校教学资源匮乏和条件不足,可以在浙江教育资源网的"高中选修课平台"下载优质电子版课程和网络版课程,丰富学校选修课程内容。学校实施这项举措的目的,是保障学生可以根据自身的实际需要与发展潜能进行选择,实现最终的全面而有个性的发展目标。

学校自身必须明确选修课程与必修课程之间的关系,明确选修课程是一个单独设置的课程领域,以"积小步,不停步"的方式,建立一套选修课程的指导制度,探索选修课程的选课走班,打破过去单一选修课程的模式。例如,宁波效实中学以"求适、务实"的办学定位,突破以往的课程概念,在选修课程中融入大学职业选择,给学生多层次、多选择、重个性的选修课程选择余地。[①] 学校为学生配备专业选修课程指导机构和指导教师,改进学生咨询与互助制度,完善选修课程指导的方法与步骤,利用浙江省人性化选课系统,减少学生选课的盲目性、功利性和从众性,从而形成健康、和谐的课程环境。用规范的制度保障选课行为与课程有效实施,增加学生课程的选择性,从根本上鼓励学生积极自由选择教师、选择教学内容、选择教学年级,形成"一生一课表"的教学局面。再如,义乌义亭中学由于自身学校教育资源相对薄弱,在选修课程的建设方面贯彻民主与法治意识,培养爱心与责任心,提高学习与生存能力。

(三) 改革教师培训机制,促进教师的课程理解力

针对不同教师对于选修课程的不同理解,从根本上改革教师培训机制,促进教师的课程理解力。社会与学校积极开设教师培训业务,加强教师队伍建设,根据不同教师不同的适应性与塑造性,在组织教师培训与教育的过程中,考虑培训的适切性、针对性与效度。为接受新事物能力较强的青年教师提供丰富的教学资源,给予勇于探索新领域的机会,提供专家听课和评课等相关配套制度,促进职前教师的教育发展潜力,提高教学质量;为课程开发内涵理解不到位的职后教师提供专业指导,促进教师认识什

① 缪水娟,钱万军.寻找适合学生的教育——浙江省深化高中课改七大新举措[J].人民教育,2014(11):49—53.

么是选修课程，了解其开发的典型模式与途径，学会发现与利用课程资源，拓宽开发选修课程的思维视野；为没有经验的职前教师增加选修课程相关师范类课程，掌握选修课程的类型、开发模式与途径，引导职前教师明确选修课程的开设价值，进而提升选择课程内容、整合课程资源、实施选修课程与建设评价课程的能力。[①] 课程的开发可以借鉴背景翱翔计划，引导教师了解通过基于地方文化的地方课程校本化，认识开发过程中面临的多重问题，明确课程开发方式、课程价值，从而提高选修课程的专业能力。[②]

教师在开展选修课程教学过程中存在的各类困难，需要各学校、教育行政部门在面对普通高中教师教学任务重、升学压力大、资源设备有限等客观制约因素的同时，建立与完善一套教师选修课程开发与实施激励机制，激发教师的工作激情，提高教师的教学质量，促进教师的专业发展。[③] 同时，政府对学校在培养教师经费投入方面应给予支持，以逐步缩小不同类型学校办学条件和实力方面的差距。

（四）整合特色课程资源，建设顶层课程群

《浙江省深化普通高中课程改革方案》希望改变普通高中“千校一面”的局面，支持学校建设多样化的选修课程开发模式，推进学校课程朝着多样化、特色化的方向发展。加强课程开发技术，选修课程的开发可借鉴以下六种模式：基于教师的专业优势，开发知识拓展类的选修课程；基于教师的兴趣特长，开发兴趣特长类的选修课程；基于学校的特色项目，开发兴趣特长类和社会实践类的选修课程；基于已有的科研成果，开发有特色的、比较成熟的课题作为选修课程；基于区域的特色资源，凸显地方文化与历史传承；通过服务购买的方式引进，聘请社会上的专业人员开发职业技能类的课程。[④]

在学校课程资源丰富的前提下，整合特色课程资源，构建顶层课程群。2011 年在全国“两会”上强调要“更加重视顶层设计和总体规划”，重视顶层课程群。同时，在浙江省的方案中，学校被赋予了课程管理的权限，可以多形式挖掘与整合各种课程资源。学校应明确办学特色，树立教育目标，合理规划顶层课程群，厘清学校自身办学的优劣势，调查社会、家长与学生的教育需求，大胆分析其教育需求与教育要求，预测未来社会的大体发展方向，科学合理制订学校课程规划。发挥家长、社会、社区等各方面的资

---

① 何强.高中选修课程开发的实践思考与路径探究——以《浙江省深化普通高中课程改革方案》为例[J].教学月刊·中学版(教学管理)，2013(06)：24—26.

② 苏尚锋.选修模块的类型拓展及其课程价值——兼评北京市高中课程改革中的翱翔计划.中国教育学刊，2011(4)：33—36.

③ 任学宝.新高考背景下浙江高中课改的经验与反思[J].基础教育课程，2017(16)：7—18.

④ 蒋国民.例析高中选修课程开发的基本模式——以浙江省为例[J].中学政治教学参考，2013(16)：44—46.

源,引导与鼓励社会教育机构及企事业单位积极参与开设选修课程。以发展学生核心素养、融合学科核心素养为定位,进行横向与纵向的深度挖掘,研制定位准确、特色鲜明、结构完整、层次分明的课程体系,[①]建设系列化、精品化与连续性的选修课程群,以适应不同学生的学习与发展需要。

(五)探索课程多元评价,多方合力完善制度

选修课程分成知识拓展、兴趣特长、职业技能、社会实践四大类型,每个类型中模块众多,且各个板块的教学要求也不同,设置同一套教学评价体系显然并不适合选修课程的灵活性与弹性。因此,如何根据每门选修课程的特点进行科学合理的评价,是摆在学校面前的一道难题。学校需要积极探索知识拓展、兴趣特长、职业技能、社会实践四类选修课课程类型的不同评价需要,不同的课程影响着评价的理论框架与评价的功能和目标,决定了应该收集与分析哪些资料、有哪些人参与,以及做出什么样的决议、提供什么建议等。探索适合四类选修课程的评价方式与途径,在选修课程实施中突出评价的激励与调控功能,学校落实选修课程评价体系是开设选修课程的重要前提,是持续提高选修课程质量的重要保障。深化课改后,对学生综合素质评价再做修订,把选修课程的学习与评价记入学生的成长记录。[②]

同时,选修课程制度的深化和成效是一个需要各部门、学校、教师合力的系统工程,需要共同推动选修课程制度保障,促进改革机制发展。相关部门加强选课系统的研究与设计,方便各级学校管理者管理选修课程、上课地点、师生人员等工作。[③] 教育管理部门应加大实施选修课制度意义的宣传力度,排除外界功利性思想的干扰,不断提升管理服务水平,共同提高教育治理能力。[④] 此外,加强学校课程实施方案的督导和管理,帮助学校进一步完善选课制度,为高中选修课程的质量和效益提供必要的制度保障。学校要强化选修班的弹性管理,建立规范化的走班制度等,加强对选修课程教材的调控,真正为高中选修课程的质量和效益提供必要的制度保障和措施保障。只有在多方面形成教育合力,秉持“只有适合学生的教育才是最好的教育”的改革理念,才能从根本上落实促进学生个性化发展的选修课制度。

叶澜教授曾呼吁“重建学科教学价值观”,并指出要实现拓展现有学科的育人价值,首先要认真地分析学科对于学生而言所具有的独特的发展价值。总之,在新高考的机遇与挑战下,各高校可以从课程设置出发,以新时代的育人观为指导,加紧教育教

---

① 缪水娟,钱万军.寻找适合学生的教育——浙江省深化高中课改七大新举措[J].人民教育,2014(11):49—53.
② 缪水娟,钱万军.寻找适合学生的教育——浙江省深化高中课改七大新举措[J].人民教育,2014(11):49—53.
③ 王晓冬.深化课程改革背景下浙江省普通高中选课系统研究与设计[J].中国教育技术装备,2013(23):29—32.
④ 任学宝.新高考背景下浙江高中课改的经验与反思[J].基础教育课程,2017(16):7—18.

学资源的配置，从而抓住机遇，突破创新。当然，课程设置是一个动态的过程，不是一劳永逸的，应根据课程的改革和发展进行更新和变化，并根据改革所涌现的问题进行评价、修订与完善。另外，课程离不开教师的“教”与学生的“学”，离不开设备环境、校园文化等诸多因素的影响，如果在教学实践上没有相应的措施，课程设置就不会起到应有的作用，所以课程设置如何进一步保障，如何与教学实践相结合，是我们需要继续思考和研究的问题。

第五章　选课指导与支持系统

新高考制度实行选考选课选学，是致力于扩大学生的选择权，促进学生的个性化发展，是新时代人才选拔模式和育人制度的一次创新与突破。实践发现，学生自主选课存在种种困难，选课指导同样面临着各式挑战，要求我们在实践中不断去完善和改进。

第一节　选课指导的背景与概念

随着新高考选考选课选学制度的形成，“功利化”的选课现象异常突出，这在某种程度上偏离了新考高改革政策的价值导向，因此选课指导的重要性达到了前所未有的高度，加强对选课指导独特的时代背景、概念内涵和重要意义的认识至关重要。

一、选课指导的现实背景

选课指导伴随着新高考综合改革的深入推进而逐渐被重视和实施，是高考制度改革的重要方面。选课指导既是深化普通高中课程改革的深切呼唤，也是促进高中学生个性发展的重要举措，还是服务于新高考选课走班制的实践诉求。

（一）选课指导是深化普通高中课程改革的迫切需要

进入 21 世纪 20 多年来，普通高中课程改革不断深化推进，学生在高中阶段学习的自主性与选择性不断得到强化与重视，选课指导的地位也不断得到凸显。2004 年山东、广东、海南、宁夏四个省份率先开始普通高中新课程实验，后来全国其他省份分为六批也陆续启动改革，到 2012 年，全国所有普通高中都进入了课程改革的行列。为进一步适应以普通高中新课程逐步推广为标志的素质教育的深入开展，2008 年教育部对新课程实施省份下发了《教育部关于普通高中新课程省份深化高校招生考试改革的指导意见》，配合高中课程改革，促进高校招生考试改革与高中课程改革相结合。高考改革与课程改革联系密切，两者相互匹配且内在一致，具有交互促进的共生关系。[①] 为进一步深化普通高中课程改革与高考改革的紧密联系，形成课改、教改与考

---

① 张基惠.发挥高考改革对高中课程改革的促进作用[J].基础教育课程，2019(05)：59—64.

改的一致性，形成育人合力，2014 年浙江省和上海市进行新一轮高考综合改革试点，打破原来的“一考定终身”，增加学生选择权，并坚持立德树人、育人为本的改革理念。2020 年《普通高中课程方案(2017 年版 2020 年修订)》明确指出，为适应国家人才培养需要，在保证每个学生达到共同基本要求的前提下，充分考虑学生不同的发展需求，结合学科特点，遵循学习科学的基本原理，分类分层设计可选择的课程，满足学生不同学习需要，促进学生发展；明确提出学校应建立选课指导制度，提供课程说明和选课指南，安排班主任或导师与学生建立相对固定的联系，指导学生选课，帮助学生形成个性化的课程修习方案，引导家长正确对待和帮助学生选课。① 对传统课程的最大突破和超越就是大大增强了学生对课程的自主性和选择性，这也正是此次高中课程改革的主旨和核心价值，而要实现这一目标，学生能否科学、有效地选课就成为关键。因为新的高中课程方案在拓展选择和发展空间的同时，也带来了学生盲目选择的可能和风险。② 因此，积极寻找指导选课的方法，帮助学生顺利选好课，是深化普通高中课程改革的深切需求。

(二) 选课指导是促进高中学生个性发展的重要举措

传统的普通高中教育倾向于选拔功能，使高中生的学习目的偏离了“成为优秀的自己”的教育初衷，演变成了如何在选拔中取得比别人更优秀的成绩。同时，在传统高考体制下，学校和教师都会按照标准的考试内容塑造学生，甚至不惜在学习过程中“牺牲”学生的个性。高考新政将高中教育定位在人才培养上，这就要求学生首先认识并肯定自己，然后根据自己的学习需要选择教育机会，从而成为最优秀的自己。当然，只有先成为最优秀的自己，之后在选拔中就一定能够取得属于自己的最好成绩。于是，整个学习的过程并不是以牺牲学生个性换取成绩，而是通过富有选择性的教育，有针对性地促进学生个性成长。③ 高考对高中生来说固然重要，但是我们要认识到“一考定终身”的选拔方式具有一定的偶然性，我们要思考以牺牲学生的个性发展为代价来换取高考成绩是否值得。新高考改革的最大特点，就是为学生的选择性教育提供了更多的可能，为学生的个性发展铺就了道路。相较于原有的文理二分法，选科更加尊重学生的内驱力和优势专长，充分尊重了学生的选择权利和个性发展，然而并非所有学生都能够综合各种因素理性进行科目选择。因此，促进每个学生健康成长成才的前提是要给学生一定自主和自由，更要给学生一定的选择权利。选课指导是帮助学生做出选择，促进

① 中华人民共和国教育部. 普通高中课程方案(2017 年版 2020 年修订)[M]. 北京：人民教育出版社，2020.

② 石鸥. 高中学校如何指导和帮助学生选课[J]. 人民教育，2004(17)：33—35.

③ 周彬. 指向学生个性成长的高中教育转型——基于上海与浙江高考改革试点的实践研究[J]. 中国教育学刊，2017(04)：28—32.

学生个性发展关键的一环。只有指导学生学其所好，考其所长，实现有兴趣地学习，才能真正促进学生的个性发展，可以说，选课指导是促进高中生个性发展的重要举措。

(三) 选课指导服务于新高考选课走班的实践诉求

2014 年 9 月，国务院正式出台《关于深化考试招生制度改革的实施意见》，以高考综合改革为核心，全面推进教育考试招生制度改革，逐步形成分类考试、综合评价、多元录取的考试招生模式。新高考相较于传统高考具有以下新特点：一是新高考取消文理分科，学生可以在物理、化学、生物、历史、地理、政治等科目中自主选择 3 门计入高考成绩；二是新高考淡化录取批次，取而代之的是院校专业组合，这两点都需要指导学生做出选择和做好规划。为了应对新高考的变化，浙江、上海两地作为新高考改革试点随即出台高考综合改革方案，实行选课走班模式，后续省份大多也采取选课走班的办法。在改革初期，由于缺乏选课走班经验，改革并没有达到预期效果，而是不可避免地给学校管理、教师教学等方面带来了困难和挑战。走班教学建立在学生选课的基础上，选课选得好，走班学习才能顺利开展，具体的走班安排根据学生的选课情况而定，选课情况是一切工作开展的前提。若想选课走班能顺利进行，就要指导学生正确选课，选课指导为后续的选课走班服务。

可见，选课指导的出现是有其现实背景的，合适的选课指导必然能指导学生正确选课，从而推动选课走班的顺利进行，促进高中生的个性发展。

二、选课指导的概念内涵

若想选课指导工作开展得好，首先就要了解选课，明确选课指导工作由谁指导、指导什么，要做到心中有数，然后明确职责，分工协作，推进选课指导工作。

(一) 选课模式的呈现

新高考改革规定实行选考选课选学制度，除语文、数学、外语三个科目参加统一考试外，还要在其他六个或七个科目中选择三门科目一起计入高考总成绩，剩下的科目则作为学考科目。在不同批次的试点实践中，各省探索出了不同的选课模式。选课模式是新一轮高考改革的重要切入点。不同的选课模式尊重了学生的选择权，对促进学生的自由发展、个性培养有重要作用。从实施效果看，各地因地制宜积极采取行动，也取得了一定效果。

1. “3＋3”选考下的 20 或 35 种课程组合

新高考选考模式“3＋3”形成了“3＋3”课程组合模式。第一个“3”指的是统一高考科目语文、数学、外语 3 科；第二个“3”指的是从高中学业水平等级考试科目思想政治、历史、地理、物理、化学、生物科目中，自主选择 3 科计入高考总成绩，这种模式为学生提供了 20 种选考组合和选课组合。其中，浙江省除以上六门科目外，还多了一门技术科目供学生选择，即学生要进行 7 选 3，这意味着浙江省考生有 35 种选课组合。考试总成绩为 750 分，3 科高考科目原始分数满分均为 150 分；考生自主选择的 3 科等级考试科目原始分数满分均为 100 分，转换为等级分计入总成绩，各科等级分满分均为 100 分。

除浙江、上海外，北京、天津、山东、海南四省（市）在第二批进行改革时也采取了“3＋3”选考模式。“3＋3”选考模式在保留了传统三大主科的前提下，让学生自主决定选考科目，充分尊重了学生的个性发展需要和选择权利。“3＋3”选考模式在课程教学中转为“3＋3”课程组合模式和选课模式。

2. “3＋1＋2”选考下的 12 种课程组合

“3＋3”选考模式虽然给了学生充分的自主权和选择权，但在实践中也存在着问题，最严重的就是选择物理方向的学生严重偏少。为了解决这一问题，相关部门改革选考模式，在“3＋3”选考模式的基础上提出了“3＋1＋2”模式。“3＋1＋2”模式即 3 门必考＋1 门首选＋2 门再选。“3”为统一的高考科目语文、数学、外语 3 科；“1”为从物理、历史 2 门首选科目中选择 1 门科目，物理、历史单独划线；“2”为从思想政治、地理、化学、生物 4 门中选择 2 门科目。“3＋1＋2”模式下有 12 种选课组合，3 门必选科目总分 450 分，一门为 150 分满分，以原始分计入总成绩；1 门首选科目满分 100 分，以原始分计入总成绩；2 门再选科目每科满分 100 分，以等级赋分成绩计入考生总成绩。① 2019 年 4 月，河北、辽宁、江苏、福建、湖北、湖南、广东、重庆八省（市）同期发布高考综合改革方案，成为第三批正式开启新高考改革的省份，采取的就是“3＋1＋2”选考模式。

从总体上看，“3＋1＋2”模式与先行试点省份的“3＋3”方案，其理念和方向基本一致，但也有所创新。首选的“1”突出了物理、历史两个科目分别在高校自然科学与人文社会科学大类人才选拔和培养中的基础作用，可以保证学生具备进一步学习大学相关专业时必不可少的知识基础，不至于出现所选科目与大学专业学习脱节，同时还可以使选考科目的改革更好地对接高中，有利于引导学生更加理性地选择选考科目，满足学生成长和人才培养的需求；同时，再选的“2”仍然保障了学生在选考科目上的自主性，也能够尊重高校在招生时的选择权与自主权。②

3. “3＋2＋1”选考下的 8 或 10 种课程组合

有研究发现，新高考改革后从三科组合选择人数的分布来看，选科组合基本表现

---

① 王国强. 全国新高考方案的比较及对陕西的启示[J]. 陕西教育（综合版），2021(11)：19—21.
② 林德全. 新高考选考科目嬗变的多维审视[J]. 湖南师范大学教育科学学报，2019，18(06)：40—46.

为物理与化学、政治与历史作为基础配置,第三科从其他学科中择优选择。这说明首批选考学生在选科过程中,基本做法是先定下偏文科或偏理科的大方向,然后再做出更明确的选择,这表明传统文理分科思想对首批选考学生的影响仍然较大。① 于是,衍生出一种“3+2+1”的选考模式。

“3+2+1”模式即3门必考+2门首选+1门再选。“3门必考”是指以语数外为必考科目,每科150分不变;“2门首选”是以“物理+化学”或“历史+政治”来区分偏文偏理倾向,考生选择其中一个小组合,每科目100分;“1门再选”是在首选的基础上,偏理考生从生物、地理、历史、政治中任意选择一门,偏文考生则从地理、生物、物理、化学中任意选择一门,计100分。这种选课模式下总分仍为750分,首选科目采用卷面原始分,根据首选科目制定招生计划,等级性考试再选科目采用赋分制。② 需要注意的是,为了避免再次出现文理分科的局面,需对学生加以指导,综合权衡之后做出选择。虽然这种模式还没有得到大面积推广,但是也是对选考模式的一种有益探索和尝试,各省市可以针对本省市具体学情选择选考模式。

可见,新高考选课组合模式不是一成不变的,在实施的过程中会不断针对我国具体情况进行调整和完善,创造性地改革选课模式,保证学生选考权利的最优化,力求取得最好的教育效果。

(二)选课指导的影响主体

新高考选考选课制度充分赋予了学生自主选择的权利,张扬学生自我发展的个性,促进学生健康地成长成才。然而,选课具有重要性及艰难性,从选考的多样化博弈和选课实施的多重因素考量,我们来认识一下影响选课的博弈主体以及他们扮演的角色。

1. 教师是学生选课的引导主体

教师作为与学生朝夕相处的主体,指导学生选课有着优势。教师更为了解学生的学科能力以及日常学习习惯和表现,可以从学科角度给出相对专业的建议。而且,在实际的选课过程中,我们也不难发现教师的建议确实对学生的选择具有较大的指导意义。教师是学生在进行选课时除父母外的主要建议人,对高中生选考科目选择的影响较大,教师提出的想法或者建议,学生往往更容易接受和信服。教师不仅在学生选课时发挥着建议咨询的作用,而且选考科目的任教老师,其教学风格、教学水平、个人魅

---

① 张雨强,顾慧,张中宁.普通高中生高考选考科目现状及影响因素研究——以浙江省5所高中首批选考学生为例[J].教育学报,2018,14(04):29—38.

② 杨旭,孙学军.透析新课改“3+1+2”选科模式缺陷,再谈新高考“3+2+1”模式应对方案[J].高考,2021(17):9—10.

力、教学负责程度都对学生的选课意向产生影响。总而言之，教师对学生的选课意向影响是多角度的，教师在学生选课的过程中扮演的是引导建议的角色。因此教师需要通过对高考政策的系统解读，掌握职业生涯规划课程，并且具有更加全面的高考选课指导意识，来为学生提供更加专业的指导。

2. 亲密同伴是相互影响的决策主体

对高中生来说，同学之间的交流和交往是一个完全不能忽视的影响因素。就学生选课这一问题来说，学生可能会出于想和同班同学或好朋友一起学习的目的而和同学选择同样的走班科目，同学之间会互相影响选择。除此之外，高年级学生的一些选课经验和体会对低年级学生的影响是十分大的。因为同龄人之间会找到更多共性，会更了解内心的真实想法，高年级学生的影响力有时甚至会超过指导教师和家长。因此，学校要充分重视和利用高年级学生在选课指导方面的价值和意义，发挥带动低年级学生的作用，并鼓励高低年级之间学生进行交流，为他们的交流提供条件和机会。不过，值得注意的是，高低年级学生之间的交往和影响更多地应属于日常生活范畴，他们之间的关系具有弥散性和隐蔽性的特点，高年级学生即使有再多自身的选课经验，也还是有很大的主观性，这决定了学校不宜试图将其过分地制度化，比如要求每个高年级学生必须指导多少低年级学生，或者必须开展什么形式的交流等，否则就是南辕北辙。[①] 可以采取经验分享的方式，邀请一些来自不同高校不同专业的校友为学生们做报告、做咨询，分享选课学习的经验，这样可以让高一学生近距离了解大学的不同专业、大学专业与高中选课学习的关系等他们感兴趣的话题。

4. 父母是选课影响的重要他人

父母是学生在进行选课时的主要建议人之一，其发挥的功能主要是为学生提供选课建议。大多数学生在选课时会主动与父母进行沟通交流，并且能够结合父母的意见对选考科目进行选择。父母大多能通过分析学生自身的特点，结合学生未来职业规划进行意见指导，因此父母的意见态度对学生选科意向具有重要的影响作用。学生的家庭条件也会从客观现实的角度制约着考生的科目选择。第一，父母的职业影响学生的学科情况，一些父母希望孩子能够继承自己的衣钵，因而会建议孩子选择能够就读相关专业的选考科目；第二，家庭的经济状况影响学生的学科选择，这也是基于对现实情况的考量，一些家庭将高考作为实现阶级跃迁的途径，因此父母可能会建议孩子选择对自己高考成绩有帮助的优势学科或者选择对就业有优势专业的相关学科，还有一些

---

① 柯政. 校内选课指导制度的建立[J]. 当代教育科学，2003(20)：17—21.

专业的就读经济压力过重，经济状况稍差的家庭的家长则会建议孩子改选其他学科。

除了父母之外，还有一些在学生成长过程中产生过影响的重要他人，他们可能与学生有着更亲密的关系，也更了解学生，学生也更信任他们，愿意听取他们的建议，重要他人往往也可以在指导学生选课方面上发挥作用。

可见，新高考选考选课选学看似是学生自己的选择，但是由于高中生心智还不够成熟，而选课要考虑的因素又较多，在学生选课的过程中常常需要多方参与。教师和学校往往承担了大部分选课指导工作。必须明确的是，我们要在充分尊重学生选择权利的前提下，再对学生的选课进行指导。

4. 学校是实现选课的重要场域

学校是高中生学习备考的主要场所，是考生接触高考政策、了解高考信息最直接的窗口，因此一个高中学校的环境设施条件、相关科目的师资水平、选考科目组合的开班情况、学校对高考生进行的管理措施、所在高中的优势学科等无不影响着考生的选课意向。学校的场地资源短缺与师资力量失衡会影响学生的选课决策；同时，普通高中的学校管理制度以及走班制的优化合理程度对高中生选课意向都会产生影响。学校对高考政策的宣传导向以及对优势学科和师资的强调对学生的选择具有明显的影响作用。学生了解高考信息的渠道单一，学校对高考政策进行积极宣传，则有利于学生了解选课政策，更科学全面地做出选课决策；一些高中学校有自己学校的优势高考科目，校方往往会宣传引导学生选择这些学校优势科目，这也对学生选课造成了一定影响。

（三）选课指导的内容

随着新高考选考选课选学的开展，我们逐渐认识到选课指导在其中的关键作用，因此建立有效的选课指导制度十分必要。选课指导制度可以从建立选课咨询制度、编制选课指导手册、探索学生选课指导的导师制来做起，具体包含指向学业规划指导的课程选择、指向生涯规划指导的课程选择和指向心理健康发展的心理调适课程选择等。

1. 指向学业规划指导的课程选择

学业规划是选课指导最主要的内容。学业规划，是指通过对自身个性特点和未来需求进行深入分析，确立和认识自己的职业目标，在此基础上对学业所进行的一系列统筹和安排。[①] 科学有效的学业规划，不仅有利于眼前的高考，也有利于学生的长远

① 张恒亮.学业规划：筹划未来[M].西安：电子科技大学出版社，2003.

发展。新高考改革前,学生几乎不需要也不可能在考试前对未来的专业选择和个人发展提前进行规划,一切都要在高考结束后根据高考成绩来决定,这往往就会出现因时间紧张、对自身特长和兴趣认识不清、对专业不了解而盲目选择的情况,因此新高考改革在为学生提供更多选择的同时,也要求学生必须提前进行学业发展规划。[①]

新高考改革取消文理分科后,学生选课走班实现了"一人一表",这种学习和考试形式的新变化要求学生进行学业规划。然而我们发现高中生的学业规划意识淡薄,对学业规划了解不足,同时在学业规划方面缺乏主动性,很少能制定详细的学业规划。学生不知道应该规划什么以及如何规划,有的学生甚至采取较消极的应对方式,或是产生焦虑等负面情绪。面对这种情况,学校和教师要立即采取行动,积极指导学生进行学业规划。学业规划指导不是代为制定学习计划那么简单,而是培养学生独立进行规划的能力,引导帮助学生做好学业规划。学业规划一般包括升学路径选择、特殊招生、备考策略、志愿填报等。[②] 要根据对学生的观察和学习情况的分析,帮助学生正确认识自我,指导学生结合自身兴趣和学习能力等多方面考虑,理性选择学习课程,并有针对性地做好高中三年学习规划。

2. 指向生涯规划指导的课程选择

完善的生涯规划也是选课指导的重要内容之一。受传统教育思想和分数导向的影响,学生的生涯规划教育被弱化,新高考改革引起了我们对高中生生涯规划教育的重视,让我们引导学生去思考自己将来想要学习的专业方向以及从事的职业,做好生涯规划。

教育部办公厅发布的《普通高校本科招生专业选考科目要求指引(通用版)》,对高校个别专业的选考科目进行了限制,不符合科目要求就不能报考相关专业。比如,针对理学、工学、农学、医学这四大类本科专业,选科要求基本上都是必选物理和化学,而法学类目下的公安学类、政治学类、马克思主义理论三个专业均要求必选政治。这足以可见高考科目选择的关键。一旦确认科目,就意味着将来可以选择的专业是有限的,这个选择关乎着一个人的一生,因此不能单纯地从分数角度去思考这个问题。选考选课选学倒逼学生要及早进行生涯规划,但是对于十五六岁正处在青春期的青少年来说,对自己还没有清晰的认知,更何况是未来生涯规划这种需要从长计议的事情。让学生独立进行生涯规划,做出关乎未来的选择着实有些困难,学校和教师有责任指导学生进行未来的职业生涯规划,帮助学生在综合权衡下做出最适合自己的选择。

---

① 崔伟,孙晓园.新高考选科要求的变与不变[J].中国考试,2020(05):8—15.
② 李之军,申静伟.浅谈高中生涯规划与科学选科[J].高考,2021(29):5—6.

3. 指向健康发展的心理调适课程选择

适度的心理调适是选课指导的重要内容之一。选课对多数十五六岁的中学生来讲，是其生命历程中第一次会对未来产生重要影响的方向性抉择，选择结果会影响到他们的高中学习、高考成绩、专业方向，甚至对其职业生涯初期的发展道路也会产生影响。因此，学生选课时的思路和心理同样需要研究与关注。[①] 尤其是近些年来，无论是国内还是国外，在青少年出现心理问题越来越普遍的情况下，更要引起我们的重视。

十五六岁的中学生正值青春期，从初中的学习过渡到高中的学习，无论是学科的数量还是学习难度都发生了较大的变化，学生本就可能会面对各种心理压力和学业压力。再加上新高考实行选考选学，学生在了解这个选择的重要性的同时，一时难以适应这种变化，往往会感到很茫然和压力加大。这时就需要学生的父母、老师或者其他亲密的朋友对其进行指导，帮助学生与自己对话，在了解自己的前提下做出理性的选择，并且要全程密切关注学生的心理状态，及时地帮助学生排解不良情绪，避免学生产生严重的心理问题，造成无法挽回的后果。

学业规划、生涯规划与心理调适这三者是“三位一体”的关系，互相交织、互相渗透，共同构成了选课指导的重要内容。学业规划指导是引导和帮助学生学会学习与生活，更好地塑造自我、完善自我，在学生发展指导体系中居于核心地位，对学生发展起着“助力”作用，是学生发展的“驱动器”；生涯规划指导是指导学生对整个生命活动的审视与规划，在学生发展指导体系中居于基础性地位，是学生实现自我的起点，是学生发展的“奠基石”；心理调适指导是引导学生在认知、情绪、自制力、人际关系等方面保持良好的心理状态，以更好地适应社会，在学生发展中起着疏通和纠正作用，是学生发展的“调节器”。[②] 例如美国某中学的《选课指导手册》[③]内容主要包括以下几个方面。

- 给学生、家长/监护人的信
- 指导与咨询
- 考试
- 四年的学程安排
- 毕业要求
- 职业计划
- 教育发展计划

---

① 竺丽英，王祖浩，全微雷. 中学生高考科目选择能力调查：基于NVivo的分析[J]. 化学教学，2018(02)：7—13.
② 董新良，陈汉明. 学生指导：“新高考时代”学校教育变革的新趋向[J]. 教育理论与实践，2018，38(01)：29—32.
③ 石欧. 高中学校如何指导和帮助学生选课[J]. 人民教育，2004(17)：33—35.

- 职业路径
- 课程描述
- 综合信息

三、选课指导的重要意义

选课指导是新高考制度下的新要求与新体现，对高中育人新方式的变革起着至关重要的作用，对人才培养、高中教育、新高考改革政策的落实都具有重要意义。

（一）利于人才培养

选课指导促进学生个性发展。同学们可以按照个人人生规划确定选修课程，从而引导和培养同学们的人生规划意识与能力，满足同学们发展的多样化需求，为同学们具备进入学习型社会所必需的各种能力打下基础，为同学们进一步接受高等教育的相关专业打下基础，为同学们具备面对社会就业所需要的生存能力、实践能力和创造能力打下基础，为同学们发展个性、走向自立提供一个良好的平台。① 在不久的将来，当我们课程的选择性与多样性变成现实时，我们每个人的个性都将得到充分的发展，每个人都将发挥出自己最大的潜能，我们的工作将不再是谋生的手段，而是生活的一部分，因为每个人都做着自己喜爱的工作。②

选课指导促进学生全面发展。与传统的文理分科不同，新高考改革打破了文理科学生的隔离界限，但是家长和学生仍受固化思想的影响，选课难以挣脱文理科的束缚，囿于文理科的思维选课，不利于学生的全面发展。选课指导首先就是指导学生突破传统思维，从自身出发，关注自身，选择自己想选的、适合自己的科目，选择的科目有偏向文科一点的，也有偏向理科一点的，这样既有利于学生理性思维逻辑的培养，也有利于学生人文素养的提升，从而促进学生的全面发展。

可见，新高考改革的初衷就是还给学生自主选择权，鼓励学生个性自由发展。选课指导的实施不仅真正意义上促进了学生的个性发展，也促进了学生的全面发展，有利于我国年轻一代的终身发展和新生代人才的培养。

（二）助力高中教育

高考综合改革是高中学校发展的强有力的指挥棒，每一次变化都会引起高中教育的改革。自 1977 年恢复高考以来，高考的每一次变化都给高中学校带来新的思考，比如考试时间、考生报考条件、命题组织、高考科目、考试题型、录取方式等的变化，高中

---

① 计敏．烟台开发区高级中学思想政治课学生选课指导的行动研究[D]．上海：华东师范大学，2010.

② 李云淑．课程选择与选课指导[J]．中国教师，2003(03)：20.

学校都要立即采取应对之策。这一次高考综合改革，是一次更加深刻、更加系统的改革，致力于解决一系列困扰高中发展的问题，力求通过从考试到录取的全面改革，引导学生全面而有个性地发展，实现立德树人根本目标，实现科学选拔人才，促进教育公平，促进高中教育与高等教育有机衔接，实现高校和考生之间的双向选择。要实现这些美好目标势必会对学校提出新的任务。高中学校要想不落伍，要想能在改革中获取“红利”，就要加快开展相关的工作。为此，各校纷纷采取了选课指导的办法。

新高考实行选课走班，是对传统班级授课制的突破，也是对高中教育育人方式的一次重大变革。实行选课指导，可以让学校重新思考自身定位，整合学校资源，开设一些特色课程、校本课程等，结合自身优势去指导学生，或者结合学生的选课意愿进行改革。就现实情况来讲，多数高中学校的教学资源都是有限的，学校一定会倾向于对本校优势学科及多数学生的选择方向进行资源配置，从而促进高中教育特色化、多样化发展。

新高考综合改革旨在引导高中教育坚持立德树人，回归育人为本的初心。在教育内容上，实现从专注“层次选拔”向优化“个性选择”转型；在教育方式上，实现从过度关注“育分”向全面关心“育人”转变；在教育目的上，实现从注重“学科成绩”向促进“学生成长”转型。① 高校录取学生不只是完全看高考一次考试的分数，还要看学生高中三年学业水平及思想品德、身心健康、艺术素养、社会实践各方面的表现情况，拓宽对学生的评价内涵，将外延延伸至高中全过程，这样有利于促进高中学校在教育过程中培养学生的社会责任感、创新意识和实践能力，有利于促进学生的全面发展，发现和培养优秀人才。录取的时候分数是“依据”，综合素质评价是“参考”。② 选课指导作为新高考选考选课选学的应对之策，起到加速高中教育回归素质教育进程的作用，助力高中教育发展。

总之，无论是从哪一个角度看，在新高考改革大背景下，选课指导都起到了促进高中教育发展的重要作用。

（三）促进政策落实

本轮高考改革的主要目的是全面贯彻党的教育方针，坚持育人为本、立德树人的正确导向，遵循教育规律，深入推进素质教育，促进学生全面而有个性地健康成长，扭转片面的应试教育倾向，逐步建立起一个更加有利于促进学生健康发展、有利于科学选拔各类人才和维护社会公平的，具有中国特色的高考招生制度。为了应对新高考实

---

① 周彬．“新高考”引领下的高中教育“新常态”[J]．人民教育，2015(01)：34—35．
② 赵雄辉．新高考促进高中学校新发展[J]．湖南教育(C版)，2019(04)：36—37．

行选考选课选学的这一变化，相应地采取了选课走班的教学模式。选课走班是一项旨在尊重学生个体差异、扩大学生学习自主选择权和满足不同潜质学生学习需要、增加学生学习获得感和成就感的重要举措，而选课是走班的前提，只有学生选课选得好，走班才能顺利，才会更有利于相关政策的落实，这是环环相扣的关系。

学生如何才能更好地选课是各所学校一直在思考的问题，有学校在前期摸底调查中发现，在不对学生进行任何指导的前提下，学生选课会出现盲目选择或者跟风选择的现象。对学生进行选课指导，有助于避免学生选课的盲目性，能够帮助学生少走弯路，在选考博弈中胜出，也不违背新高考改革的初衷，能够切实促进新高考政策的落实。

可见，选课指导在新高考改革的大背景下有着重要的存在价值和意义，为了推进新高考改革，我们更要做好选课指导工作。

第二节 选课指导及支持系统的困难与挑战

选课指导的重要性在新高考的背景下显得异常突出，但在具体的执行过程中，往往会因为各种原因，选课指导的力量、资源、能力差异巨大，因此也面临更多的现实挑战。

一、选课指导的现状调查

在新高考改革强调“增加学生选择权、促进科学选才”的背景下，提高学生的选择能力和规划能力成为学生发展和高中教育的重要内容。加强选课指导和学业规划指导成为高中学校的重要内容。

（一）选课指导内容

调研发现，目前高中选课指导的内容主要包括专业取向、赋分介绍、本高中发展特征、师资配备情况、往届选课情况等内容（表 5－1）。其中，选课指导内容中占比最高的是专业取向介绍，77.34％的学生反映学校选课指导内容是专业取向介绍；其后选课指导内容占比较高的依次为赋分介绍（64.97％）、往届选课情况（52.80％）、本高中发展特征（51.01％），此外，还有 38.77％的学生反映学校选课指导会介绍师资配备情况。

表5-1 不同学校的选课指导内容

		专业取向	赋分介绍	本高中发展特征	师资配备情况	往届选课情况	其他
地区	浙江	74.31%	72.75%	56.33%	39.63%	61.47%	15.50%
	山东	84.96%	70.43%	60.41%	43.48%	63.10%	15.48%
	河北	69.04%	54.70%	36.85%	32.47%	36.06%	20.52%
学校类型	省重点高中	86.18%	75.78%	65.16%	44.28%	67.98%	16.05%
	市重点高中	85.94%	65.34%	59.27%	45.69%	54.47%	13.58%
	县重点高中	74.86%	60.70%	43.89%	36.21%	44.44%	17.16%
	普通高中	72.92%	62.73%	47.45%	36.41%	51.11%	18.97%
合计		77.34%	64.97%	51.01%	38.77%	52.80%	17.35%

不同学校在选课指导内容的侧重上存在一定的差异。从地区来看，浙江与山东的高中选课指导内容更加全面和均衡，专业取向、赋分介绍、往届选课情况以及本高中发展特征等在选课指导中所占比重均比较高，特别是山东高中，对专业取向、往届选课情况、高中发展特征以及师资配备情况等内容涵盖率均高于浙江和河北。相比之下，河北高中选课指导各项内容涵盖率均明显低于其他两省份，例如，有 84.96%的山东学生反映学校在选课指导中进行专业取向的介绍，而河北学生中这一比例仅为 69.04%，其他几项内容均呈现同样的趋势，河北高中的选课指导工作有待进一步强化。

从学校类型看，从省重点高中，到市重点高中，再到县重点高中和普通高中，学校层次越低，学校选课指导内容涵盖率越低。例如，分别有 86.18%的省重点高中学生、85.94%的市重点高中学生反映学校选课指导会进行专业取向介绍，而在县重点高中和普通高中，这一比例分别为 74.86%、72.92%。赋分介绍、高中发展特征、往届选课情况以及师资配备情况等均呈现相似的趋势，特别是县重点高中，其在选课指导中进行赋分介绍、高中发展特征、往届选课情况以及师资配备情况介绍的比例均低于其他学校。可见，低层次学校，特别是县重点高中，应进一步加强和丰富选课指导内容。

（二）选课指导频率

从选课指导频率看，目前学校选课指导频率处于中等水平，如表 5-2 所示。有 19.51%的学生反映学校总是进行选课指导，45.11%的学生反映学校常常进行选课指导，而有 33.05%的学生反映学校只是偶尔进行选课指导，甚至有 2.32%的学生反映学校从未进行过选课指导。不同学校在选课指导频率上存在差异。从地区来看，不同地区学校在选课指导频率上存在显著差异（$F=141.541$，$p<0.001$），山东学校的选课

指导频率显著高于浙江学校，浙江学校显著高于河北学校。具体而言，25.18%的山东学生反映学校总是进行选课指导，而浙江和河北这一比例分别为 16.97%和 13.47%，学校常常进行选课指导的频率也呈现相似的趋势。值得注意的是，有 4.06%的河北学生反映学校从未进行过选课指导，这需要引起各学校的高度重视。从学校类型看，不同类型学校在选课指导频率上存在显著差异($F=21.151$，$p<0.001$)，省重点高中和市重点高中的选课指导频率显著高于县重点高中和普通高中，分别有 22.51%的省重点高中学生和 23.80%的市重点高中学生反映学校总是进行选课指导，而县重点高中和普通高中这一比例分别为 18.50%和 17.83%；同时，学校层次越低，反映学校从未进行选课指导的学生比例越高，仅有 0.97%的省重点高中学生反映学校从未进行选课指导，而普通高中这一比例达到 2.98%。

表 5-2　不同学校的选课指导频率

		M±SD	总是	常常	偶尔	从未	差异检验
地区	浙江(a)	2.22±0.73	16.97%	44.95%	37.16%	0.92%	141.541*** c>a>b
	山东(b)	2.03±0.75	25.18%	48.44%	24.96%	1.42%	
	河北(c)	2.36±0.76	13.47%	41.00%	41.47%	4.06%	
学校类型	省重点高中(d)	2.09±0.74	22.51%	46.81%	29.72%	0.97%	21.151*** d,e<f,g
	市重点高中(e)	2.03±0.73	23.80%	50.96%	23.64%	1.60%	
	县重点高中(f)	2.20±0.76	18.50%	45.04%	33.92%	2.54%	
	普通高中(g)	2.24±0.77	17.83%	43.04%	36.15%	2.98%	
合计		2.18±0.77	19.51%	45.11%	33.05%	2.32%	

注：*** $p<0.001$。

(三) 选课指导方式

调研发现，目前高中选课指导主要包括选课规划课程、讲座或班会、导师制、选课指导手册、选课意愿调查、班主任或任课教师有关选课的谈话等多种形式(表 5-3)。其中，在选课指导方式中占比最高的是选课规划课程、讲座或班会，73.82%的学生反映学校通过选课规划课程、讲座或班会进行选课指导；其后选课指导方式中占比较高的依次为班主任或任课教师有关选课的谈话(55.92%)、选课意愿调查(38.83%)、选课指导手册(34.96%)和导师制(31.81%)。

表 5-3　不同学校的选课指导方式

		选课规划课程、讲座或班会	导师制	选课指导手册	选课意愿调查	班主任或任课教师有关选课的谈话	其他
地区	浙江	70.28%	55.96%	32.29%	43.94%	60.18%	9.27%
	山东	80.35%	36.65%	46.73%	43.54%	61.61%	12.92%
	河北	67.13%	15.22%	21.27%	30.68%	46.89%	20.40%
学校类型	省重点高中	80.76%	49.93%	51.71%	50.00%	65.23%	12.93%
	市重点高中	82.11%	32.75%	45.05%	39.14%	60.86%	9.90%
	县重点高中	72.37%	21.95%	29.08%	35.56%	52.42%	16.21%
	普通高中	69.66%	29.95%	28.84%	35.72%	52.83%	16.54%
合计		73.82%	31.81%	34.96%	38.83%	55.92%	15.11%

不同学校在选课指导方式上存在一定的差异。从地区来看，浙江、山东和河北三省的选课指导方式及所占比重基本一致，但山东采用选课规划课程、讲座或班会以及选课指导手册形式进行选课指导的比例要高于浙江和河北，有 80.35%的山东学生反映学校采用选课规划课程、讲座或班会形式进行选课指导，而浙江和河北这一比例分别为 70.28%和 67.13%。46.73%的山东学生反映学校采用选课指导手册进行选课指导，而浙江和河北这一比例分别为 32.29%和 21.27%。在浙江，采用导师制进行选课指导的比例明显高于山东和河北，有 55.96%的浙江学生反映学校采用导师制进行选课指导，而山东和河北这一比例分别为 36.65%和 15.22%。除此之外，河北其他选课指导方式占比也低于浙江和山东，选课指导形式有待进一步丰富和完善。

从学校类型看，从省重点高中，到市重点高中，再到县重点高中和普通高中，学校层次越低，学校选课指导形式涵盖率越低。例如，分别有 80.76%的省重点高中学生、82.11%的市重点高中学生反映学校通过选课规划课程、讲座或班会进行选课指导，而在县重点高中和普通高中，这一比例分别为 72.37%、69.66%。导师制、选课指导手册、选课意愿调查等其他选课指导方式均呈现相似的趋势。可见，不同类型学校，特别是普通高中、县重点高中等均应进一步加强和丰富选课指导方式。

二、选课指导及支持系统的困难与挑战

选课指导想做好并不是一件易事，选课指导本身就给我们带来了困难与挑战，下面将从指导对象、指导方法、指导经验、指导适切性、指导程序这四个方面进行分析。

(一) 指导对象特殊复杂

选课指导的对象是正处在青春期的十五六岁的高中生，在成人眼里他们还是孩

子，指导对象的特殊性，给选课指导工作带来了难题。

第一，学生身心尚未成熟，自主选择能力薄弱，缺乏选择意识。随着新高考制度的实行，学生获得了高考自主选择权，但是也让学生面临着一些选课困难：选哪些学科最有优势、选哪些学科较为轻松、选哪些学科有利于长远发展、选哪些学科可以报考好专业、选哪些学科组合最合理等。根据美国精神分析理论家埃里克森提出的人格发展理论，12—18 岁的青少年正处于自我同一性对角色混乱的时期，他们对自我概念会感到困扰，从而开始思考“我是谁”的问题。当选择权完全交到正处于青春期的学生手中时，他们是否真的能够使用好这一权利？面对新的高考模式，学生选择不当极有可能从以前的“一考定终身”演变为“一选定终身”。一方面，新高考虽然增加了学生独立选择学科的范围，可是不少学生对高考政策缺乏了解，未意识到选考的重要性，选择学科时有一定的盲目性和从众性，随着心智的逐渐成熟，可能就会发现所选学科自己并不喜欢或者学起来吃力等，影响这门学科的后续学习，甚至影响高考志愿的选择。另一方面，由于高中生的身心尚未成熟，自主选择能力薄弱，往往依赖于家长、教师或者其他人，这与新高考给予学生自主选择权的初衷相悖。

第二，高中生缺少对未来的生涯规划，面对选择茫然无助。新高考选课不仅关乎到几年后的高考，同时对未来的职业和生活也会有较大影响。因此，如何最大限度地利用好高中三年，做好生涯规划便显得比以往更重要。在学生的成长过程中，生涯规划教育必不可少。生涯规划教育既应着眼于学生在高中阶段所面临的成长与升学的特殊需求，培养学生以选择能力为核心的初步的人生规划能力，帮助他们顺利完成人生的初步选择，同时又要面向未来，在把握知识经济时代职业变化规律的基础上，培养学生能够适应职业变化所需要的核心能力与重要品格。① 确定选考科目需要结合高校专业招生要求，这就要求学生应初步明晰个人的生涯发展方向，清楚弃选科目意味着失去了选择此专业和职业的哪些可能。高中生的人生阅历尚浅，对职业、专业的认识尚在完善过程中。长期以来，由于选择性教育缺失，学生个人生涯规划指导工作缺位，学生缺少未来生涯规划。面对新高考的多种选课组合，学生可能会感到茫然，无从下手，甚至产生抵触情绪，选课指导工作的开展也随之受阻。

（二）指导方法不全面

通过调查研究发现，指导选课的方法不够全面，最常见的方法有以下几种。第一，成绩导向的方法。一方面是受传统的“应试教育”观念影响，家长和教师仍认为高考考

---

① 刘静.高考改革背景下高中生涯规划教育的重新审视[J].教育发展研究，2015，35(10)：32—38.

出高分才是王道；另一方面是新高考改革取消之前区分一批二批的录取办法，而采取平行志愿投档的方式，在同样的情况下，依然是分数优先，分数高就会有投档优势，因此在指导学生选课时，成绩依然是考虑的首要因素。第二，专业导向的方法。新高考改革与以往相比最大的变化就是学生大学所学专业受到高考选考科目的限制，在这种形势下就需要考虑选考哪科能够在将来报考时面对的招生计划最多、招生专业类别最全。因此，指导学生选课就会从专业出发，本着学生可选择的机会最大化的原则来选课。第三，兴趣特长优先的方法。指导学生选课也不乏有鼓励学生考虑自己的兴趣特长来进行选课的情况，认为学生有兴趣就具备学习的潜力。

综合以上三种方法，我们发现，指导学生选课的方法各有优劣。成绩导向的方法从志愿录取的角度去思考并无不妥，但过分注重成绩，势必会抹杀学生的学习积极性，不利于学生的个性化发展；专业导向的方法从学生的长远发展考虑，但是可能会导致功利化选课现象的出现，同时也可能忽视学生的真正志向，往往学生选择的都是父母所希望的；兴趣导向的方法充分尊重了学生的主体性，给予学生自由选择权，但是我们也要意识到高中生的身心还未完全成熟，他们的兴趣爱好会随着发展而变化，不能让学生为兴趣买单。因此，在指导学生选课时，我们应该灵活应对，结合多种方法，力求全面地指导学生。

（三）指导经验不充足

新高考改革实行选考制度，这不仅对学生来说很迷茫，对高中教师来说同样很陌生。自我国恢复高考以来，国家规定考什么，教师就教什么，学生就学什么。延续了多年的高考制度发生了翻天覆地的变化，选考选课选学对教师来说也是第一次，教师的选课指导经验几乎为零。即使以前开展过选修课，学生可以进行选择学习，但由于不影响高考成绩，教师便没有投入过多精力指导学生，学生也就是选着学学，甚至有的家长和教师也会告诉学生不必花费太多的时间学习选修课，要用更多时间和精力学习高考考试科目，所以教师并没有太多指导学生选课的经验。

由于教师缺乏选课指导的经验，所以选课指导水平也有限。指导教师往往缺乏相关背景知识，教师自身对新高考改革、选课走班等也不是很清楚，教师对指导什么、如何指导充满了困惑。除此之外，指导教师对学生的选课心理、态度、需要等要素了解得不够深入和全面，前期的指导方案不够完善，指导的针对性也不强，教师指导选课所发挥的作用有限。我国选考制度目前还处在探索阶段，学校也没有形成系统的指导体系，并且由于每一届学生的学习情况和选考情况不同，也没有可以复制的选考经验。除此之外，我们也不能排除个别教师由于缺乏经验而出现指导错误的现象，而教师的错误指导往往会干扰学生对高考选考科目的选择以及学生今后的发展，并加大学校排课难度。

我们必须认识到，缺少选课指导经验，在初次开展指导工作时，可能会走一些弯路，只能摸着石头过河，这对学校和教师来说都是一个挑战。但是经验也是通过实践不断累积得到的，学校和教师可以借鉴国内外成熟的选课经验，创造性地应用到本校选课指导工作中。

（四）指导适切性难把握

指导学生选课是一个长期性的工作，万事开头难，本部分主要从指导时机和指导程度两个方面来进行分析。

首先，就选课指导时机来说，学生从初中的学习过渡到高中的学习，无论是思维上、学习方法上还是学习习惯上都需要有一定时间的调整。而且刚进入高中的学生对自己的人生还未进行深入思考，也没有切实可行的人生规划，若是开始过早，学生还未完全适应高中学习生活，对学习节奏的不适应难免会产生消极的心理；若是开始过晚，又难免会造成高中阶段前后学习任务的失衡。学生在前期没有选课时所有科目都要学习，没有明确的学习计划和学习目标，选课后又要忙于备考，这使得学习生活拥挤不堪，学习压力加大，严重背离学习活动规律和学生健康成长的需要。

其次，就选课指导程度而言，无论是教师还是家长，抑或是其他人，指导学生选课的程度应该如何把握是我们需要考虑的很重要的问题，因为在指导过程中一不小心就会越位，从而侵犯学生的选择权利，不利于学生的发展。我们要对选课指导有清晰的认识，时刻提醒选课指导的合适程度。第一，指导选课不是代替选课，其他人不能越俎代庖代替学生选课，最常见的就是家长包办，以他们自认为对孩子好、最适合孩子的角度直接代替孩子做出选择。这种做法严重背离新高考选考选课选学的初衷，学生的学习选择权没有得到保证和实现。第二，指导选课不是干预选课，在选课实施过程中最常见的就是学校挤压学生的选课组合空间，把选择缩小限定到几个组合里，改自由选课为套餐式组合，这就会出现有的学生想选择某种组合，但是没得选。这种做法是变相干预学生选课，无论是出于条件限制还是便于管理，无形中都在一定程度上限制了学生的选择权利，不利于学生的长远发展。

（五）指导程序不完善

目前，我国高中选课仍然处于探索阶段，由于每个学校选课的具体开展情况不同，缺乏可参考的选课指导程序，这里仅以浙江省几所参与调查的学校情况为例进行分析。

甲学校完全尊重学生的个人意愿，选课指导的具体流程如下：高一上学期对学生的选择意向等问题进行初步调研，并做一些引导性的问题，大致了解学生的选择意向；高一下学期根据学生情况在物理、化学、历史、地理4个科目中开始走班；高二上学期学业水平考试结束后在生物、政治和技术3科中确定要学考还是要选考；在高二上学期10月份学考结束后，指导学生最后完成“7选3”。

乙学校在组织学生确定高考选考科目的过程中实行排除法，具体流程如下：首先，除了语文、数学和英语外，学校还在高一上学期开设物理、化学、政治、历史、地理5门课程，经过一个学期的学习，在高一上学期结束时，指导学生在这5门课程中排除掉2门自己肯定不会作为高考选考科目的学科；其次，在高一下学期增设生物和技术，并在高一下学期结束时指导学生在剩下的5门课程中再排除2门自己肯定不会作为高考选考科目的学科，这样经过两次排除最终在高一下学期结束时完成“7选3”。

丙学校受办学条件的限制，没有办法开设所有选课组合，所以学校预先规定好10种左右的组合，先对学生进行3次摸底调查，了解学生选课意向，然后指导学生在学校预先设定的组合中进行选择，基本在高一结束时学生就完成了“7选3”。①

调查研究发现，我国高中的选课指导程序还不是十分完善，不同学校之间的差异还较大。在选课指导的过程中，多数学校都表示会出现某个组合选择人数过多或者过少的问题，这就需要学校不断完善选课指导的程序，结合具体情况系统全面地进行分析并指导学生。

可见，做好选课指导工作绝非易事，针对选课指导自身的困难和挑战，指导者要努力找到突破点，寻求外界支持，克服困难与挑战，为学生提供最好的选课指导。

三、选课指导及支持系统的制约因素

选课在新高考选考选课选学中起到桥梁的重要链接作用，选课指导的重要性自然不言而喻，但是在实践过程中，学校资源不足、专业指导师资短缺、功利性选课等也制约着选课指导的开展。

（一）学校教育资源不足

新高考实行选课走班，作为指导者，我们应尽量从学生的角度出发，尊重学生的选择意愿。但是选择权放开后，学生选考的差异自然会较大，可能会导致传统文理分科模式下学校教育配套资源的短缺。调查显示，学校提供的教学资源相对有限，主要体

① 张中宁. 新高考背景下普通高中选课走班调查研究[D]. 济宁：曲阜师范大学，2017.

现在教室、师资、课程和教材等方面。首先，选课走班对教室的需求激增，很多学校一时难以满足条件，大多数高中连这一基本条件都不能满足，所以很多校长表示开齐选考科目的所有组合是一件很困难的工作。其次，选考会导致学科师资力量的失衡。若是从就业选专业的角度指导学生选课，必然会出现热门科目和冷门科目，这会导致师资的“潮汐现象”。除此之外，师资的合理配置也是个问题。对于同一学校同一学科而言，有资深教师也有新手教师，不同教师的教学水平存在差异，这种情况下把资深教师分配在哪个组合，是家长最关心的事，也是学校要综合考虑的事情。再次，目前我国大多数高中的课程以高考科目为主，最大限度地把课时安排给考试科目，除高考科目外，开设的选修课程不多，难以满足学生的个性化、多样化发展需求。最后，目前高中教师使用的基本还是老教材，老教材上有些内容与新高考颁布的课程方案和课程标准有较大差异，从而导致教育质量没有得到应有的提高。

（二）专业指导师资短缺

随着新高考改革的推进，各学校逐渐意识到对学生进行选课指导的重要性。当前，多数学校的选课导师都是由心理健康教师担任，一个教师指导整个年级段的学生，无论是精力还是经验都无法顾及到。还有些学校主要以班主任为指导教师，班主任日常工作繁忙，一人要管理一个班级的学生，通常班主任也不会给学生太多的指导，学生还是存在着盲目选择的问题。经过几年的实践，很多学校意识到选课指导应该是多数教师的职责之一，但大部分教师有关指导学生选课的知识储备和实践能力却明显欠缺，缺乏专业性。调查发现，有近50%的被调研教师认为自己对高校专业选科要求、选科指导方法了解不足；针对学校在选科指导时遇到的困难，有60%的学校选择了“普通老师不掌握开展生涯和选科指导的知识与方法”、56%的学校选择了“学校缺少专职生涯辅导教师”，分别位居该题目所有待选项的第一、二位。[①] 可见，专业指导师资短缺是目前各学校的共性问题，指导教师队伍建设已成为限制指导工作有效开展的关键。

在指导学生选课的工作开展过程中，应该实现教师的全员参与，打破固有科目的边界，鼓励所有教师积极地参与到学生选课指导工作中。

（三）功利选课现象严重

实行高中生选科，赋予学生高考科目自主选择权，是新高考改革的一大亮点，但是在实施过程中，自主选择权逐渐被异化。不少学生对高校专业的选考科目要求了解得

① 王博.新高考背景下高中选科指导的问题与对策[J].天津市教科院学报，2019(04)：77—82.

不够，只有极少部分学生能够根据选考要求、自身兴趣、学习情况，结合自己未来所报专业，理性选择出适合自己的科目。而大部分学生由于缺乏职业生涯规划，对选择什么科目、什么科目将来能报考什么专业缺乏基本的了解，更多地根据自身的成绩、科目的热门程度和难易程度进行选择，选课过程中就会出现明显的功利主义倾向。这样一来，导致学生真正喜欢的科目并不一定会成为他们最终的选择，这与新高考及课程改革的出发点明显冲突。学生这种追求高分数及热门专业，盲目跟风选科的现象不利于学生长远发展。[①]

在缺乏指导的情况下，选课极有可能出现偏差，走向功利化选课。功利化倾向最明显的一个表现就是选考的“田忌赛马”现象。很多考生在选择考试科目时主要不是根据自己的学习兴趣和特长，而是看别的考生怎么选科目，“别人强的科目我就不去选”“不做别人的分母”，进行所谓的“田忌赛马”。[②] 这种做法是从高考尽量取得高分的角度来衡量的，但是同时我们不能忽略这种现象是对新高考制度的一种挑战与威胁，我们要让学生意识到任何一个科目都有擅长的同学，无论怎么选择都不能避免与学习成绩好的同学之间的竞争，“田忌赛马”并不是选考的最好方法，关键还是要选择适合自己的学科并且提高自己的核心竞争力。

（四）学生选课摇摆现象

实践发现，学校在进行选课的过程中，学生往往会在选课科目间摇摆不定，较容易出现换课现象。很多学生在经过第一次选择后，通过一段时间的学习，发现自己所选择的课程不适合自己，就出现了换课的现象。有的学生甚至会出现先选课学习一段时间后要求换课，但是换课后由于之前的基础没有打牢、跟不上新班级学习进度、融入不了新班级等原因要求再换回最初选择的科目。显然，换课会对已经进行的科目教学产生不良的影响。首先，对学生来说，中途换课会影响学生课程的完整进行，学生需要自己学习已经错过的新课程的相关内容，这加重了学生学业和心理的双重负担；其次，对教师来说，教师需要重新调整教学的进度，尽量为换课转班的学生提供方便，但是还是要以大多数学生为主，不能为了个别学生牺牲大多数人的利益；再次，学生换课也会增加学校教学管理的负担，学校需要对教学班级做出调整，若是越来越多的学生换课，必然会影响选课走班的正常进行。因此，针对学生选课摇摆的这一现象，我们要分析其原因，并有针对性地指导学生，在选课之前，让学生了解学科的整个体系，对即将学习的内容和难度做好心理准备，虽然不能完全避免个别学生换课，但是可以尽量减少这种情况

① 程伟，程友娟. 新高考背景下普通高中课程改革的问题与对策[J]. 教学与管理，2020(07)：1—4.
② 柯政. “选考”制度下的“田忌赛马”：原因与对策[J]. 教育发展研究，2016，36(18)：32—38.

的出现。

综上，选课指导虽然面临着不同的困难与挑战，但也只是时间问题，随着选课指导工作实践的深入，无论是选课指导自身还是它所带来的困难与挑战，都会在实践中慢慢克服与化解。

第三节　选课指导原则与支持系统构建方法

选课指导在新考高综合改革中的地位非常重要，当前选课指导在实践过程中落实得还不到位，需要各个学校不断探索改进选课指导的原则与方法。选课指导想要做得好，就需要科学有效的指导原则和方法，有了指导原则和方法的加持，选课指导工作能开展得更顺利，指导原则指引着选课指导工作的大方向不错误，指导方法为选课指导工作提供了保障和支持。

一、选课指导的基本原则

选课指导是一项专业性极强的工作，在具体指导工作上要遵循主体性、科学性、全面性原则。

（一）主体性原则

选课指导的目的是帮助学生选择适合自己的课程，以成功从高中升入大学。学校和教师要时刻铭记着自己只是起着指导作用，学生才是选课的主体。在指导过程中，应以学生为主体，尊重学生学习意愿，不能包办代替，更不能把自己的意愿强加给学生。指导学生选课要尊重学生的选择，突出学生选课的自主性。与传统统一的课程计划不同，选课指导要充分尊重学生的个性，要求指导教师帮助学生根据个人的兴趣、爱好和志向，制定整个高中阶段的适合自己发展的课程学习计划，使学生通过学习自己所选择的不同课程，服务于自身发展的需要，如以后的专业定向、职业选择，或者人生规划等。指导教师要引导学生忠于自己，忠于自己的理想爱好，在倾听别人的选课建议后还是要听从自己内心的真实想法，从而体现现代课程改革的真正意图，真正树立学生的主体地位，赋予学生学习的自主权，真正做到让学生自己制定个人的学习计划，自己决定学习的内容、时间和学习科目的先后顺序。

（二）科学性原则

选课指导应体现出科学性原则，指导教师应当在充分了解学生的基础上，对国家所规定的课程方案以及所指导的学科有足够的掌握，同时要对社会未来的人才需求和高校的招生动向有预见性的把握。① 为此，指导教师在指导学生选课过程中应当正确处理好以下关系。

（1）学生学业优势与选考科目的关系。哪科成绩好选哪科，不考虑整体的组合搭配。哪科成绩好选哪科本身并没有错，但我们同时也要考虑该科成绩好的原因，是真的有该科的学习能力，还是付出了巨大努力之后的结果。并且，还要考虑不同学科之间的搭配问题，比如一个学生政治、地理成绩很好，但却不喜欢历史，如果他因此就选了物政地组合，其实并不是明智的选择。②

（2）学生职业偏向与选考科目的关系。大学专业对选考科目的限制，直接影响到学生未来的就业，指导学生选课就是引导学生考虑理想职业，谨慎做出选择。

（3）必修课与选修课的关系。指导学生选课，应当正确处理必修课与选修课之间的关系，注意选修课的开设时间和开设方式，使选修课在内容、结构和方法方面与必修课保持相应的连续性，体现出他们之间的互补。③

（4）学校开课与学生选课之间的关系。学校应当首先调查学生选课的意向，然后才能进行选课指导。但是可能由于受到各方面因素的限制，学校开设的课程不一定完全能够满足学生选课的愿望。学校应当就此向学生做出说明和解释，充分体现出学生选课的主体性，以及对学生人格的尊重。④

由于高中生个体差异较大，每位同学都有着不同的长处和短处，要实现自己的理想就要充分发挥自己的优势。但是值得注意的是，处在发展中的学生是有一定潜力的，所以不要轻易对学生的能力下定论。指导教师要切实了解每个学生的基本情况，具体分析每个学生的现状、潜能、前景以及社会发展因素，为每个学生制定不同的选课方案，供学生选课参考，做到一人一案，不能为图省事搞一刀切，避免为学生提出雷同的建议。⑤ 选科指导无统一模式可循，只有充分符合学生个性特点的选科指导，才能实现“追求分数”和“促进发展”之间的平衡。如成绩优异且在未来专业选择上有着明确目标的学生，教师对他们进行选课指导，首先要尊重其自我实现的强烈愿望，其次是建议学生广泛查询高校学科评估情况和专业学习内容，制订与专业目标相适应的学业目标，此外还应当为其提供研学、社会实践、大学探校等机会，帮助他们对志向进行检验和调适。成绩均衡但尚未有明确的专业或职业倾向的学生，发展的可能性多变，教

---

① 娄立志.普通高中学生选课指导原则探析[J].教学与管理，2005(01)：52—54.
② 郝占伟.新高考选科误区与建议[J].考试与招生，2020(11)：43—45.
③ 娄立志.普通高中学生选课指导原则探析[J].教学与管理，2005(01)：52—54.
④ 娄立志.普通高中学生选课指导原则探析[J].教学与管理，2005(01)：52—54.
⑤ 娄立志.普通高中学生选课指导原则探析[J].教学与管理，2005(01)：52 54.

师对他们的选科指导，首先要加大其在等级赋分中的优势，其次是考虑文理搭配、转换可逆性等，扩大专业覆盖范围，并建议学生在学习和生活中多做探索与尝试，加强职业体验和了解，促进兴趣、志向的聚焦。成绩不突出且有明显弱科的学生，既需要树立可达成的学业目标，也需要增强对学习和人生的信心，教师对他们的选科指导要强调“扬长补短”，合理制订学业目标引领当前学习方向。[①]

（三）全面性

研究发现，学生选课时考虑的因素较片面，这很大程度上是受限于学生的心智还不够成熟以及长期“应试教育”的影响。一项调查表明，学生确定选考科目的主要影响因素如图 5-1[②] 所示，包括目前成绩（33.33%）、学科兴趣（24.44%）、学好信心（21.11%）、大学要求（8.39%）、今后用途（7.01%）等。选课如果只考虑目前学习成绩，那就会忽视学生的学习潜力，并且会走向功利化选课，这与新高考想要打破“唯分数论”的初衷相悖。虽然常说兴趣是最好的老师，但并不是说在指导选课时要无原则地鼓励学生单凭自己的兴趣做选择，选课若只考虑学科兴趣，对于高考学习来说存在一定风险，十五六岁学生的兴趣会随着学生成长发生变化，不能让高考为兴趣“买单”，也不能仅凭自己的兴趣爱好而不去考虑未来的社会发展和需求。片面地去思考选课，很大程度上达不到最好的效果。所以，选课指导考虑的方面要全面。

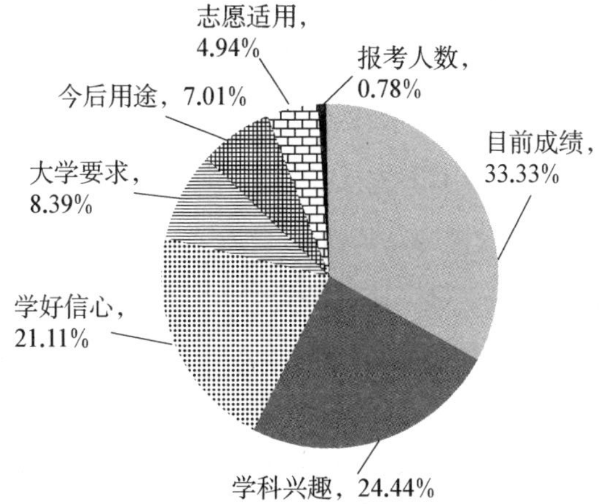

图 5-1 学生确定某门学科作为高考选考科目的主要因素

鉴于学生目前还不完全具备独立选课的能力，考虑往往较片面，因而需要指导者

① 王萌. 选科指导，赋予学生未来发展更多可能——普通高中有效开展选科指导的思考和建议[J]. 新校园，2021(10)：85—87.

② 刘宝剑. 关于高中生选择高考科目的调查与思考——以浙江省 2014 级学生为例[J]. 教育研究，2015(10)：142—148.

帮助学生选课。指导学生要尽量全面，既要指导学生分析自己的个性特点、学习潜能、兴趣爱好、学科优势、职业倾向等主观因素，又要帮助学生认清我国的就业形势、高校招生的情况、大学专业的限制等客观现实因素。毕竟学生学习的目的最终还是走向社会、参加社会实践，选课不能脱离社会实际，现实因素也必须要考虑。在进行选课指导时，要帮助学生多角度分析，指导学生在综合权衡下做出选择。选课指导时考虑得越全面，学生换课的可能性越小，学生在选课上花费的时间成本越少，就越可以专心学习，专注于个人发展。

可见，学生选课是一个比较复杂的过程，对学生进行指导也就相对复杂起来，需要考虑的因素也是多样的。这里所提出的原则只是部分，随着选课指导的实践，可能会遇到更多新问题，指导者本着从学生角度出发的原则，就能克服困难，解决问题。

二、选课指导支持系统构建方法

经过几年新高考改革的实践，指导者们在不断地寻求更好的指导选课的方法，针对选课指导工作中面对的困难和挑战，我们可以从指导主体系统、指导方法系统、资源保障系统三个维度来完善选课支持系统。

（一）指导主体系统能力加强

首先，要建立选课导师制度。通过建立选课导师制度，确保导师选课指导的合法性与重要性。这样一方面可以减轻教师的工作负担，可以深入了解学生，另一方面能够帮助学生做出最优的科目选择。浙江某重点中学的经验非常值得推广和借鉴。鉴于学生对选课存在很多迷惑，学校建立了“走班学科导师制”来指导学生选课。所谓的“走班学科导师制”就是指学生可以选择两个导师，学生可以从自己的行政班级选择一位教师做自己的选课指导教师，同时还可以选择一位学科导师。这个学科导师和行政班级的导师不一样，学科导师针对的是学生个人，学生可以自己与导师协商指导的时间。同时，学校为了方便学生咨询，让学生在周一、周三、周五晚上在教学班级进行晚自习，走班的学科导师去班级进行辅导，周二、周四、周日学生在行政班级进行晚自习，由行政班级导师进行辅导。学生可利用这个时间对选课事宜进行咨询。①

其次，要提升选课指导队伍能力。开展选课指导工作初期，往往指导选课的工作是班主任或者学校心理教师来承担的。实践发现，这样指导的人数有限并且指导效果不明显。我们需要转换下思路，针对目前高中缺少专业指导师资的问题，学校要大力

---

① 李娜.新高考改革背景下我国普通高中选课研究[D].沈阳：沈阳师范大学，2016.

加强专业师资队伍建设，赋予所有教师选课指导的职责，并为各类角色指导教师提供针对性培训。首先，针对选课和学生发展指导体系的设计者和管理者，开展市级层面培训。重点是引导大家从各项指导工作的总体安排与体系设计、选科指导方案与学校特色化发展、优势学科建设间关系、选课走班组织与学校教学管理、德育、学生发展指导间关系视角，去系统审视指导工作的设计与实施思路。其次，针对各校专职从事生涯、心理辅导的教师，以区级统筹或多校联合形式开展培训。重点帮助他们深入学习有关知识，引导他们从学生指导与学校教学、德育、特色发展、学科建设间关系视角进一步思考优化指导工作的思路。再次，针对学生“导师”和班主任教师，开展以校级或跨校联合性质的专门培训，让他们能够较为系统地掌握开展各项指导工作的思路和方法。最后，针对其他任课教师，开展一些必要的校内培训，让他们基本了解学校选科和学生发展指导的总体思路和指导方法。① 这样调动相关教师参与选课，并对其进行专业培训，既弥补了指导师资短缺的问题，同时也增强了教师指导选课的专业性。各教师互相配合，指导选课，这在一定程度上避免了指导错误，合力为学生提供更好的指导服务。

最后，要提高学生选课能力。新高考尊重学生的差异性，让学生学会自我选择，对“我是谁”“我的能力与兴趣是什么”“我未来想从事什么职业”等问题有了清醒的认识，并最终将学习兴趣转化为学科优势、专业方向和人生追求。显然，新高考将学生生涯规划的问题前置，倒逼普通高中重塑生涯规划教育。② 目前，虽然各类职业院校、普通高校已经认识到生涯规划教育对于学生发展的重要性，基本都开设了相关课程，但还是未引起多数普通高中的足够重视。大多数普通高中还缺少系统的规划课程，也没有形成专业的教学团队，致使生涯规划教育效果难以得到保障。

事实上，高中生涯规划教育的目的不仅是为了指导学生科学选科及职业规划，而且应该让学生具备适应社会的智慧、态度和能力。③ 生涯规划作为指引学生发展的手段，是新高考改革的亮点之一，学校应积极对学生进行生涯规划教育。首先，学校要开发学生生涯规划教育课程，设置专门的生涯规划导师为学生答疑解惑；其次，学校要依据学生的需求，以兼职教师的形式聘请大学职业规划师，为学生授课，介绍大学相关专业特点，帮助学生合理规划学业、职业生涯；最后，有条件的学校还可以组织学生开展职业体验活动，让学生参加到具体的工作中去，了解相关职业特点，清晰职业发展方

---

① 王博.新高考背景下高中选科指导的问题与对策[J].天津市教科院学报，2019(04)：77—82.

② 李军靠，丁一鑫，赵丹.新高考下普通高中选课走班教学的困境与跨越[J].中国教育学刊，2018(01)：26—30.

③ 王静丽.新高考背景下高中生涯规划教育的反思与实践[J].基础教育课程，2017(01)：29—34.

向。在此基础上学生再进行生涯规划,就可以做到有的放矢,而不至于因为茫然而不知所措。[①]

除了以上方法,还可以借助信息技术开展生涯规划教育来指导选课。以山东省青岛第一高中为例。该学校教育创新科研团队与来自各个国家、各个地区的机构和博士团队合作,基于学生的兴趣爱好、潜能特质,经过 4 年的反复测试与调整,又请近万名学生参与数据实验,依靠大数据云计算技术,创造了国内首个高中学生“选课走班”与“生涯发展”智能多元评测系统。系统从学科擅长度、专业适合度、潜能技能匹配度和职业类型趋向性四个维度对学生进行测试,发掘学生的兴趣爱好和潜能特长,并将这些测评数据与其擅长的科目数据加权分析,融合到国家教育部规定的 12 个学科、92 个专业类、506 个专业中,从专业类的视角帮助学生确定其最适合发展的专业方向,并推荐排名最靠前的 5 个专业类为最适合学生学习的专业类。同时,该系统继承并发展霍兰德的职业兴趣理论,将职业类型分为行政事业型、专业技能型、国际型、创业型、经营型、研究型六种类型。得出的测评结果显示了最适宜学生发展的两种复合型职业类型。如此两方面结合,从专业和职业的复合角度,确定学生未来发展的专业范围,为学生选课提供依据。[②] 这套系统真正实现了中国教育数据的本土化、实际操作上的规范化和便捷化,这是这款智能测试系统的一大亮点。有了“智能导师”引导,学生无论是对自身潜能、未来职业规划,还是对学科方向发展,都有了更加清晰的认识,对于课程选择也更加明确、更有主见。像这种成熟的系统和经验也值得其他高中推广和学习。

(二) 指导方法系统科学完善

完善选课指导手册,搭建及时互动信息平台是选课指导系统完善的重要方面。

1. 完善选课指导手册

选课指导手册是选课指导制度的重要组成部分,学生和家长在进行选课时可以根据选课指导手册的内容合理地进行选课,避免盲目性。选课指导手册并非国家明文规定的,因此没有固定的内容,一般情况下不同学校之间设计的手册都是不同的。研究发现,对于“学校编写有《选课指导手册》”这一项目的选择,勾选“完全不符合”和“不符合”的学生共占 55.2%,还有 26.7%的学生表示不清楚,说明这几所学校的《选课指导

---

① 陈兰枝,夏豪杰,王后雄.新高考、新趋势、新思路、新策略——访华中师范大学考试研究院院长王后雄教授[J].教师教育论坛,2016,29(10):4—7.

② 崔桂利.生涯发展指导引领选课走班——青岛一中智能多元生涯测评系统破解选课走班难题[J].山东教育,2019(Z3):45.

手册》还没有落实到学生个体。① 选课指导手册通常涉及以下几方面内容。

第一,清晰明了地说明毕业要求。学生毕业需要学生具备各种学校要求的条件,这些条件应在选课指导手册中明确地进行说明。例如,对学分的要求等。学生明确了毕业要求,才会主动去思考如何选课才能既符合自身发展要求,又符合学校的毕业要求。

第二,明确选课程序。大体而言,学校首先会将可供学生选择的课程提供给学生,学生因此可以考虑自身因素以及学校要求来自主选择课程。其次,学校将学生的选课情况做合理的分析,再做出宏观调整,最大程度地去根据满足每个学生的需求安排本学期的课程,每名学生都可产生一张专属于自己的课表。最后,在新学期开始时,学校要留出两周让学生试听的时间,以便学生了解课程是否适合自己并方便调整,最终形成完整的课程安排。

第三,对课程的说明。课程是学生选课的主体,因此,选课指导手册要对课程进行详细的说明。一般情况下包括如下内容:

(1) 课程目录和课程名称。目的是让学生能够对本学期学校的课程设置一目了然,使学生在考虑选课时能够更加全面,不遗漏信息。

(2) 明确课程性质。让学生了解这门课是什么性质的课程,比如课程是属于必修还是选修。

(3) 课程内容简介。主要介绍该门课程包括了哪些主要内容,涉及的基本概念、重要知识点等信息。

(4) 说明科目课时数。让学生了解该门课每周几课时,一学期共几课时,有利于分配好学习时间。

(5) 学分数说明。让学生了解在修完这门课程时能获得多少学分,有利于学生有计划地达到毕业要求。

(6) 教学目标和学习目标。通过教学目标和学习目标的明确,让学生知道学习本门课程应该达到什么样的学习效果,并且利于学生选择正确的学习方法。

(7) 关于考试的说明。比如,新高考改革后,英语不再参加全国统一的高考,而是由学校提供给学生两次机会进行考试,这就要求选课指导手册对英语这门课的考试方式、考试时间等做出明确的说明。同时,也要告知学生学业水平考试与等级考试之间

---

① 刘二茹.哈尔滨市普通高中选课制实施现状调查研究[D].哈尔滨:哈尔滨师范大学,2017.

的区别，这有利于学生正确选择科目。[①]

2. 建立选课信息平台，在线解答疑难问题

目前，大多数学生对选课还不是十分了解，对选课信息的分析也不到位，学校除了人力的指导，还可以利用信息技术和大数据，建立选课信息平台。技术的及时性和高效性可以弥补人力的不足，引导学生自主选课。选课信息平台可以帮助学生记录并分析各科成绩变化和学习效率，使学生清楚自己的学科优势和劣势，提升高考竞争性压力下学生的信心，同时平台还可以推送各学科与可报考的高校专业信息，帮助学生了解选课与大学专业之间的关联性，也可以推送职业规划课程，帮助学生认识社会需求，找到个人的理想职业。除了这些，选课信息平台也可以看作学生选课的线上指导教师，学生有任何问题可以随时随地提问，平台会为学生答疑解惑，及时调节选课给学生带来的各种心理压力。

由于各地区各学校存在着各方面差距，建立选课信息平台需要耗费大量资源。因此较合理的方法是以省为单位来建立选课信息平台引导学生科学选课，并且实现各省市互通。在这方面，海南省的经验值得借鉴。省级平台可以实时掌握、监控全省相关学生的选课情况，通过适度引导与调控，使其与高校在海南省的招生需求实现更合理的匹配。省级平台共分为四个层级，分别服务于教育厅、18个市县教育局、100余所高中学校、近18万名高中生及其家长。就新高考选科学习这项工作而言，以上四个层级的用户均会涉及。学校会根据校情，设置选科组合数量与其他条件；学生会通过平台的指导进行科学选科；平台会将学生的选科结果告知家长；市县教育局会统计本地区的选科结果；省教育厅会获取全省选科结果，并与高校招生需求进行对比，以提早发现问题。在此过程中，数据都是互联互通的，真正实现了“互联网＋新高考”。[②] 除此之外，针对目前还没有能力建立自己选课平台的情况，可以引入成熟完备的选课系统。相关人员已经研发出了诸如基于UML网上选课系统[③]、基于NET网上选课系统[④]、基于Internet网上选课系统[⑤]、Web选课系统[⑥]等，学校应该引入此类选课系统。

(三) 资源保障系统可靠有力

首先，要整合优质教育资源，保障选课指导顺利开展。“巧妇难为无米之炊”，资源

---

① 李娜. 新高考改革背景下我国普通高中选课研究[D]. 沈阳：沈阳师范大学，2016.
② 袁漫俊，成硕. 建设省级信息化平台：新高考区域推进的海南经验[J]. 中小学管理，2018(08)：26—29.
③ 朱坤. 普通高中网上选课系统的研究与设计[D]. 哈尔滨：哈尔滨工程大学，2011.
④ 陈玉德. 基于技术的网络选课系统实现及网络拥堵处理[J]. 佳木斯大学学报(自然科学版)，2008，7(26)：524—526.
⑤ 蔡志文. 基于Internet的学分制选课系统设计[J]. 成都信息工程学院学报，2004，19(1)：58—61.
⑥ 付兴宏，罗雨滋. 关于Web选课系统中的选课冲突及其解决方法[J]. 辽宁师专学报，2006(3)：81—82.

配置不到位，选课指导的开展也达不到预期的效果。选课指导制度是实行走班制的前提，选课选得好，走班制才得以顺利进行，二者配合最终指向学生的发展。

教育资源通常包括人力资源、物力资源和财力资源。人力资源主要体现在教师上，开展选课走班确实是对师资的一个挑战，一方面是教师数量不够满足走班的需求，另一方面是师资结构失衡，难以满足选课的情况。为解决选课走班过程中师资的问题，除了从师范生的培养入手，培养复合型教师外，鉴于开展选课走班的需求，还可以采用返聘退休教师、购买社会服务、招募大学生志愿者等方法。物力资源主要指学校的硬件设施，这是选课走班教学开展的重要保障。学校的硬件设施主要包括教室资源、多媒体设备、实验仪器等。选课走班教学的实施需要大量的教室资源，学校在已有教室的基础上，应投资建设更多的教室，保证每个教学班教师都有自己固定的教室。学校必须定时更新维修多媒体设备以保障设备的正常运行，购买相应科目所需的实验仪器，确保教育教学工作的正常开展。[①] 近两年多来，突如其来的疫情使我们的生活仿佛被按下了暂停键，但是对于高考考生的选课指导不能暂停，学校也要做好线上指导选课的准备，保障线上教学设备完善。至于财力资源，由于教师培训、指导手册的编制、选课系统的开发等都需要经费投入，除了学校自身的经济实力外，还需要政府和社会各界的支持，来保证选课工作和走班教学的有序开展。

其次要加大新高考政策宣传力度，明确选考选课选学的政策导向。有研究者通过访谈学校管理层了解到，"家长和学生依然在选科前摇摆不定，以致于前 6 次选科意向的统计出入都非常大。同时家长及学生对自己即将选择的课程并不充分了解，也没有搞清高校专业和选科之间的关联，在选科时十分盲目"[②]。这说明无论是高中还是大学，对于新高考的政策都是宣传不到位的。基于这种现实情况，选课前期就要加大新高考政策的宣传力度，学校可以组织新高考政策宣讲会，从政策实施的原因、内容、国家方案、学校对策等方面为学生及家长进行解读，在会后也可以安排工作人员为家长和学生一对一答疑。还可以灵活运用新媒体平台，及时地宣传相关政策，比如，运营好学校的官方公众号或者官方微博，每日推送一些相关的文章供家长阅读等。同时，还可以邀请大学的相关人员到学校开设讲座，为学生和家长介绍高考选择的科目与大学学习专业之间的关联性，帮助他们在了解选课重要性的同时能够仔细思考自己要选什么科目。

研究还发现，高校的学科设限情况与学生的选课情况不协调，要意识到学生在高

---

① 赵丹，李军靠．新高考下普通高中选课走班教学面临问题及应对[J]．科教文汇(下旬刊)，2018(12)：109—111．

② 徐雅梦．新高考改革背景下选课走班制管理问题及策略研究[D]．重庆：西南大学，2020．

中的选考科目如果不能有效衔接大学专业的培养要求,那么就会出现一部分学生进入高校后因学科专业知识欠缺、基础薄弱导致学习困难的现象。目前,选考制度模式下,高考科目设置和权重设置过于统一,高校可根据各专业与高考科目的相关程度,设置科目权重,以各科目的标准分乘以科目权重后所得分数相加作为报考该专业的合成分数。[①] 这样对考生而言,擅长科目的科目权重越高,其合成分数越高,与高校专业的匹配度越高。由此,学生的学科优势得到充分的尊重和凸显。这样考生在科目选择时,会更加倾向于自己的学科特长和学科兴趣,间接避免了功利主义倾向,考生之间形成良性错位竞争关系。[②]

除此之外,各高校应该在新一年的招生上做好充足的准备。应该将学校开设的各专业进行较为全面的介绍,包括培养方向、专业特色、学习课程、就业去向等信息,让学生和家长了解高校专业的基本情况,做到心中有数;同时,明确各专业的选择科目限制,对各专业要求的学生最佳知识结构、能力特长和综合素质做深入研究和分析,为考生选课及填报志愿提供指导依据,让学生思考自己是否具备学习某一专业的能力,明确自己高考选考的科目。

完善选课支持系统,既需要教师的配合和参与,也需要学校的组织和领导,还需要政策上的支持和投入。除此之外,身处信息时代,技术上的支持也不能少。在未来的选课指导工作中,我们还会遇到新的问题和挑战,只有不断完善选课支持系统,积累经验,才能处变不惊,做好选课指导工作。探讨中国的选课指导之路,是一项发展性研究,具有现实性和创造性。我们要明确,学生正确选课,对于其个性能否很好地发展、能否顺利完成高中学业、能否在新的高考政策下顺利进入理想的大学,起到至关重要的作用。每所学校都应该基于本校的实践情况,形成新思路和新策略,当然,各校之间也可以互相借鉴,分享成功经验。社会各界在关注新高考变革的同时,也应该为学校创设条件,给不同层次、不同水平的学校发展空间,切实做好学生选课指导工作,引导学生实现个性化的自我发展。

---

① 柳学智.高考科目设置与专业性向测定——破解新一轮高考改革困局[J].中国考试,2015(08):3—10.

② 黄妍."学生选课"与"高校选科"的耦合性分析及建议——以山东省2017级学生为例[J].考试研究,2020,16(04):8—16.

第六章　走班教学与学习共同体

2014年开始实施的新高考制度给高中教育带来了创新发展的机遇，“走班教学”作为教学新常态，成为当前高中教育发展的趋势。新高考选考之后，面对“3＋3”或“3＋1＋2”选考模式下的多种选课组合对传统班级教学带来颠覆性的冲击，新的教学选课走班课堂教学如何实施？保障条件如何实现？如何重新构建学生学习与发展的共同体，并赋予其新功能的研究？这些问题都需要思考与解决。

第一节　走班教学的组织变革

选课走班是新高考选考模式下常态化的教学组织的变革，对推进新高考综合改革、落实发展核心素养的培养以及学生的个性成长成才具有重要的现实意义，走班教学的新内涵、新特征为普通高中育人改革增添了活力与动力。

一、走班教学的新常态

（一）走班教学的学习新样态

选择性学习是普通高中新教学的基本组织形态，是育人的新机制。按照美国课程专家古德莱德五种课程形态的划分，运作课程就是课堂上师生互动生成的课程。课程运作的形式由于新高考选考选课制度引起教与学方式的极大变化，以走班制为特点、行政班与教学班并存的选学新样态成为普通高中育人的基本组织形式，构成了当下普通高中课程运作的新形态和新常态。学校根据学生兴趣、爱好、学习水平为学生个性成长和多样需求提供课程资源菜单，设置不同课程层级与类型的教学班级，让学生自主选择课程类型与层级，自主选择与自己兴趣爱好、学业水平及未来志向相匹配的教学班级。其目的是坚持育人为本的规律要求，尊重学生的选择权，为学生的个性化成长成才提供适合的教育。因个性化选考，催生个性化选课，又因个性化选课，催生个性化选学，因而，以选择性学习为特征的走班教学成为贯彻新高考、新课程的必然选择。

（二）走班教学促使学与教的方式转变

以走班教学为特征的新课程运作形式与传统班级最大的不同是打破传统“齐步

走”的授课模式，实现“以学习者为中心”育人目标的转向，充分发挥学生的内在主动性、积极性，让学生充分地动起来、活起来，增加学生交流时空，最大化地遵从学生的天性、满足学生的兴趣、挖掘学生的潜能、促进学生的全面发展。强化“以教学班为主阵地”的育人空间的转变，强化授课教室的功能化布局优化，发挥任课教师的育人主人翁的作用。强调“以信息化为支撑”的学教支持系统的转变，借势人工智能智慧系统优势，精准了解学情，科学指导发展，系统提供帮助，力争为每个孩子学得会、学得好、学得高兴提供系统支持，从而呈现出差异化、个别化、定制化的普通高中育人新方式。

二、走班教学的新价值

（一）走班制教学促进高考改革推行

在新高考改革背景下，考试制度发生了巨大变化，有多种选科组合形式产生，很大程度上可以缓解学生偏科难题。目前新高考改革的整体发展趋势是以学生为主体，尊重学生的个体差异性，选择性与个性化并重的课程以及课堂的打造，帮助学生成为最好的自己，并不断地探索学生自身的发展潜力。鼓励发展学生的特长，逐渐从亡羊补牢的教育转变成扬长避短的教育，以便让学生能够充分利用其优势，自信自主地学习，而不是要让学生盲目地、一味地去学习自己所不擅长的、不喜欢的科目。新高考改革的同时也意味着传统的高中文理分班的教学制度将被摒弃，学校亟需提出一种全新的教学制度，来应对高考改革带来的挑战。这种新的教学制度既要符合新高考模式的要求，达到高考改革的目的，也要为高中的教师、学生负责，产生提高教学效率、提升教学质量、减轻教学负担的效果。高考改革试点地区各大高中实施的走班制教学制度，很大程度上适应了改革后的新高考制度，给予学生多样化的教学课程，达到了高考改革因材施教的初衷，同时也减少了教育资源的浪费，提高了教学效率。即使目前的走班制教学制度仍处于初步的探索阶段，还有很多的不足和问题亟需解决，但总体而言走班制教学的实施有利于高考改革的推行和普及。[①]

（二）符合素质教育改革的发展需求

素质教育的最终目的是培养学生的核心素养，培养一个全面发展的人，这要求我们要尊重学生的个体差异性，针对不同学生进行因材施教，满足学生学习的个性化与选择性。扭转过度追求考试成绩、唯分数论、一考定终身、用统一标准考核所有学生的局面，为学生成长成才提供广阔的发展空间与平台。素质教育的核心是以学生为本，

---

① 王润，周先进.新高考改革背景下高中走班制机制构建[J].当代教育科学，2016(06)：49—53.

要充分考虑学生的主体性。而合理的走班制度就是给予学生选择权。能选择自己感兴趣、擅长的科目进行深入学习，对不擅长、不感兴趣的科目只进行学考，能大大节省学生的精力和时间，促进学生的发展。另外，对选考同一门科目的学生能进行分层教学，能考虑到学生的个体差异，让“吃不饱”的学生吃饱，过早“吃饱”的学生吃好。改变了旧有的行政班中教师要考虑大部分学生的学习进度，而导致部分后进生跟不上和部分先进生浪费时间的现象。

(三) 走班制教学满足学生个性发展需求

走班制的出发点是增加学生自主选择权与发展学生的兴趣与特长，它能够最大限度满足学生发展需求①。在新高考模式下学生可对高考学科进行自由选择与组合，符合学生个人的兴趣与能力，为其自主职业规划提供条件，避免了传统高考制度中文理分科导致学生对部分科目不感兴趣、偏科的困境，更符合学生的身心发展与职业发展需求。

三、走班教学的新内涵

(一) 选课制与走班制

选课制，是指学生根据自身爱好和能力在学校规定的年限和范围内自主选择所要修习的课程的一种教学管理制度。在该制度下，学生可以自由选择所学课程，包括课程门类、科目、数量和层级等。选课制把学生看成学习的主人，赋予其更多的自主权与选择权。2014 年前选课制主要指学分制的选修课，语数外等主课并不包含在内。新高考改革后，选课制逐步演化成“3＋X”选课模式，这里的“3”特指从历史、地理、政治、物理、化学、生物六门科目中任意选择三门学习科目，选修课也逐步分为“限定选修课”和“自由选修课”两种。新高考改革下的选课制度赋予了学生更多的自主权和选择权，有利于活跃学校的学习气氛和文化环境，培养学生的个性，激发学生的创造性，进而提高学校的教育质量，培养具有个性和创造性的 21 世纪人才。

何谓走班制，学界对此从不同方面做出了相应的界定。有学者从学生学习方式的角度来界定走班制：走班制是指在教学活动中，学生根据提前设定的学习计划，以“走班”的形式，“流动”到自己将要上课的教室进行学习活动的一种学习组织方式。② 站在学校的角度来讲，走班制是在保留原有行政班的条件下，学生根据学校实际和自身课程选择情况，到不同班级中流动完成学习任务的一种教学组织形式，它是选课制度

① 王润，周先进. 新高考改革背景下高中走班制机制构建[J]. 当代教育科学，2016(06)：49—53.

② 韩艳梅. 新课程背景下学习组织方式的新探索———走班制的实施与管理[J]. 辽宁师范大学学报，2003(5)：43—46

的一种落实形式。由此可以看出,在走班制下,需要走班的学科和教室是固定的,学生具有流动性,而且学生修习的课程也存在差异性,这充分尊重了学生的个性化发展需求。

(二) 常见走班类型

1. 全走全选型

“全选全走型”是指学校在实施语文、数学、外语三科分层走班外,允许“7 选 3”的所有科目均由学生自由选择上课班级和上课时间,选课后组织的教学班全部重组,学生可能来自全年级所有行政班级。比如,学校先对物理、化学、历史、地理 4 科实行分类分层走班教学,学校在排课时统一拿出 4 节课的时段来安排物理、化学、历史、地理学科的教学,在同一时段,不同学科、不同层次的课尽量均衡,课表设计完成后让学生在规定时间内通过网络平台进行选课,然后进行走班教学。这一管理模式充分体现了学生自主选择学习的特征。比如,杭州绿城育华学校在完成了针对新高考方案的课改建模工作后,确定了“加强引导,全面放开”的基本思路,实施了“全选全走型”的选课走班模式。

2. 定 2 走 1 型

“定 2 走 1 型”是指将一个行政班中除语文、数学、外语三科外有两门选考科目相同的学生组成一个新的行政班,实行“定班教学”,而另一门选考科目不完全一致的学生,实行“走班教学”。譬如,学生甲在 7 门中选择物理、化学、生物,学生乙在 7 门中选择地理、化学、生物,学校就把学生甲与学生乙编在同一个行政班,其中,学生甲物理走班,学生乙地理走班,他们各自在自己选择的物理、地理教学班上课,其余时间两个学生在同一个行政班上课。与“全选全走型”的选课走班模式相比,它保留了大部分学科在行政班上课的传统,避免了因选课而导致课间大规模学生流动的出现,有利于教学与人员管理。这一模式因管理的难度相对较低,故选择此类模式的学校较多。

3. 套餐式组合型

“套餐式组合型”是指学校在分析学科优势、师资力量、学生实际的基础上,推出若干个选考科目组合供学生选择,学校根据组合重新编制行政班。例如,某校的思想政治、化学、地理、历史、技术等学科有几位教学水平较强的教师,于是按照优势学科的教师人数,分别编制“政化地”班、“化地技”班等多个行政班“套餐”,学生根据自身情况分别选择相应班级。这种所谓的“套餐式组合型”选课走班模式从实质上来讲没有真正地走班,学生的自主选择没有得到充分尊重。学校根据新高考改革要求并结合自身实际情况,为了减少学生走班而采用的一种较为功利的做法,并不符合新课程改革的初衷。各试点省市一些师资、硬件等资源相对不足、学生选择意愿不强的部分县属高中或生源相对较差的学校多采用这一模式。

四、走班教学的新变化

教学组织形态是指为了完成特定的教学任务，教师和学生按照一定的要求组合起来进行活动的结构。教学组织形态不是固定不变的东西。随着社会政治经济和科学文化的发展及其对培养人才要求的不断提高，教学组织形态也会不断发展与改进。随着新高考改革的不断推进与落实，普通高中的教学组织形态发生了巨大的变革与转变，走班教学成为普通高中课程教学的基本组织形态。

（一）学生由“定”到“动”

新高考改革下普通高中育人改革导向增加了选择权，学生可以根据自身的发展方向进行选课。根据国家先后出台的《关于新时代推进普通高中育人方式改革的指导意见》《关于深化教育改革全面推进素质教育的决定》等文件精神，传统的班级授课制已经不再适用于当今的普通高中。考试科目由文综和理综走向自主灵活多样的“3＋3”和“3＋1＋2”模式。相较于“文理分科”的选择制度，无论是前两批“3＋3”模式下的“6选3”或“7选3”，还是第三批试点省份的“3＋1＋2”模式，都可以为学生提供12种以上的选课组合。改革试点的阶段性成果表明，普通高中已经实现了从统一规制的“固定组合”到自主选择的“个性组合”的转化。新课程设置指向教考一致，将选择权还给学生，依据学生全面发展的需要而设置必修课程，依据学生个性发展和升学考试的要求设置选择性必修课程，除此以外，设置选修课程以满足学生的多样化需求为宗旨。明确各类课程的功能定位，与高考综合改革相衔接。

根据普通高中课程方案的“全修全考、选修选考、学而不考或备考”的基本精神，出现了“7选3”模式35种、“6选3”模式20种、“3＋1＋2”模式12种的课程选择组合，为学生提供了足够的选择空间。学生可以根据自己的兴趣、未来就业倾向制定选择性课程，获得个性化成长。选择性课程育人价值的实现是通过学生个性化选课来实现，最直观的表现是实现了从“一班一张表”到“一生一张表”的转变。学生根据自己的课表进行学习，由传统的齐步走转变为个人走。

（二）教师由“动”到“定”

走班教学促使教师教授方式转变，实现了“以学习者为中心”的育人目标转向，充分调动学生学习的积极性，让学生充分动起来、活起来，增加学生交流时空，最大化地遵从学生的天性、满足学生的兴趣、挖掘学生的潜能、促进学生的全面发展。走班教学之下，教师根据学生选课进班授课，班级学生不固定，教师授课对象也不确定，各学科教师根据教学班的编排进行授课。在新高考改革之前，我国普通高中大多都将行政班与教学班合并在一起进行管理，这有利于节约学校资源并能增强学生的班级归属感。新高考的实施增加了学生对学科领域的选择权，也带来了课程选择的多样性，传统送课到行政班的单一教学组织形态无法满足新高考的要求。另外，由于学生选择参与高考分数组合的科目学习贯穿高中全过程，因此在高一阶段学生就要完成参与高考总分的三个选考科目的选择，这在很大程度上来讲，高一阶段就要明确大学专业和将来的职业方向。教师不仅要传授教学任务，还要为学生提供职业生涯规划等有关教育。与传统的教学任务相比，教师的教学任务相对增加。

(三) 行政班与教学班分离

自捷克教育家夸美纽斯提出"班级授课制"以来，班级就成为现代学校的基本运行单元，为学校实施大规模、标准化、高质量的教育奠定了组织基础。从组织属性来看，"班级"有两种不同含义：一种是表明学生身份归属的行政组织属性，即"行政班级"；另一种是表明学生参与学习行为的教学组织属性，即"教学班级"。[①] 随着多省市改革试点的推行，各学校根据新高考改革方案精神结合学校实际情况，推行出了多种多样的选课走班制的形式，选课走班已然成为推进改革的课程路径。

通过对上海、浙江和北京等地高中教学组织形式的实践考察，以及对高考改革和高中《新课程方案》的政策研究，有关学者归纳了六种教学组织范式，基本涵盖了正在或即将运行的高中教学组织形式。[②] 比如，行政班平行编班；教学班开放走班、取消行政班；教学班开放走班、行政班按学科领域编班；教学班半开放式走班、行政班分层走班；教学班半开放走班、双轨制管理；多元制课程等形式。每种走班形式都有其优缺点，在推行的过程中都增加了学校实践经验。每种走班教学形式都是在理解新高考的意义上推行，为各省市教学组织变革提供了范例。

高中教学组织形式的变革牵一发而动全身，高中课程、学生组织体系、教师组织体系等都要做出适应性调整。因此，学校在进行教学组织形式变革的过程中，要着重考虑其系统性与整体性，以推动学校的整体变革。另外，有序地安排行政班与教学班的管理进度，以及学生职业规划课程和职业未来规划也势在必行。由此来看，走班教学的实施不仅促进了学生个性化成长，还进一步推进了学校的转型。在学校资源受限的情况下，走班教学的推行满足了新高考改革方案的总体目标。

---

① 杨志成.新高考背景下高中教学组织变革范式研究[J].中小学管理，2018(09)：33—36.
② 杨志成.新高考背景下高中教学组织变革范式研究[J].中小学管理，2018(09)：33—36.

第二节　走班教学的现状困境

2019 年 6 月 11 日，国务院办公厅发布的《关于新时代推进普通高中育人方式改革的指导意见》提出“有序推进选课走班”，要“适应普通高中新课程改革和高考综合改革，依据学科人才培养规律、高校招生专业选考科目要求和学生兴趣特长，因地制宜、有序实施选课走班，满足学生不同发展需要”；要“指导学校制订选课走班指南，开发课程安排信息管理系统，加大对班级编排、学生管理、教师调配、教学设施配置等方面的统筹力度，提高教学管理水平和资源使用效率，构建规范有序、科学高效的选课走班运行机制”。[①]

一、走班教学的现状调查

(一) 走班教学的设置现状

调研发现，目前有 18.30%的学生反映学校没有安排走班，其中浙江有 4.04%、山东有 16.21%、河北有 27.13%；从省重点高中、市重点高中、县重点高中到普通高中，未安排走班的比例逐渐增加，有 13.22%的省重点高中学生反映学校未安排走班，而普通高中这一比例为 20.48%。

对于实行走班教学的学校来说，总体而言，学生对走班教学人数安排满意度较高(表 6－1)，有 32.78%的学生认为学校的走班人数安排非常合理，44.80%的学生认为学校的走班人数安排比较合理，仅有 3.51%的学生认为学校的走班人数安排不合理。

表 6－1　不同学校走班人数安排

		M±SD	非常合理	比较合理	一般	不合理	差异检验
地区	浙江(a)	2.02±0.78	26.20%	48.28%	22.56%	2.96%	$F=178.358^{***}$ b<a<c
	山东(b)	1.73±0.78	44.46%	40.76%	11.99%	2.79%	
	河北(c)	2.17±0.79	19.63%	48.66%	26.85%	4.87%	
学校类型	省重点高中(d)	1.77±0.81	44.18%	38.36%	14.13%	3.34%	$F=44.330^{***}$ d,e<f,g
	市重点高中(e)	1.71±0.76	45.35%	40.61%	11.76%	2.28%	
	县重点高中(f)	2.04±0.79	25.57%	48.36%	22.66%	3.41%	
	普通高中(g)	1.99±0.81	29.05%	46.59%	20.39%	3.97%	
合计		1.93±0.81	32.78%	44.80%	18.91%	3.51%	

注：$^{***}p<0.001$。

① 国务院办公厅. 国务院办公厅关于新时代推进普通高中育人方式改革的指导意见：国办发[2019]29 号[EB/OL]. (2019－06－11)[2023－02－08]. http://www.moe.gov.cn/jyb_xxgk/moe_1777/moe_1778/201906/t20190619_386539.html.

不同学校学生对学校走班人数安排的满意度存在着差异。从地区来看，不同地区学生对学校走班人数安排的满意度存在显著差异（$F=219.244, p<0.001$），山东学生对学校走班人数安排的满意度显著高于浙江，浙江显著高于河北。具体而言，44.46%的山东学生认为学校走班人数安排非常合理，而浙江和河北这一比例分别为26.20%和19.63%。从学校类型看，不同类型学校学生对学校走班人数安排的满意度存在显著差异（$F=44.330, p<0.001$），省重点高中和市重点高中学生对学校走班人数安排的满意度显著高于县重点高中和普通高中，分别有44.18%的省重点高中学生和45.35%的市重点高中学生认为学校走班人数安排非常合理，而县重点高中和普通高中这一比例分别为25.57%和29.05%。

（二）走班教学的师资条件

总体而言，当前学校实行走班教学后师资相对比较充裕（表6-2），有36.14%的学生认为学校走班教学后教师非常充裕，41.91%的学生认为学校走班教学后教师比较充裕，仅有5.14%的学生认为学校走班教学后师资不充裕。

表6-2 不同学校走班教学后的师资充裕度

		M±SD	非常充裕	比较充裕	一般	不充裕	差异检验
地区	浙江(a)	2.03±0.83	27.71%	46.15%	21.10%	5.05%	$F=215.372^{***}$ c>a>b
	山东(b)	1.69±0.80	48.82%	36.78%	11.03%	3.38%	
	河北(c)	2.13±0.86	23.82%	46.53%	22.23%	7.41%	
学校类型	省重点高中(d)	1.75±0.85	47.47%	34.99%	12.78%	4.75%	$F=59.734^{***}$ e<d<f<g
	市重点高中(e)	1.62±0.76	52.72%	34.82%	10.22%	2.24%	
	县重点高中(f)	1.95±0.81	31.22%	46.98%	17.36%	4.44%	
	普通高中(g)	2.02±0.87	30.49%	43.19%	19.84%	6.49%	
合计		1.91±0.85	36.14%	41.91%	16.81%	5.14%	

注：$^{***}p<0.001$。

不同学校实施走班教学后的师资充裕度存在差异。从地区来看，不同地区学校实施走班教学后的师资充裕度存在显著差异（$F=215.372, p<0.001$），山东学校师资充裕度显著高于浙江，浙江显著高于河北。具体而言，48.82%的山东学生认为学校走班教学后师资非常充裕，而浙江和河北这一比例分别为27.71%和23.82%。从学校类型看，不同类型学校走班教学后的师资充裕度存在显著差异（$F=59.734, p<0.001$），学校层次越高，走班教学后师资充裕度也较高，市重点高中的师资充裕度依次显著高

于省重点高中、县重点高中、普通高中，分别有 52.72%的市重点高中学生和 47.47%的省重点高中学生认为学校走班教学后师资非常充裕，而县重点高中和普通高中这一比例分别为 31.22%和 30.49%；有 6.49%的普通高中认为学校走班教学后师资不充裕。

（三）学生对走班教学的适应度

总体而言，目前学生对走班学习适应度不是很好（表 6-3），有 43.39%的学生表示相较于固定班级，不太适应走班学习；有 26.81%的表示对走班学习适应度一般，仅有 29.80%的学生表示对走班学习比较适应或非常适应。对比发现，不同学生在走班学习的适应方面存在显著差异。从性别来看，男女生对走班学习的适应度存在显著差异（$t=-11.447$，$p<0.001$），男生对走班学习的适应情况要显著好于女生，有 18.72%的男生对走班学习非常适应，17.88%的男生对走班学习比较适应，而女生非常适应和比较适应走班学习的比例分别为 10.69%和 13.37%，均低于男生。从学习水平看，不同学习水平的学生在走班学习适应方面也存在显著差异（$F=29.192$，$p<0.001$），学习成绩处于优秀水平的学生对走班教学的适应度显著好于其他学生，而其他学生之间则不存在显著差异。有 29.94%的优秀生对走班学习非常适应，而其他学生中非常适应走班学习的比例不足 15%。因此，对走班学习的适应性可能与学习成绩互相强化，影响学生的学习。

表 6-3 学生对走班学习的适应情况

		M±SD	非常适应	比较适应	一般	不适应	差异检验
性别	男生(a)	2.83±1.13	18.72%	17.88%	25.20%	38.21%	$t=-11.447^{***}$ a<b
	女生(b)	3.13±1.01	10.69%	13.37%	28.18%	47.76%	
学习水平	优秀(c)	2.63±1.25	29.94%	14.11%	19.44%	36.52%	$F=29.192^{***}$ c<d,e,f
	良好(d)	3.00±1.08	13.99%	16.66%	24.59%	44.76%	
	中等(e)	3.06±1.03	11.62%	14.77%	29.47%	44.14%	
	差(f)	2.99±1.05	13.45%	15.41%	29.41%	41.74%	
合计		2.99±1.08	14.37%	15.43%	26.81%	43.39%	

注：$^{***}p<0.001$。

（四）走班教学后的育人空间情况

总体而言，新高考改革实行走班教学后，学校的选课教室安排比较充足（表 6-4）。有 26.44%的学生认为学校选课教室安排非常充足，有 39.96%的学生认为学校选课教室安排比较充足，仅有 13.56%的学生认为学校选课教室安排不太充足。

表 6－4　走班教学后选课教室安排

		M±SD	非常充足	比较充足	一般	不充足	差异检验
地区	浙江(a)	2.08±0.87	27.16%	44.22%	21.93%	6.70%	$F=182.381^{***}$ $c>a>b$
	山东(b)	2.04±0.98	34.66%	37.31%	17.06%	10.96%	
	河北(c)	2.53±0.98	15.78%	34.98%	29.44%	19.80%	
学校类型	省重点高中(d)	2.15±1.04	33.58%	32.62%	19.32%	14.49%	$F=30.513^{***}$ $e<d<f,g$
	市重点高中(e)	1.93±0.88	35.30%	42.97%	14.86%	6.87%	
	县重点高中(f)	2.33±0.97	21.55%	38.80%	24.79%	14.86%	
	普通高中(g)	2.27±0.98	24.53%	37.84%	23.96%	13.67%	
合计		2.23±0.99	26.44%	37.56%	22.44%	13.56%	

注：$^{***}p<0.001$。

具体到不同学校来看，不同地区学校选课教室安排的充足度存在显著差异($F=182.381$，$p<0.001$)，山东学校选课教室安排的充足度显著高于浙江，浙江显著高于河北。具体而言，34.66%的山东学生认为学校选课教室的安排非常充足，而浙江和河北这一比例分别为27.16%和15.78%。从学校类型看，不同类型学校选课教室安排的充足度也存在显著差异($F=30.513$，$p<0.001$)，学校层次高，学校选课教室安排的充足度也越高。目前市重点高中选课教室安排最为充足，显著高于其他学校，其中在市重点高中有35.30%的学生认为学校选课教室安排非常充足，42.97%的学生认为学校选课教室安排比较充足；其次，省重点高中的选课教室安排也比较充足，66.20%的学生认为学校选课教室安排非常充足或比较充足；而县重点高中和普通高中选课教室安排则相对不足，其选课教室安排充足度显著低于省重点高中和市重点高中。

(五) 走班教学育人空间变换效果

新高考改革后，走班教学带来的空间变化直接影响着学生的学校体验，对同学关系和班级组织活动都产生了重要影响(表6－5)。目前有18.30%的学生反映学校未实行走班。在实行走班教学的学生中，39.61%的学生认为实施走班制后，教学班的同学关系比行政班更加亲密；42.57%的学生认为教学班和行政班的同学关系没什么变化；而有6.80%的学生则认为教学班的同学关系比行政班更为淡薄。而且对比发现，男生认为走班之后教学班的同学关系变得更亲密的比例高于女生，有45.33%的男生认为走班教学后教学班的同学关系比行政班更亲密，而女生的这一比例仅为34.56%，这表明男生在空间变换后同学关系的处理上比女生更为擅长，对空间变换也更为适应。从学习水平看,学习成绩越好,其认为教学班同学关系比行政班更为亲密的比例也更高,有53.33%的优秀学生认为教学班的同学关系比行政班更亲密,而学习成绩处于较差水平的学生中这一比例仅为34.95%;有4.68%的优秀学生认为教学班的同学关系比行政班淡薄,而学习成绩处于较差水平的学生中这一比例为9.53%。

表6-5 走班制后教学班与行政班同学关系的对比情况

		未实行走班	更亲密	没变化	淡薄	其他
性别	男生	15.68%	45.24%	39.46%	7.08%	8.23%
	女生	20.51%	34.56%	45.37%	6.55%	13.52%
学习水平	优秀	13.01%	53.33%	33.51%	4.68%	8.47%
	良好	17.13%	40.05%	44.04%	6.04%	9.87%
	中等	18.73%	37.19%	43.84%	7.29%	11.68%
	差	25.07%	34.95%	40.75%	9.53%	14.77%
合计		18.30%	39.61%	42.57%	6.80%	11.02%

在空间变化后组织活动的变化方面也存在差异(表6-6)。在实行走班教学的学生中,18.30%的学生认为实施走班制后,原本班级组织的活动较之前变多;67.81%的学生认为班级组织的活动没什么变化;而有8.50%的学生则认为原本班级组织的活动较之前变少,甚至有2.41%的学生反映实施走班制后,许多原本班级组织的活动没有了。而且对比发现,男生认为走班之后班级组织的活动变多的比例高于女生,有25.91%的男生认为走班教学后班级组织活动变多,而女生这一比例仅为17.12%,男女生认为班级组织活动变少或没有的比例相差不大。从学习水平看,学习成绩越好,其认为班级组织活动变多的比例也更高,有35.14%的优秀学生认为施走班制后,原本班级组织的活动较之前变多,而其他学生中这一比例仅为20%左右;有9.19%的优秀学生认为走班制后班级组织活动变少甚至没有了,而学习成绩处于较差水平的学生中这一比例达到14.23%。

表6-6 空间变换后组织活动的变化情况

		未实行走班	变多	差不多	变少	没有了
性别	男生	15.68%	25.91%	62.61%	9.03%	2.45%
	女生	20.51%	17.12%	72.48%	8.03%	2.37%

续 表

		未实行走班	变多	差不多	变少	没有了
学习水平	优秀	13.01%	35.14%	55.68%	7.21%	1.98%
	良好	17.13%	20.15%	69.51%	8.49%	1.84%
	中等	18.73%	19.02%	70.19%	8.18%	2.62%
	差	25.07%	21.50%	63.18%	11.40%	3.93%
合计		18.30%	21.28%	67.81%	8.50%	2.41%

二、走班教学的当前困境

（一）学生选课盲目

新高考改革尊重学生的自主选择权，让学生根据自己的兴趣特长、职业发展取向和未来人生规划自主选择部分科目，但实际上学生选课走班的自觉意识和能力不够，存在着很大的盲目性。一是表现为不少学生选课时没有方向和目标。有调查发现，41.32%的学生自主选择科目时不知道该如何选择，存在焦虑；74.6%的学生期望教师能为自己选课提供帮助，甚至代办。[①] 二是表现为学生选课走班趋向功利取向。因为新高考背景下分数在高考中的地位依然是举足轻重的，部分学生在确定自己的选考科目时，会更加青睐那些自认为简单的、容易取得高分的科目，或者主要根据自己擅长的科目来确定选考科目，缺乏对选考时必须考虑的因素，诸如大学要求、职业规划等的思考与定夺。很显然，这种功利性的选课走班由于没有考虑各科目的内在学习规律，学生在经历高强度的学习后，往往会逐渐对一些科目失去兴趣，并产生较多的负面情绪，甚至影响身心健康发展。另外，这种功利性的选课走班对学生未来的专业学习和职业发展有可能造成不必要的消极影响。三是表现为学生选课走班存在一定的随意性。很多学生在听取他人对选考科目的介绍时，仅凭"一时兴起"的激情或者对某个教师的喜好选择高考科目，认为只要自己不排斥的科目和教师就是好的选择，然而这种激情是难以持久的，接下来的学业困难甚至会产生"适得其反"的后果，让学生忘记选课时的"初心"，以致后期的学习行为变得仓促混乱。

（二）教师压力增大

选课走班对本就升学压力大的高中教师提出了更高的要求，导致教师工作压力剧增，产生倦怠情绪。首先，对于公共关系来说，新高考改革引起了社会各界的关注，且对此的看法不一。社会与家长对改革的支持力度有限，因此教师在处理公共关系时压

① 宋立坤.普通高中实施选修走班制的实践与思考[D].济南：山东师范大学，2007.

力增大。其次，在教学层面上，由于行政班与教学班相对分离，因此教学班的数量增加在很大程度上需要更多的教师，但是现有教师的缺乏无疑增加了教师的工作量。再加上学生有自选科目与任课教师的权利，这使得某些科目的教师无人选择或者选择的人很少的情况时有发生。此外，走班制使得行政班的功能弱化，教师还必须承担部分班级管理与德育的工作，班级管理难度增大。最后，引导学生选课层面，由于高中生对于未来职业规划没有很清晰的认知，教师必须对学生的选课进行引导，为其提供建议。世界上没有两片完全相同的叶子，如何结合学生的兴趣、潜力、人生规划为他们选择合适的科目，以及如何引导说服家长正确对待学生的选课等都给教师带来了压力。

学校要求教师根据学生备课、根据学生的选择发展自身，对教师的评价也一改从前的模式。学校实施的教学组织有不同的范式，但不论何种教学组织范式，学生都处于“三无”状态，即无固定的教师、无固定的教室、无固定的同桌。面对不同面孔的学习伙伴以及教师，学生缺乏班级归属感，会出现一种被放养式的心态。教师面对不同学生，对于学生的学习情况没有真实完整的了解，出现教学质量下滑的结果。与此同时，教师在学生学习生涯中，扮演的角色多种多样，不仅传道、授业、解惑，最重要的是教会学生做人。如此种种，都意味着教师的教育教学压力与传统教学组织形态下相比都有所增加。

(三) 师生关系弱化

随着信息 2.0 时代的到来和选课走班的推进，传统意义上的一位班主任、一间教室的班级管理形态已经发生改变。在选课走班制中作为行政班的班主任，由于学生的自由度相对较大，不能及时地了解到不在自己教学班中上课的学生的学习以及生活情况，容易导致教师与学生之间的关系淡漠，情感分散，对于学生纪律涣散、校园暴力、早恋等现象也不易及时地发觉。长此以往，学生对于班级集体感、责任感、良好的道德素养以及社会主义核心价值观的培养就会更加困难。学生与教师之间的联系难以建立，沟通减少，班级容易出现真空地带。

在走班制教学中，行政班班主任和多位教学班的任课老师之间沟通渠道不畅。这主要因为同一行政班的学生因流入不同的教学班，学生之间彼此并不了解，距离感增强。行政班班主任既要与上必修课的任课老师联系，同时又要与上选修课的任课老师联系，反过来，任课老师也要同时与多名班主任直接接触、交流。这给紧张的教学工作又带来了许多的不便，班主任以及任课教师需要在百忙之中寻找机会接洽交流。而很多时候，是缺乏好的沟通渠道的。除此以外，大多数教师身兼两职，除了教学班老师，还有班主任的双重身份，在进行学科教育的同时还需要进行品德教育，但是由于走班教学的实施，品德教育的难度也大大增加。

学生的流动性强，走班的纪律与规则形同虚设，因此教学班的管理目标难以实现。具体表现在以下几个方面：一是成绩差的学生由于没有固定教师的监管，约束力不够，上课散漫，出勤率低；二是由于教学班的学生分布在不同的行政班，大家互相不熟悉，课代表收发作业的难度加大，尤其是不做作业的同学增加；三是任课教师的课后辅导因学生分布在不同的行政班难以真正做到；四是学生校时间忙于跑班加大了教学班的不稳定性，且留在行政班的时间大大缩减。因此，行政班被迫减少或者取消了一些有教育意义的班集体活动。

（四）评价管理困难

2014 年 12 月，教育部颁发的《关于加强和改进普通高中学生综合素质评价的意见》指出，“综合素质评价是对学生全面发展状况的观察、记录、分析，是发现和培育学生良好个性的重要手段，是深入推进素质教育的一项重要制度。全面实施综合素质教育评价，有利于促进学生认识自我、规划人生，积极主动地发展”[①]。由此可见，传统的评价体系不能完全适应社会的发展。

评价是促进教师、学生前进的垫脚石。选课走班制下评价管理具体表现在以下几个方面。一是班级评价标准不清。分层走班让以往建立起来的班级流动红旗、卫生评比、文明评比等管理制度被打乱，两种班级管理的内生矛盾、班级考评的新标准、考评的公平等问题显露无遗，这需要在班级评价方面的耦合性方面做出改变。二是教师评价标准不清。传统的班级授课制，对教师的评价直接与教师带班的成绩挂钩，即“唯分数论英雄”的评价不可动摇，而分层教学下，教师不仅仅要提高学生的成绩，还需要承担学生的兴趣拓展、全面发展、生涯规划与个性养成等工作，引导学生树立正确的道德观念，以往的评价标准显然与其不再适应。评价教师的主体、如何评价教师、评价教师后怎么办等问题也暴露出来了。三是学生评价标准不清。传统的班级授课制下，对学生的评价是一种单向的、静态笼统的评价。过分强调考试的甄别与选拔功能，与新高考的价值取向截然不同。倘若采用新高考之前的“分数至上”的功利性评价标准，会让刚开始适应分层走班的学生压力倍增，甚至拒绝改变。那么，如何对学生进行综合素质评价，对学生的选考、选学如何进行评价，以及如何发挥评价的导向与激励功能等都是评价管理的难题。

同时，将学生综合素质评价正式纳入考试招生制度框架内，是一项更加科学全面

---

① 教育部．教育部关于加强和改进普通高中学生综合素质评价的意见[EB/OL]．(2014-12-10)[2023-02-08]．http://www.moe.gov.cn/srcsite/A06/s3732/201808/t20180807_344612.html.

也更为重要的关键性制度建设。综合素质评价主要反映学生德智体美全面发展的情况，是学生升学的依据之一。对于学生综合素质发展的评价是促进学生全面发展的重要举措。传统的高考制度更注重“唯分数论英雄”，而在新高考制度下，更注重的是对学生进行综合性评价，其致力于将对学生的评价从单一性的分数评价转向多元化的综合素质评价，从甄别式的评价转向发展性评价，采用过程评价和结果评价相结合的评价方法。在关注学习结果的同时关注学习过程，动态性地看待学生，摒弃唯分数论的观点。对于教师来说，采取走班与非走班双重考核标准，实行各教学班成绩单独考核以及多元化考核，过程性评价和终结性评价相结合的方式，除了期末各教学班的分数之外，还可以调查学生对教师上课的满意度、教师对作业的批改情况，以及将不定期的教学课堂检查都纳入对教师评价的体系中。

（五）学校资源滞后

普通高中原有的“教师中心”资源系统与走班教学的“以生为本”的资源系统存在着天然矛盾。当学校关注每一位学生潜质、深入实施选课走班教学时，会将多数学校资源有限性的弊端暴露无遗。一是教师资源有限。选课走班制下学生对教师、科目、时间、专业等有充分的选择权，但由于选课人数多、学科分类多、选择组合多，会多出成倍的教学班，导致教师、班主任们“教不过来、管不过来”的现象时有发生。另外，不同年级学生选课不可避免地会产生“冷热”课程，这会导致一些科目教师富余，另一些科目教师紧缺的“潮汐”现象。加之不少教师对选课走班教学的适应能力亟须提高，这更加剧了普通高中选课走班教师资源需求困境。二是课程资源有限。选课走班下的学校课程开发，应像教育自选超市一般，最好将所有课程的学科分类、兴趣指向、难易程度、课程要求、任课教师等课程要素都逐一展示出来，以利学生自主选择学习哪些课程。但很多普通高中课程结构简单，无论从数量还是质量上可供学生选择的空间都很有限。三是基础设施资源有限。选课走班对学校的基础设施资源，如教室、教具、多媒体等都有硬性要求，这不仅要求学校扩充升级基础设施特别是教室数量，而且在教室设计布局上还要符合选课走班学习“流动、共享、对话”的理念。然而现实中多数普通高中选课走班基础设施资源严重不足，成了教育改革有效进行的沉重掣肘。

第三节　走班教学的共同体构建

新高考下的走班教学的出发点是以增强学生的选择权为基础，尽可能为学生的个性化成长成才提供基础与保障。保持改革热情、克服不良现状与困境，是一项重要的任务。

一、探索走班教学的实践路径

（一）坚持“育人为本”的理念

目前我国提倡“育人为本”的教育理念，培养学生良好的政治素质、道德品质和健全人格，使学生坚定中国特色社会主义道路自信、理论自信、制度自信和文化自信，引导学生形成正确的世界观、人生观、价值观。而在高中实行走班制教学制度的过程中，同样需要坚持“育人为本”的教育理念[①]。所谓“育人为本”，首先要尊重学生自主选择和学习的权利。也就是说，在新高考改革背景下，应当由学生自己根据自身的学习兴趣和学业水平来选择自己选考的科目。应当杜绝学校或教师出于各种目的或威逼利诱或强制要求学生选择某几门选考科目的现象。其次，坚持“育人为本”的教育理念还要尊重学生的差异。学生之间是存在差异的，这个差异性体现在学生的学习兴趣、学习能力以及学业水平上。因此学校在进行教学班的设立以及教师在开展教学活动时，对学生不能一概而论。教师应当通过对学生日常学习生活的观察以及谈话交流，认识到学生的学情、个性以及对未来的规划等，对不同的学生实施不同的教学策略，从而达到“因材施教”“因时施教”的效果。再次，坚持“育人为本”的教育理念还要关心、爱护学生。学生并不是教师的下属或者附庸，而是一个个不同的人。不论是学校、班主任还是教学班的教师，都应当关注学生的需求，关心学生的身心健康，关爱学生。

（二）重点加强班级管理

班级的双重性冲突与平行教育原则难题亟待破解。选课走班打破了传统的班级教学组织形式，分成了行政班和教学班。双重性冲突集中表现在学生班集体的认同感、归属感、荣誉感等集体育人功能的弱化，学生实质性交流分享的机会减少，学生学情把握精准度下降，双重班级的管理难度加大，这种平行集体教育原则失灵的形势下有可能滑向“知识中心”的教师传授模式，学生个性化发展就可能会变得有“形”无“实”。

可以探索班级管理的双轨制和导师制，加强学生的凝聚力与向心力，形成强有力的学习共同体。实行双班管理制度，在走班课中也可以有一位固定的班主任来进行管理。在双班并存情况下的班级管理必须重新建章立制，以明确班主任与学科教师的职责、学生的学习任务与德育目标、学生各管理单元的职能标准、班级考评的参照依据等，管理上要做到合理过渡、权责分明、精准管治。此外，在走课班级中还可以实行“教

---

① 罗开文，朱德全. 高中走班制变革下教师教学观念和角色的转变[J]. 教学与管理，2020(16)：1—3.

师—课代表—小组长”管理制。由于一个走班班级的学生来自于不同的行政班级，作业收发、信息传达成为走班教学中教师最头疼的事情。一是课堂当堂讲练，会浪费大量宝贵的课堂时间；二是课代表在行政班挨个收发作业，也容易造成作业拖拉和丢失。为此，采用“教师—课代表—小组长”三级管理体系，每个走班班级设有一名课代表，再从不同行政班的学生中，每班选出一名小组长。小组长收发行政班作业，对课代表负责。这样不仅可以提高效率，及时地反馈学生的学习状况，更为班主任减轻了行政工作的压力。

另外可以采用导师制，但是一位导师名下的学生应控制在十名以内，这样老师分配给每名学生的时间就多了。学生遇到问题不管是学习上的还是生活上的都可以去询问自选的导师。比如，导师可以在每周课堂教学中抽出 10 分钟时间进行师生情感对话；每周跟至少一名学生进行深入访问交谈……用细节拉近师生、生生的距离，营造宽松、融洽的班级氛围，将德育和学科教学相结合。这样每位同学就有行政班级班主任、走课班级班主任以及导师这三重管理，在很大程度上维持了走班教学的秩序，减少了班级管理的难度。

（三）强化学科教研建设

由于目前高中实行走班制教学制度尚处于探索的初步阶段，因此相同学科的教师会拥有共同的教学背景，在课堂教学和管理中也会面临同样的问题与困惑，可以更多地进行师师交流，共享教学以及管理经验。走班制教学制度同时也会带来小班化现象，这也就意味着一个老师负责的学生数量会变少，这就为师生交流提供了更好的环境要素。良好的师生交流会在课堂中带来更多积极的师生互动，也会在课堂之外激发学生学科学习兴趣。走班制教学制度会将学业水平相近，有相同学考、选考需求的学生分在同一个教学班，使得同一个教学班的学生在该学科上会有更多相同的处境和需求，这也有利于学科内的生生交流。充分且积极的生生交流可以在课堂之余提高学生的学科水平，同时还能节省教育资源。学科内部的师师交流、师生交流、生生交流旨在避免教学过程中产生学生孤立的个体成长的情况，谋求师生的共同发展，既能为学科教师获得职业自信和幸福感，也能激发学生的学科学习兴趣和成就感。

（四）深化分类分层

针对学生能力与水平存在的分化及各方对走班制度缺少认可的局面，应重点深化学生的水平分层。学生的差异不仅局限于学业水平的差异，还可以根据学生的学习态度、学习习惯、基础知识和能力水平等差异，确立不一样的教学目标、教学内容与教学方法，同时学校应对家长、学生进行理性的宣传，从心理上完全接受分类、分层的分班机制,深化分层走班机制,提高教学效能。

除此之外,为学生选科及职业规划提供指导机制可以深化走班机制中的学科分类[①]。首先,家长应根据自己对孩子兴趣与特长以及学习素养的了解,给学生一定的选科建议。其次,学校在学生选科方面必须有所作为,为学生提供一些选科的建设性意见。具体来说,学校可以为学生提供专业的生涯规划指导,并综合运用各种量表如学科学习态度量表、学科学习潜力量表、学科学习兴趣量表、职业选择意愿量表等,获取学生各个方面的测量数据,并结合学生的学科历次考试成绩与班主任及学科教师给出的实质性评价,由专家小组为每位学生提供选科意见,这样的选科策略既符合学生的学习意愿又不失科学性。

二、构建走班下的学教共同体

(一)以共同体为手段,激发学生主动性

罗杰斯认为,一个人的创造力只有在他感到"心理安全"或"心理自由"的条件下才能获得最优表现和发展。走班教学将学习的权利下放给学生,让学生自己学会管理自己,对自己负责。但是选课走班制下会出现学生选课盲目,跟着别人走的现象。因此,更需要建立一个学习团体来互帮互助,尊重彼此,共同进步。学生只有在紧密、融洽的师生人际关系中,才能对学习产生安全感并真实地表现自己,充分表达自己的个性,创造性地发挥自己的潜能。教师要善于与学生沟通,去理解学生。要让学生的主体性得到发挥,关键是为学生参与教学营造一个有心理安全和自由的氛围,消除学生在课堂上的紧张感、压抑感和焦虑感,使他们能与老师同学和谐相处,认真讨论、交流,没有顾虑地发表意见,提出问题。孔子曾说"有教无类",只有思想不受束缚,才会迸发出创造的火花。

新高考的改革提高了对学生的要求,引领学生对自己的兴趣和特长有所了解,加强对未来职业的规划。在学习共同体中,知识是平等的,所以人人是平等的。学习共同体的成员即由学习者和助学者组成的有机整体,学习者和助学者的主客体关系经常处在转化之中,学习者既是主体又是客体,既是建设者也是享有者。教师在对学生进行职业规划以及教学时要注意学生的角色,让学生的想法与行动相契合。由于学习共同体宽松的心理环境、平等的角色地位、可以尽情地畅所欲言,容易产生思想的火花和智慧的光芒,也容易产生创新的理念和方法。同时,学习共同体有助于开发学习潜能、

---

① 俞晓东.选择与适合:新高考触发学习变革的学校管理创新[J].教育科学研究,2018(06):24—29.

激发学习动机、满足学习需要、提高学习能力，是一种学习助长的机会和平台。

(二) 以共同体为媒介，增强师生交流

走班教学下师生、生生之间的交流减少，为师生搭建交流平台有利于增进师生之间的交流，加强班级向心力。基于平等的交流互动，参与者分工协作、竞争合作，获得了认知、情感和能力的发展。在交流互动的过程中，共同的话题使成员之间保持着一种默契，平等的交流使成员的信息获得放大，这就是学习共同体的“倍乘”作用。要增加相互交流学习、合作共事的机会，交互式工作就是一种“小而美”的平台和机会。教师要尽量组织一些讨论或辩论会，创设一个多种观点和不同情感交流、互动的平台，鼓励和引导全体学生的参与，完善以往“一人答，众人听”或“一人问，众人答”的单向互动，实现师生之间的多向互动，以及师生、生生之间的交叉互动。行政班的教师要把握一切机会举办各种形式的班级活动，在活动的筹备、组织和结束阶段都与学生建立更多的联系。教师了解学生，才能为学生的选课指导提供更有针对性的建议。

走班教学注重对学生兴趣的培养与个性的成长，教师要善于利用此形式融入学习共同体理念培养学生。学生是具有青春活力的“生命体”，教学要善于发挥学生的主体作用，使学生成为主动的、活泼的、发展的学习主体。选课走班制是将权利下放给学生，学生拥有自主选择权与自我评价权。在选课之前，学生可以根据自己的兴趣、职业规划、高校招生要求综合考虑进行选课。将学生的主体性置于首位，赋予其成长意义。因此，教师要把教学的重心放在如何促进学生“学”上，从而真正实现“教是为了不教”。在课堂中教师要给学生搭建平台，“有舞台就有人才”，充分调动学生的积极性，把学习主动权交给学生，让学生自己探讨、自我教育与自我体验。

(四) 以共同体为导向，强化评价力度

传统教学的评价是针对学生个人进行的，关注的是个体在整体中的位置。建立学习共同体是满足学习者的自尊和归属需要的重要途径，而有效的评价对学生个人的成长有着导向、调控、激励、监督、诊断和促进功能。为此，教师要注重过程评价，要经常“竖起拇指给学生奖赏”，为每一个学生创设体验成功的机会。选课走班尊重学生个体差异性，教师要由课堂的裁判者变为课堂学习的激励者，关注对学生学习共同体评价，实施“捆绑式”评价。比如，评选“优秀学习共同体”“最佳创作共同体”等，激发学生合作与竞争意识，打造团队精神，为学生的学习共同体创设和谐空间；激发学生参与学习共同体的积极性、主动性，提高共同体学习质量，更好地发挥“评价促进发展”的功能。这样既能增强学生的班级归属感，还能够转换对学生的评价，促进学生整体发展，营造一种整体向上的学习氛围。

选课走班以灵活、多样、自主选择为特征，既需要学校、家长的参与，更需要师生之间的配合，为师生成长提供独立的空间。选课走班制的实施使得学生的班级归属感缺失，教师可以引导学生打造师生管理共同体，每一位学生都是共同体的一分子，为班级建设提供自己的“金点子”，将自己的优势在班级管理的过程中表现出来。引导学生建立自我管理组织，负责学生的考勤、作业收发以及学生共同体的交流，定期向教师汇报班级表现、日常工作，强化学生的责任意识，加强学生自我管理意识。教师要及时进行反馈，对学生的表现进行全面评价，共同致力于提高班级共同体的建设。

同时，学校层面可以将自己看作一个共同体，积极与周边学校建立联系，根据所属学校实际发展情况，学习借鉴其他学校的长处，进一步提高适应新高考改革的基础和能力。学生学习共同体是一种内涵丰富、有利于学生主动参与的多样化的教学组织形式。教师要积极引导学生构建学习共同体，促进学习水平同层次的学生相互交流，彼此共同成长。

学习共同体的构建在上海市部分小学已有所实践，并取得了可喜的成绩。让教师充分体验到学生学习共同体对于每个团队成员来说是一个大熔炉、大舞台、大学校。在新高考背景下，普通高中也应当积极探索构建学生学习、教师交流、学校互鉴的共同体，为选课走班制的实施提供新型的组织形态，进一步解决选课走班带来的消极因素。另外，学习共同体的构建有助于培养学生互助精神、团队意识和竞争意识，是实现每个学生个人成长的摇篮、阶梯和人生驿站。同时，建构学生学习共同体是人成长的需要，是教育改革的需要，也是新课标的需要。

(五) 育人导向的学习空间改造

新高考下的选考选课选学育人方式的改变致使育人空间的功能发生了重大转换，也使原有物理空间布局与新的育人方式不匹配，甚至相冲突。不难看出，育人导向的学习空间改造成为必需和必然。第一，要充分认识育人空间功能转换的价值定位。育人空间的功能转换的出发点和落脚点是为了学生个性健康成长成才的特殊需求，育人空间转换的前提条件是新考高选考制度与数据化的智能时代，打破了学生学习的有形界域，实现学习空间从“有形”向“无形”、从“单一直线”向“立体多维”的功能转换，是育人方式变革的核心。认清其价值定位，有利于新高考改革精神的落实，有利于育人目标的实现，有利于课程教学改革的深入推进。第二，要加快学校学习空间的布局调整。实行选课走班后师生行为的变化，学生课间的频繁流动，给教室、教师办公和交通带来影响。建议以教学组团为主体、资源共享空间为中心的“选课走班制”教学楼空间模式，来体现不同学科类型教室差异化布局，“分层教学”教室空间弹性布置，教室公用空间的组合设计以及教师办公空间的多元设计等。[①] 第三，实现从教室到班级经营的功能转换。完善教室从上课场域到育人空间的综合转变，让教室成为集课堂教学、学科实验、育人文化、教师办公于一体的学习共同体，让教师真正成为教室的主人，像美国的"56号教室奇迹"[②]一样来经营教室、经营班级和经营课堂，实现教师即研究者，教师即课程。

① 袁朝晖，杨潇."选课走班制"高中教学楼空间模式研究[J].西安建筑科技大学学报(自然科学版)，2020(6)：431.

② [美]雷夫・艾斯奎斯.第56号教室的奇迹：让孩子变成爱学习的天使[M].卞娜娜，译.北京：光明日报出版社，2014：1—3.

第七章　个性化学习与精准指导

新高考背景下的个性化学习有利于发挥每个学生最大的潜能，帮助学生获得成功体验和幸福感。2014 年考试招生制度改革以来，浙江、上海两地先行试点，全国各省区市相继出台改革方案，“分类考试、综合评价、多元录取”的招考模式逐渐形成，打破了学习内容、方式、目标等的一致性，为学生的个性化学习提供了可能。学生可以根据自我发展的需要，自主选择适合自己的学习内容与方法，以充分发挥自己个性特长，实现自己的人生价值。然而，由于长期受传统高考制度的影响，目前部分普通高中依旧遵循模式化的教育教学方式，对学生的知识讲授是一刀切的，为学生提供的学习指导也是普遍化的。面对新高考带来的新变化，其教育观念、制度改革还不够全面和深入，学习设备、空间等硬件设施达不到应有的数量，无法满足学生的个性化学习需求。基于此，如何为学生提供精准指导，以帮助学生实现个性化发展是新高考背景下普通高中面临的重要难题。

第一节　个性化学习的概念、特征与理论基础

个性化学习凭借其充分尊重学生个体差异的特点，是自古以来就倡导的一种学习方式，新高考改革措施的实施赋予了个性化学习新的内涵。本节从个性化学习的概念重塑、理论基础和表现特征三个方面展开叙述，为了解新高考背景下个性化学习的相关理论知识提供参考。

个性化学习最早诞生于我国春秋时期，大教育家孔子提出了“因材施教”的教学方法，其弟子也都秉持着个性学习的理念，采用不同的学习方法在自己擅长的领域大有成就。新高考背景下的个性化学习也是期望学生能够发现自己的兴趣爱好和特长，选择并学习自己擅长的科目，以便日后从事与自己潜质相关的职业，在自己擅长的领域实现自身的价值。

一、个性化学习的概念

不同学者对个性化学习的概念界定持有不同意见，但究其根本都离不开对学生个

体差异的尊重与学生个体的差异化发展，个性化学习的概念最早是由孔子提出的，后经历了苏格拉底等教育家的界定与发展，最终演变成今天新高考背景下的个性化学习。

（一）个性化学习的概念重塑

“个性化学习”的一般概念是指，针对学生个性特点和发展潜能而采取恰当的方法、手段、内容、起点、进程、评价方式，促使学生各方面获得充分、自由、和谐的发展过程，强调学习过程既是个性的展现和养成过程，也是自我实现和追求个性化的过程。① 新高考改革赋予了“个性化学习”新的内涵，即学生根据自己的兴趣爱好和个性特长，结合自己未来的生涯发展规划，选择适合自己发展前途的考试科目并到对应的教室走班学习，以获得个性化的学习资源和学习方法等，满足学生个性化学习需求以促进学生的个性化发展。

（二）个性化学习的概念演变

1. 孔子弟子的个性化学习

孔子以有教无类的办学宗旨、因材施教的教学方法和“学而不厌、诲人不倦”的教育精神培养出了大批有才干的学生。这些学生都赞同孔子的思想，但在学术研究上也有自己独特的见解，每个学生的学习方法和侧重点各不相同，因而与孔子的对话内容也极具个人特色，如颜回问仁、子游问孝、子贡问君子等。

载予在孔子的弟子中显得尤为不同，他思想活跃、好学深思、提倡改革但是喜欢在白天睡觉，孔子曾因此批评他“朽木不可雕也”。他在孔子弟子中以“言语”著称，能言善辩，是孔子弟子中唯一敢于对孔子学说提出异议的人，其才能得到了孔子的肯定，孔子将他列为“言语”科之首，排在子贡的前面。冉雍为人敦厚，品学兼优，在孔子弟子中以“德行”著称，深得孔子器重，他主张“以德化民”，孔子对他做出了最高评价。漆雕拜孔子为师后，刻苦学习，尤其擅长《尚书》。他开发了孔子“性相近，习相远”的学说，提出了“天理”和“人欲”的概念，形成了独特的人性论。他认为，自己做得不对，即使对奴婢也要躲避；自己做得对，哪怕是对诸侯也敢对他发怒。② 由此可知，孔子弟子的学习习惯、学习态度、学习方法各不相同，在学习领域具有自己的独特见解，都发挥了自己的个性优势，在某种程度上获得了成功，这便是个性化学习的早期表现。

2. 苏格拉底的“产婆术”

古希腊教育哲学家苏格拉底倡导通过教师与学生之间的对话来获取知识，所以创

---

① 李广，姜英杰. 个性化学习的理论建构与特征分析[J]. 东北师大学报，2005(03)：152—156.

② 郑仲逊. 孔门弟子画传[M]. 北京：知识产权出版社，2012：31—47.

立了“产婆术”，以促进学生的个性化学习。学生通过与教师的交谈和辩论，在教师的不断质疑中消除自己错误和模糊的认识，再根据教师一步步的指引对所谈论的话题进行深入思考，产生自己独特的想法，从而最终发现其中所蕴含的真理。在谈话过程中每位学生都可以畅所欲言，大胆讲出自己独特的想法，教师再根据这些想法中的漏洞进行提问，让学生在不断反思中获取进步，每位学生的想法和问题都是独一无二的，但最终都能获取真理，这也就是苏格拉底学生个性化学习的表现形式之一。

二、个性化学习的特征

个性化学习的特征主要表现在学习自主、学习资源、学习方式、学习评价四个方面。

(一) 学生学习的自主性

由于成长环境与接受水平的不同，学生在知识能力、学习风格、性格特点等诸多方面存在较大的差异，教学应尊重学生的个体差异，让学生根据自己的兴趣自主制定适合自己发展的学习目标，选择相应的学习内容和学习方式等，促进学生自由而富有个性地学习与发展。新高考背景下的个性化学习着重突出了学生的主体地位，通过赋予学生自由选择考试科目的权利，将学习的主动权与主体地位交还到学生手中，改变以往教师授课、学生听讲，教师制定复习计划、学生完成复习计划的单方面学习状态，让学生可以自己制定学习计划、选择学习方法，真正成为学习的主人。

(二) 学习资源的多重性

网络时代的学习资源更加丰富，学生的个性化学习资源呈现出多重属性的特点。首先，个性化学习强调学习资源的教育性，即高中生的学习内容和时间是根据学生的心理发展特点、知识的内在逻辑和学生的发展需求等方面进行客观安排的，适合学生的学习特点，有利于促进学生的个性发展；其次，个性化学习强调学习资源的动态性，普通高中的教学要针对不同的学生发展特点、学习内容和学习环境等进行动态调整，实现学校、社会与家庭的多方协调，为学生的个性化学习提供长期保障；最后，个性化学习强调学习资源的网络化，除了通过教师的课堂讲授获取知识，学生获取知识的途径更多来源于互联网，包括碎片化信息和各种在线课程等。互联网的高速发展为学生的个性化学习提供了强有力的支持，使每个学生都能获得符合自己兴趣特点与个性需求的学习资源。①

---

① 李广，姜英杰. 个性化学习的理论建构与特征分析[J]. 东北师大学报，2005(03)：152—156.

（三）学习方式的多样性

选课走班制的实施促使学生的学习方式发生了变化，这对学生的学习提出了更高的要求，其中最突出的是学生学习的自主性。学生在确定好考试科目之后，便明确了自己的学习目标，随后开始制定相应的学习计划，并在实施计划的过程中进行自我监控并针对出现的学习问题做出相应的调整，促进自我的个性化发展。此外，走班制的实施让不同班级、甚至不同年级的学生聚集在一起，学生之间相互交流、取长补短，这利于促进学生在认知、情感等方面的发展，有效发挥合作学习的作用。

（四）学习评价的差异性

个性化学习的评价与反馈是以学习者的个性化发展为依据，充分考虑学生的个体差异性，采用多种手段对学生的学习行为和态度等进行全方面、多角度地评价，以此达到对学生的个性化学习的激励效果，有效促进学生各种能力的发展。新高考采用综合素质评价，打破了以往单纯评价学生学业成绩水平的唯分数论现象，将学生的思想品德、身心健康、社会实践等方面的发展都纳入了考核范围。将学生的发展过程看作是动态的，关注学生在学习过程的个性化体验，强调用不同的标准考核学生多方面的发展，充分尊重学生个体学习与发展过程中的差异性。

三、个性化学习的理论基础

具有众多科学理论支撑是个性化学习被广大学者推崇的重要原因之一，理论基础的科学性为个性化学习实践运用的有效性提供了前提。

（一）多元智力理论

多元智力理论认为智能是多元的，每个人在一定程度上拥有多种智能且具有自己的强项和弱项，因此每个人都可以用适合自己的方式来充分挖掘自己的潜能，不存在单一的智力和达到目标的唯一方法，教育的主要作用就是开发学生的智能，只要教育方法得当，每个学生都能成为某一领域的人才或拥有某一方面的专长。该理论的核心思想是突出个体差异，这为个性化学习提供了坚实的理论基础，新高考的价值取向就在于尊重学生的个性化发展，通过选考制度赋予学生极大的选择权，其多种科目的组合选择就是多元智能理论的认同和实践运用。[①] 可见，多元智力理论为新高考背景下学生的个性化学习提供了强有力的理论基础。

---

① 程燕慧，吴永容. 新高考改革的理念、影响及学校转型对策探究[J]. 教育与装备研究，2021，37(09)：86—89.

（二）建构主义理论

建构主义理论的核心观点是：以学习者为中心，强调学习者在学习过程中的主动性，认为学习是学习者基于原有的知识经验主动加工建构出新意义的过程，而不是教师将知识灌输给学生的过程，教师只是帮助学生建构知识的辅助者，为学生设计个性化的学习方式。新高考改变了以往课堂灌输的教授方式，学生可以选择自己感兴趣的科目和教师，并据此选择去对应的教室上课，这些改革措施有利于帮助学生积极主动地建构知识。此外，新高考背景下的教学采用发现法、探索法构建相关知识点，引导学生主动地收集、分析信息并加以论证，将所学内容与以往知识经验相联系，促进学生的知识建构。[①]

（三）元认知理论

元认知主要由元认知知识、元认知体验和元认知监控三者构成。任何个体都具有自己独特的元认知方式与风格，其元认知知识结构、元认知体验方式、元认知监控能力及三者的组合方式与发展速度、达到的水平等也各不相同。个体独特的元认知方式与风格必然导致其形成独特的个性化学习方式与风格，对元认知理论的关注是崇尚个性、关注个性的体现，符合新高考改革"以人为本"的价值取向。个体在对自身认知、体验与监控的基础上所选择或形成的学习方式，必然与自己的认知特点相吻合，其学习过程也必然能最大限度地发挥、挖掘出个体的综合潜能。[②]

（四）马克思关于人的自由全面发展学说

马克思主义认为，人的自由全面发展是以每个人自由个性的充分发展为基础和前提条件的，离开了人个性的充分发展，人的全面发展就会沦为一句空话。人的全面发展是指各方面素质和能力得到协调的发展，它主要针对传统的人格教育模式中要求千人一面和千篇一律的生活方式、发展方式，提倡在现实条件下尽可能地多样化、个性化发展。[③] 人的全面发展、个性化发展都离不开人的个性化学习。新高考改革变班级授课制为走班制，为学生提供个性化学习的空间，改变以往片面的学业成绩评价，着重于学生综合素质发展水平的评价，从多个方面进行动态评价，意味着新高考更加关注学生德智体美劳等素质的全面发展，切合马克思关于人的全面发展学说理论。

第二节　个性化学习的表现样态

新高考改革实施选课走班教学、分类考试录取、综合素质评价等，给普通高中的教

---

① 程燕慧，吴永容.新高考改革的理念、影响及学校转型对策探究[J].教育与装备研究，2021，37(09)：86—89.
② 李广，姜英杰.个性化学习的理论建构与特征分析[J].东北师大学报，2005(03)：152—156.
③ 林伯海，等.思想政治教育的人学取向[M].北京：现代教育出版社，2015：278

育工作带来了一系列新的变化，对学生的学习与发展提出了新的要求。基于此，新高考背景下学生个性化学习的表现形态也发生了变化，具体表现在教考、学习、评价三个方面。

一、教考模式的个性化

教学与考试模式的个性化主要表现在打破班级授课制的局限、实施选课走班制，打破一考定终身的局限、实施分类考试录取两个方面，为学生的个性化学习与发展提供了前提。

（一）班级授课制转向选课走班制

打破传统班级授课制是新高考给高中教育带来的最主要变化。以往高中采用班级授课制进行教学，文科或理科学生的学习时间、学习科目、授课教师等是相同的，一个班的同学在同一间教室里共同学习语文、数学和外语三门主科目，再加上政治、历史、地理或生物、物理、化学，这种学习生活模式缺少了对个体的关注，在一定程度上限制了学生的个性化发展。①

新高考背景下，以走班制代替传统的班级授课制，极大地满足了学生的个性化发展需求，凸显了对学生自主选择权的尊重与个性特长发展的关注。走班制的特点主要表现在以下两个方面：一方面，一人一课表，改变了以往全班同学共用一张课表的状况，学生可以根据自己的兴趣爱好和发展需求，选择自己喜欢的学科与教室去上课。② 另一方面，走班制突破了以往班级的固有限制，不同班级的学生在同一间教室上课有利于学生通过相互交流和探讨意识到自身的优势与不足，从而在学习上取长补短，促进学生的个性化发展。除此之外，走班制还有利于扩大学生的交际圈以促进学生人际交往能力的发展。

但选课走班制的实施也产生了一些问题。首先，由于学生的选课组合较多，学校需要权衡任课教师的上课时间、选考与学考科目的时间与地点的安排等多种因素，这无疑给学校的排课时间、师资分配、教室场地等方面的安排提出了极大的挑战；其次，选课走班制导致行政班与教学班并存，这种双管齐下的制度产生了一系列的管理问题，如班主任功能的弱化、学生缺乏归属感、班级秩序混乱等，同时行政班与教学班之间的教师与家长沟通也存在一定的障碍；最后，走班制的灵活状态给教师提出了更高的要求，导致教师工作压力渐增，出现严重的倦怠心理，学生选课时出现的“潮汐”现象

---

① 郭创任. 新高考背景下高中学校管理的创新探索[J]. 中国教师，2021(07)：102—103.

② 王润，周先进. 新高考改革背景下高中走班制机制构建[J]. 当代教育科学，2016(06)：49—53.

也是造成教师压力的主要因素，这不利于学生的个性化学习指导。

（二）一考定终身转向分类考试录取

传统高考只给学生一次考试机会，这种“一考定终身”的模式具有极大的不确定性，这种不确定的因素会给学生造成极大的心理压力，使考试无法准确反映出学生的真实水平。例如，学生的考试发挥易受环境和心理状态的影响，在考场上一旦出现状态不佳的状况，那么考生之前的努力就会付之东流，甚至会给学生造成心理问题。此外，试题的编制也无法全面反映出学生的素质发展水平，学生的复习点与试题的抽样点具有极大的不切合性。

鉴于此，新高考改革了原有的考试录取制度，在考试制度方面，“改变对所有学校所有考生采用完全相同的考试科目、考试标准和考试方式的单一评价选拔办法，根据招生学校、考生群体的不同类型和不同的考试目标，分门别类地进行考试、评价”①。在录取制度方面，“第一，实施普职分离的录取。关注不同学生的个人规划，有助于学生的理性选择。第二，实施多元评价的录取。高考考分已不再是唯一的依据，这有利于学生的综合发展。第三，实施合理的录取。推行高考成绩公布后填报志愿的方式，创造条件逐步取消高校招生录取批次，改进投档录取模式，推进并完善平行志愿投档方式，增加高校和学生的双向选择机会，这有利于维护学生的个人权益”②。如此看来，新高考改变了以往分数录取的片面考核模式，采用分类考试、多元录取的合理选拔模式，真正关注到了学生的个性特长发挥，对学生的个性化发展具有重要意义。

二、学习选择的个性化

学习选择的个性化主要表现在学生由被动接受者转变为主动学习者、由文理两种科目组合选择转变为多种科目组合选择，新高考真正赋予了学生极大的选择权，为学生的个性化发展提供了选择途径。

（一）被动学习转向主动学习

新高考选课走班制的实施促使学生适应主动学习的状态。在传统高考指挥棒的影响下，学生的学习时间、学习内容甚至学习思路都是被安排好的，学生在确定文理科的大方向后就已经明确其高考科目，这时便可以静下心来在教室里跟着教师的节奏进行学习，学生几乎没有选择的权利和自由。作为网络时代的学生，从小就通过互联网获取自己感兴趣的信息，习惯了主动挖掘知识和有趣的事物，而不是单纯通过学校教

---

① 边新灿.高考“分类考试”改革研究[J].教育评论，2017(01)：3—7.

② 张铭凯，靳玉乐.新高考改革的价值取向[J].河北师范大学学报(教育科学版)，2016，18(01)：62—66.

师的讲授来认知世界。新高考的改革更加强化了学生的主动学习行为。

新高考选科政策实施后，学生可以根据自己的兴趣爱好及需要进行自由选择，每个学生都会拥有自己个性化的课程表，这使得学生从之前整齐统一的学习氛围中解放出来，打破了以往跟随教师学习的节奏，学生开始主动地去获取知识、探索真理。在选择考试科目时，学生也会考虑自己的个性特长与未来发展规划，主动地学习有助于未来学习与生活的知识，学习对学生来说不再是强制性的任务。

但是，受传统灌输式教学的长期影响，部分学生对自主学习的价值和意义不够了解，很难找到适合自己的学习方法，甚至希望教师像以往一样制定统一的学习计划，带领自己一步一步地学习新知、复习旧知，在这种情况下学生的学习效率较低，达不到应有的学习效果，从而很容易失去对学习的热情。

（二）文理选择转向多种选择

赋予学生极大的选择权是新高考改革的突出亮点。而“文理分类是民国以来高校招生考试的基本模式。但是长期的文理分类产生了严重的弊端：在科类上形成了‘非黑即白’的两极思维定势，在文理之间形成一条鸿沟，不符合科学一方面分化越来越精细、一方面相互影响和融合的发展趋势；它引导学生形成知识结构、思维特质的严重同质化倾向，不利于学生创新精神的培养”①。

新高考打破了以往文理分科的模式，切实践行“以人为本”的理念，尊重学生的个性差异与选择权，致力于促进学生全面而有个性地发展。新高考赋予学生更多的选择权，学生不仅可以选择考试科目，还可以选择考试时间、考试类别等，学生可以根据自己的兴趣爱好、报考院校的招生要求以及对未来生涯的规划而从政治、历史、地理、生物、化学、物理等科目中进行多种选择组合，这充分满足了学生的个性化发展需求。此外，在考试时间和频率等方面，学生有两次外语考试的机会，如浙江省一年会安排两次学业水平考试，全科开考。但是，面对多样化的选科组合，学生由于缺乏清晰的自我认知和理性的选择能力，对自己的生涯发展也缺乏科学性规划，在选科时就容易出现盲目性、功利化的现象。没有将所选科目与未来的职业生涯规划相联系，导致学生在升入大学时后悔自己的选择而出现换专业等现象。

面对如此多的选课组合，学生在选择方面却存在诸多问题。首先，多种科目的组合让学生处于茫然的状态，不知道自己该如何进行选择，导致部分学生跟随其他人报考，出现盲目性的选课现象；其次，学生选课出现功利性的现象，赋分制的实施让学生

---

① 边新灿，蒋丽君，雷炜．论新高考改革的价值取向与两难抉择[J]．中国高教研究，2017(04)：61—65.

忽视自身兴趣、特长的发展需求，去选择那些得分高的科目以使得自己的总排名靠前，又重新陷入“唯分数论”的漩涡；最后，学生选课不坚定，受考试成绩波动的影响较大，如果这次考试成绩高就选择这门科目，下次考试得分低又后悔选择这门科目而换成其他科目，如此反反复复的情况导致学生学习效率和学习质量较低，很难获得个性化发展。

三、评价方式的个性化

评价方式的个性化主要表现在，由片面的学业成绩评价转变为全面的综合素质评价、由静态的书面考试转变成动态的发展测评，切实关注到学生的个性发展，打破了“唯分数论”的知识学习的局限，有利于发挥新高考个性化评价的导向与激励功能。

（一）学业评价转向素质评价

素质评价是新高考改革的重点内容之一，它有利于促进学生全面而有个性地发展。传统高考背景下，高校录取学生基本都是将考生的高考成绩由高到低进行排序，然后再按照志愿填报顺序进行录取，更多的是关注学生的认知能力发展，导致高校招生方式片面化，忽视了学生的个体差异和发展潜质，没有真正地发掘出那些有特长优势的学生。这种招生制度无法满足大学选拔人才的需求。新高考将综合素质评价用于高校招生，它不用统一的标准评价学生，而是在尊重学生差异的基础上全面呈现学生的学业水平、思想品德、身心发展、社会实践等方面的内容，从多个视角对学生进行多方面的评价，为高校招生提供更加立体、更加多样化的选拔信息，也为学生的个性独特发展提供方向。①

然而综合素质评价在具体的运用过程中也存在诸多问题。首先，各个学校的综合素质评价的考核手段和记录方法不同，记录的客观性、可靠性会遭到质疑，这种情况不仅增加了高校对综合素质评价的评判标准，而且直接影响综合素质评价结果在高校录取中的运用；其次，在选课走班教学过程中，如何在同等标准下对学生的发展状况进行客观评价是学校遇到的新难题，如综合素质评价在实际操作过程中一直存在不同评价主体的能力差异问题和如何确定各种评价所占比例问题，造成评价结果矛盾和备受质疑，进而影响到评价结果的客观性和公正性。最后，教师作为综合素质评价影响最大的主体，却由于教学任务繁多而无法切实了解每个学生，往往只根据重要的考试成绩

---

① 刘志军，张红霞，王洪席，王萍，王宏伟．新高考背景下综合素质评价的意蕴、实施与应用[J]．华东师范大学学报（教育科学版），2018，36(03)：57—68＋168．

与日常学习表现进行评价，使综合素质评价失去了原有的意义。①

（二）静态评价转向动态评价

动态评价将每个学生看作是不断进步与发展的，“唯分数论”是从静态的视角对学生进行评价，只关注学生知识领域的发展却忽视了学生其他各方面的培养，背离了促进学生全面发展的教育目的。

一方面，新高考强调扩大学生选择权、重视学生综合素质评价，在评价方法上将过程性评价与总结性评价相结合，要求建立学生综合素质档案，将学生的社会实践内容、学习内容以及身心发展状态等各方面的表现客观记录下来，关注学生在学习生活过程中的体验，而不只是最终的考试结果。② 此外，新高考还采取多次考试等措施提升了动态评价结果与学生动态真实发展水平的吻合度，反映学生素质提升过程，发挥考试对学生学习过程的诊断、反馈与激励作用。另一方面，动态评价贯穿教学活动的始终，以发展的视角看待学生，关注学生自主发展能力、实践能力以及各潜在能力的培养，体现了教育的过程性、激励性、开放性，学生在过程性动态评价的过程中不断自我审视、自我提升，突出了学生在学习过程中的主体发展价值，符合新高考改革对学生的新要求，推动着学生的长远化、全面化、个性化发展。

新高考的评价模式由静态的成绩评价转向动态的素质评价，切实尊重了学生的个体差异，有利于促进学生的个性化发展。

第三节 个性化学习的精准指导

新高考改革带来的个性化表现样态，在对学生的个性化学习提供可能的同时，也对学生提出了更高的要求，如何为学生的个性化学习提供精准指导以帮助学生顺利实现自我最优化发展，是目前高中不容忽视的问题。以下从教师、学校和技术支持三个方面展开论述，为新高考背景下学生个性化学习的精准指导提供理论参考。

一、教师提供个性化指导

教师作为学生发展的直接指导者，对学生的个性化学习起着不可估量的指导作用。在对学生进行指导前，首先要确保自身有指导的能力，能对学生个体差异化的学

---

① 张娟.新高考改革背景下学生综合素质评价的挑战与出路[J].教学与管理，2020(36)：65—68.

② 张铭凯，靳玉乐.新高考改革的价值取向[J].河北师范大学学报(教育科学版)，2016，18(01)：62—66.

习做出精准指导，在此基础上再去深入了解学生个体特征，以便因材施教帮助学生实现个性化发展。

（一）重构角色，提高自身综合能力

为了给学生提供更加有效、多样的个性化学习指导策略，教师应该树立个性化育人理念，积极学习相关理论知识，以完善自身的能力结构为学生的个性化学习提供精准指导。

1. 放平心态，培育个性化育人理念

突出学生的主体地位、关注学生综合素质发展是新高考改革的突出特点，面对新高考带来的新变化，教师在教学过程中应该积极转变教育教学理念，树立个性化育人理念，以促进学生的个性化学习。

首先，新高考改革赋予了学生极大的选择权，这一方面尊重了学生的个性差异，有利于学生的个性化发展；另一方面使得教师处于被动选择的地位，这在一定程度上影响了教师传统的权威地位，教师可能会遭遇课程所选人数不足或无人选择的境地，这对教师来讲是一个较大的心理挑战。在此状态下，教师要端正心态，从思想上认识到走班制教学的必要性，深刻思考与理解自身专业工作的意义，努力提高自身的专业素质，与同学建立良好的师生关系，用自身丰厚的知识积淀与人格魅力吸引学生，引导学生寻找自己的兴趣点并据此规划自己的学业，帮助学生实现在其全面发展基础上的个性化发展。① 其次，新高考要求学生具有一定的职业规划能力，这在客观上要求教师也应该具有较高的学业指导与职业指导能力，然而由于大部分教师只专注于自己所教科目的研究，对学生的个性化规划内容了解较少，无法为学生提供指导性的建议，这对教师来说是一个挑战。最后，教师应该对自身的角色定位加以改变，在教学过程中将学生的个性学习作为重点，弱化自身在教学过程中的主导作用，积极向引导者、参与者角色转变，促使学生自主展开学习活动，锻炼学生的自主学习能力，以此促进学生的个性化发展。

2. 主动学习，完善自身能力结构

加强学习以完善自身的能力结构是新高考改革对教师发展提出的新要求，教师由于长期处于应试教育中，普遍存在知识结构不完善的问题，对考察内容熟记于心而对非考察内容置之不理，如此一来很难适应新的教学模式。

首先，原有的教学模式下，教师只需要熟知自己所教科目的内容并进行讲授即可，但新高考改革的措施必然会将学生的兴趣爱好延伸到学科之外，教师原有的知识体系

① 彭温豪博.新高考背景下教师专业发展面临的挑战及对策[J].教学与管理，2019(27)：56—59.

无法随时为学生答疑解惑，这就要求教师努力学习交叉学科知识，构建更加完善的知识框架，真正帮助学生提高学科素养；[①]此外，教师之间应该积极构建“学习共同体”，成员之间彼此交流、互学互鉴，帮助教师寻找最优教学方法，提高教师教学质量。

其次，走班制造成了大量的学生流动，教师要进一步学习班级管理的相关知识，提高自身的专业素养和管理能力以应对流动性教学带来的困难。例如，教师可以学习使用信息技术来实施学生管理，包括对学生考勤的动态管理、对学生的综合素质评价、对学生学业成绩的动态监测、在线学习等，这些客观上都要求教师具备更高的专业素养、专业能力和信息技术的实操能力。[②]

再次，选课走班制顺利实施的条件之一就是确保学生有课可选，而大量课程的开发需要教师不断地提高学科教学知识与教学方法，以设计不同的类型、不同形式的课程满足学生的需求。在学生选择的基础上，部分科目出现“遇冷”的现象，因此教师需要学习适应新的科目教学内容以满足学校教师分配不均的要求。

最后，教师还要系统掌握心理学、教育学相关理论知识，以及个性化教育的方法及培育个性化学生所需要的知识基础，从而帮助教师掌握学生心理、提高认知能力，以便在教学实践中有效指导学生科学选课，并针对学生的特质开展针对性的生涯教育规划，帮助学生明确努力的方向。[③]

（二）因材施教，了解学生个体情况

提供个性化学习指导的前提是要对学生的个体特征进行全面了解，唯有此才能“对症下药”，从而指导学生顺利开展个性化学习。

1. 背景调查，明确学生个体特征

为学生提供个性化学习指导的前提是对学生的发展状况有一定的精准了解，在此基础上才能为每个学生提供针对性的发展指导。一方面，教师可以在学生入学前向学生家长、前学校教育工作者等与学生相关的人员进行问卷调查或走访谈话，通过调查分析了解学生的个性化特征，具体包括以下几方面：一是学生的本体特征，包括性别、年龄等基本特征及其兴趣爱好、学习态度与风格等个性化学习倾向；二是学生的生活背景，包括父母的受教育水平、学生接受家庭教育的强度、父母参与学生学习指导的频率等；三是学生的能力水平，包括以往的学习水平、思维能力及问题解决能力等，明确学生的最近发展区。另一方面，教师要向学生本人了解其个性化学习特点，如学生的

---

① 罗晓燕，李孔珍．新高考改革背景下的教师专业发展：挑战与对策[J]．教育参考，2020(03)：43—49.
② 刘建炜．新高考改革背景下普通高中应对策略研究[D]．石家庄：河北师范大学，2020.
③ 彭温豪博．新高考背景下教师专业发展面临的挑战及对策[J]．教学与管理，2019(27)：56—59.

课外兴趣爱好、最喜欢的学科、学习中遇到的最大问题、喜欢的学习方式与教师教授方法、自认为的学习水平等，学生对自己的发展状况肯定是了如指掌，因此从学生口中得到答案是最直接的途径。

值得注意的是，问卷调查和访谈等形式得出的结论具有一定的主观性，并不能完全作为评价学生基础的依据，教师要在此基础上坚持全面动态地收集学生的发展信息，从客观角度了解学生的个体情况，为日后的个性化学习活动的开展提供科学明确的起点。

2. 正确引导，关注学生心理健康

新高考改革一方面增加了学生学习的公平性，另一方面也对学生的心理健康造成了一定的影响。首先，新高考造成了学生的心理负担过重的问题，新高考的考试次数增加拉长了学生的备考时间，以往只需要准备高三时期的最终考试，现如今要提前准备考试，学生长时间处于紧张的备考中，增加了学生的学习负担，这在一定程度上影响学生的心理健康；其次，学生由于缺乏足够的人生阅历和生涯规划知识储备，在选课时易出现迷茫、犹豫不决的心理，许多学生因在选科及对未来发展方向等方面有许多困惑迷茫进而产生焦虑抑郁等不良情绪，这影响了学生的心理健康发展；最后，新高考造成了学生的恶性竞争心理，“赋分制”的实施使学生分数的高低最终取决于参加考试的学生规模和水平。新高考提供多次考试机会，让学生选取自己分数最高的那次考试作为最终成绩，在这种情况下，即使学生第一次考得很好，他们也不会放弃第二次考试，原因主要有二：一是考两次可以拉高平均分数线，二是打压第二次比自己分数低的学生。这种做法就会导致学生出现恶性竞争的心理，集体打压第二次考试的学生，对学生的品德发展造成了不良影响，导致考生出现投机取巧的心理。① 鉴于此，教师要尽早对学生进行正确的教育和引导，培养学生正确的竞争与合作意识，定期开展生涯规划教育与咨询，让学生的科目选择与未来的职业发展相联系，避免学生出现恶性竞争的行为。

心理健康教育是高中教师工作必不可少的一部分，为学生提供心理健康教育旨在帮助学生认识自己和发展自己，了解自己的心理倾向性和心理特征，从而为个性化学习的开展提供必要前提；此外，心理健康教育还能帮助学生解决成长发展中的各种困惑及问题，开发个体心理潜能，使学生能得到全面而健康的发展。因此，心理健康作为一种相对稳定的心理状态，是学生进行适宜人生规划的基本前提和保证。②

---

① 禹薇，胡中锋. 新高考之负效应及其应对策略——以浙沪两地的新高考为例[J]. 教育理论与实践，2019，39(29)：15—18.
② 鞠瑞利. 新高考背景下生涯教育与心理健康教育融合的思考与探索[J]. 教育参考，2020(06)：54—60.

二、技术提供个性化支持

信息技术作为推动社会发展的重要力量，在个性化学习指导方面发挥了不容忽视的作用，如何有效运用技术手段为学生个性化学习提供支持是目前普通高中所关注的新问题。

（一）收集数据，提供针对性辅导

为学生学习提供个性化指导，就是汇总学生的学习数据和各个高校的专业发展信息等，运用大数据分析手段为学生提供适合其发展水平的个性化学习内容和志愿、专业等，帮助学生选择与未来发展相关的科目和志愿，顺利实现个体的最优化发展。

1. 采集学生信息，推送个性化辅导内容

新高考选课走班制的实施意味着学生可以根据自己的兴趣需要选择考试科目，不同学生选择的科目不同加上学生的个体发展水平存在差异，因此教师很难提供适合每个学生特点的学习内容。为帮助学生实现个性化发展，学校可以构建网络化学习平台，借助互联网技术为学生提供个性化的学习内容。

首先，结合前面的背景调查结果，帮助学生客观了解自己的发展水平，加强学生的自我认知，了解自己的长处和劣势。然后教师将学生的个性化信息输入到学习平台，由平台进行记录分析并提供适合学生现阶段学习水平的学习方法和策略，在此基础上为学生出示适合其发展水平的学习内容，帮助学生有目的性地进行学习；其次，平台记录学生的学习成绩变化和学习效率等信息，帮助学生明晰自己的优势学科，推送与优势学科相关的职业生涯信息，帮助学生顺利选科以实现其职业理想；最后，平台还可以为学生答疑解惑，及时调节学生因学习造成的心理压力，有些同学可能会因为隐私等原因不愿意找教师或者同学去倾诉，而学习平台的隐蔽性刚好解决了学生的隐私问题，将自己的疑惑与难处在平台上进行倾诉，平台会出示相应的解决措施。①

总之，学习平台就如同学生的私人指导教师，收集学生各方面的发展数据进行分析（既包括学生的优秀表现，也包括学生的不良学习行为），提供适合学生个性化学习的策略、方法及内容，从而为学生提供精确化、细致化的学习辅助支持，以指导学生有效达成个性化学习的目标，最终帮助学生实现个体的最优化发展。

2. 汇集高校信息，构建个性化志愿平台

大数据在学生志愿填报中的运用优势随着新高考选课、志愿填报改革等政策的发

① 杨运，闫守轩. 新高考改革背景下高中生选科问题与对策[J]. 教育理论与实践，2019，39(29)：11—14.

展越来越突出。在海量的信息和不断变化的政策面前,许多考生家长逐渐开始适应和依赖大数据,在此背景下,基于大数据技术的互联网志愿咨询平台应运而生,体现出巨大的发展前景。① 志愿填报是考生进入大学的一个关键步骤,志愿填报的科学性、专业性、适当性直接影响学生职业生涯的发展,甚至决定学生的前途发展。

目前学生在志愿填报上存在着诸多困惑。首先,在学校的选择上,学生需要耗费大量的时间和精力去了解学校的文化氛围、就业情况、软硬件设施等基本情况;其次,在专业选择上,学生需要综合考虑不同专业的发展特色、就业形势以及未来专业内容的变化情况;最后,志愿填报流程较为复杂,平行志愿的设置是为了降低学生滑档的风险,但学生还是需要在综合考虑对本专业的兴趣、个人能力匹配度的情况下,做好自我发展规划,分析所填志愿实现的可能,降低志愿填报的风险。所以,如何帮助学生填报适合自己且与未来生涯发展密切相关的专业是学校面临的主要问题。

为解决这个问题,学校可以借助大数据构建个性化志愿填报指导平台。首先,平台汇聚各大高校的专业信息、就业情况、招生人数与分数线等,让学生详细了解每个专业背后的信息,即这份职业具体是从事哪些工作,报考这个职业需要具有什么样的能力等,通过数据的对比分析,让学生了解各个院校志愿填报的风险系数,降低学生在志愿填报过程中的风险;其次,根据学生的个性需求以及学生在考试中表现出来的专业能力,将这些院校专业信息进行排序和筛选,为学生提供个性化的志愿填报方案,方便学生及时找到适合自己的各种志愿信息,避免志愿填报单一化带来的风险;最后,平台针对学生选择的意向学校和专业进行追踪,实时、动态、全方位地监控与志愿相关的公告、数据和事件等,强化志愿填报风险规划,提高学生志愿填报的科学性和合理性。②

(二) 动态评估,生成个性化简历

新高考实施综合素质评价表明,学生是动态发展的,需要运用信息技术开展个性化评估,为学生提供个性化反馈以指导学生不断调整和优化,最终实现个体最优化发展。此外,运用技术手段记录学生的发展过程并生成个性化简历,便于高校实现精准招生。

1. 精准分析,开展学生个性化评估

新高考践行"以人为本"的价值理念,打破了以往只用分数来判断学生学习优劣的状况,采用综合素质评价的方法,充分尊重学生的个性差异。然而由于学生的素质发

---

① 杜永贵.大数据技术在学生志愿填报中的应用分析[J].软件,2021,42(07):178—180.
② 杜永贵.大数据技术在学生志愿填报中的应用分析[J].软件,2021,42(07):178—180.

展水平各不相同，我们无法采用统一的标准去评价每位学生的表现。教师要根据每位学生的特点和差异性发展水平，为每位学生制定个性化的评估标准，这样才能真正反映出学生的实际发展水平。

要突出学生的个性化评价，就必须运用大数据对学生进行个性化特征的数据分析，包括学生的选课情况、课堂表现、学业成绩、实践活动、热点关注情况等，其中有些方面原本是不可测量的指标，通过大数据的支持也成为可以量化的指标，通过对这些数据的多角度、有效地深入分析，为教师提供即时感知、实时监控和早期预警。此外，通过数据挖掘找到各种数据间的相互联系，由此对学生进行全面了解，制定差异化的评价标准并对学生展开评估，以通过结果反馈达到对学生的学习行为进行差异化、个性化的指导目的。

当然，对学生的评价不能仅仅关注学生的学习或考试成绩，要对学生的日常学习习惯、学习态度等各方面的表现进行评价，还可以延伸到学生的生活习性、心理健康等方面，所以在制定评价标准时要细化到每位学生的方方面面，真正为学生量身打造一份“专属标准”，顺利开展个性化评估活动。

2. 持续评估，生成个性化发展报告

以往对学生的评估都是以书面考试成绩作为依据，忽视了学生的动态发展，无法反映出学生的综合实力。新高考将学生的综合素质列为评价重点，而综合素质是一个庞大又复杂的系统，学生的思想情感等方面的发展很难通过行为表现出来，传统的测量方法无法实现对学生综合素质的全面评估，因此，我们需要借助大数据平台实现对学生的长期动态评估。

具体来讲，平台充分挖掘学生内隐的和外显的思想品德、身心健康、学习动机等方面的数据进行分析，将分析结果汇总到学生个人的档案中，形成暂时性的评价报告。然后平台持续对学生各方面的发展进行监测，并根据学生的发展状况不断更新档案库中的数据，在此基础上定期对学生的各种行为进行分析，帮助学生找出自己的不足，提出相应的指导意见，帮助学生朝着更好的方向努力。最后，教师将每次的分析报告放入学生的电子简历中，留作学生的动态成长记录，为高校精准招生、挖掘优秀生源提供一定的数据指标。

三、学校提供个性化环境

作为学生日常生活与学习的地方，学校的育人空间、制度建设等方面对学生的个性化发展起着潜移默化的作用。鉴于此，学校应该从课程建设、师资队伍、资源管理等方面进行优化，为学生提供良好的个性化学习环境。

(一) 深化改革，创设个性化育人空间

课程体系与师资队伍的建设水平会对学生的学习体验造成直接影响，新高考的选课走班制对学校课程建设水平及师资队伍水平提出了更高的要求，学校应该完善教育体系和考评制度，激发教师工作的积极性，为学生提供适宜的个性化学习空间。

1. 加强课程建设，完善学校教育体系

新高考改革以促进学生个性化、过程性和丰富性的发展为核心价值取向，直接影响学校的课程建设。在新高考选考导向下，学校的课程建设呈现出几十种组合方式，如何开设丰富多样的课程体系、打造优质的课程组合是普通高中课程建设面临的主要困惑。

学校在积极推进课程建设过程出现了一些急需解决的问题。一方面，学校课程建设的形式化问题。在走班制实施的背景下，学校看似围绕学生选择多的“潮流”科目开设了丰富多样的课程，实际上高考科目却严重挤压选修课等非高考科目，或者说用选修课的名义来安排考试科目的内容。此外，课堂教学的本质还是没有发生变化，仍然关注学生掌握了多少知识、做出了多少题目，忽视了学生成长的差异化，没有注重学生学习的过程性，学生在课堂学习中依旧处于从属地位；另一方面，学校课程建设的碎片化问题。课程目标、课程内容、课程实施及课程评价等是学校课程建设体系的重要组成部分，各个部分之间是密切联系的，但学校往往只注重其中的一个部分，忽视了其整体联系的价值，如生涯规划教育与学科教学的内在联系。学校在推进课程建设过程中将各个学科割裂开，忽视了学科知识之间的内在关联，任课教师也不关注与本学科无关的知识，在碎片化的课程体系下，学生缺乏整体性、结构化的知识，不利于其认知结构的完善和个性发展的全面性。[①]

为构建全面而又系统的课程体系，首先，学校要明确课程建设的价值定位，将促进学生全面、富有个性地发展作为课程建设的根本目的。根据不同年级、班级及学生群体的发展特点、学习风格和学习能力，调整、删减、整合部分课程内容，根据学生发展需要和相关规定重构课程体系，将课程分为基础必修、基础选修、学科拓展等部分，切实保障学生选科需求，满足学生个性化发展的需要。其次，要充分挖掘课堂的多重价值。课堂是学生学习知识的场所，但是这种知识不是零散的，而是相对完整的知识体系，学生不仅要理解概念和原理，还要把握知识之间的本质联系。教师在教授知识的过程

① 杨清.新高考背景下学校课程建设的困境与出路[J].教育科学研究，2020(10)：62—67.

中,要注重培养学生的思维能力,让学生获得积极的精神体验和正确的价值观。① 最后,坚持课程建设的系统化推进。学校既要全面把握课程建设内部各要素之间的关系,又要充分考虑课程与学校教育其他要素的联系,在适应新高考改革的同时也要体现具有学校特点的课程内容。例如,围绕核心学科开展多种形式的拓展性课程,如研学旅行活动、兴趣社团活动等,加强学科整合与渗透,促进学生个性化学习与发展。②

2. 完善考评机制,提高教师工作的积极性

导向正确、合理完善的教师考评机制,不但可以调动教师参与课改的热情,而且还能促进教师的专业发展。走班制的实行打破了原有的行政班,以学习任务和内容为基础形成的各种教学班广泛存在,教学班中学生的选考科目不同,其学习基础和能力也有所差异,这种情况使得教学质量评价和教师绩效评价失去了原有的共同科目与群体基础。若还是按照以往的考评方式,就会挫伤教师的工作积极性,鉴于此,学校必须针对走班制的特点制定科学有效的考评机制,提高教师工作的动力,从而为学生发展提供有效的指导。③

首先,学校应该本着主体多元、注重过程、结果客观的原则,重新构建教师考评机制。新的考评机制要有继承性,利于培养教师的主人翁精神,调动全体教师的积极性,使其适应新高考背景下的教育教学工作,全面促进教师专业成长。其次,考评的内容也要发生改变。以往学校会以教师的工作量、教学质量和常规教学工作检查三个维度为评价依据,在新高考改革措施下,学校对教师的考评还应该加入学生的学业考试成绩、教学模式的评价以及教师对学生综合素养的培养成效等内容,做到考核有记录,过程公正客观,结果可查询,情况有反馈,发挥教师评价体系对教师专业发展的激励功能,以期教育与教学质量的提升。最后,深化人事制度改革。新高考背景下学校人事管理制度的积极调整能够为教师发展提供有力的制度保障。坚持按劳分配为主的制度,探索低职高聘、高职低聘、绩效多元化、教职工岗位津贴、高考和选考科目与学考科目差异津贴等制度,以此充分调动广大教职工的积极性、主动性和创造性。此外,还要改革教师聘任制,建立“学校引导,学生选择”的全新教师聘用机制,即学校既要根据教师的平时表现和业绩考评结果统筹安排,又要把部分选择权交给学生。④

总之,学校应该紧跟新高考的发展理念进一步完善教师考评机制,发挥教师评价

① 杨清.新高考背景下学校课程建设的困境与出路[J].教育科学研究,2020(10):62—67.
② 刘建炜.新高考改革背景下普通高中应对策略研究[D].石家庄:河北师范大学,2020.
③ 屠永永,刘红霞.新高考改革对普通高中学校管理的影响研究[J].教育观察 2018,7(20):4—6.
④ 陈云超.新高考来了,普通高中教师发展如何未雨绸缪[J].教育家,2017(15):46—47.

体系对教师专业发展的促进作用,激励教师不断提高自身的教学水平和管理能力,最终促进学生的个性化发展。

(二) 加强投入,创建智能教管模式

智能化考务管理可以有效解决选课、走班带来的一系列繁琐问题,减轻教职工日常管理的负担,使学校管理工作更加高效。而学校教育资源的不足妨碍学生的个性化学习的有效进行,学校要加强投入,整合现有教育资源,为学生提供更多个性化学习空间和资源。

1. 更新管理模式,开展网络化考务管理

考务管理包括设置考试信息、考场编排、成绩录入、考务档案建设等。在新高考背景下,高效的考务管理能够大大提高学校的办学效率。新高考选科走班制的实施给考务管理带来了新的挑战。由于学生的选择不同,不同科目的选择人数存在较大差异,导致有的班级人员不够半数,有的班级人数却过多的现象,这种情况易使学科教师出现疲惫的状态,如受欢迎的科目其原有教师数量过少导致人均课程工作量急剧增大。此外,大量教学班的出现使学校的日常管理工作也加大了难度。① 鉴于此,学校应该加大对网络设备的资金投入,充分利用现代化设备进行网络选课、排课、分班、考试批改等工作。

在进行排课时,利用信息化手段分析每个班级的开课时间和人数,提供系统化的排课表,帮助学生根据自己的时间合理安排课程,促进教学排班的效率;也可以根据学生的选考模式运用信息化技术分别合理安排考场和座次,采用网络化智能监考来有效解决人工排考效率低、难度大的难题,提高考务效率,减少人工监考的弊端。同时,完善考务档案的建设,建立智能电子档案袋,详细记录考试违纪、学生成绩、试题等信息,为后续考试工作提供资料参考。此外,将学生的考试成绩录入信息库进行综合比对分析,为教师改进教学方式和策略提供参考价值,这样更有利于教师的因材施教,使考务管理工作走上智能化、规范化轨道。

2. 整合教育资源,提供个性化学习环境

新高考改革意味着教学方式和学习方式的变革,学生将根据自己的需求选择考试科目,改变了学校原本一致性的教管模式,造成教学资源投入不平衡的问题。

为适应新高考改革教学的要求,解决学校教育资源分配不均的问题,首先,学校要结合本校实际情况,充分整合、挖潜现有教学资源,通过科学管理,提升利用效率,保证

---

① 程燕慧,吴永容.新高考改革的理念、影响及学校转型对策探究[J].教育与装备研究,2021,37(09):86—89.

教室、实验室、电子阅览室、社团活动室等教学用室的使用需求，并充分利用周边社区和社会资源，保证生涯规划教育、社区志愿服务、社会实践等活动的开展；其次，学校要在整合现有资源的基础上，加大对相关软件硬件设备的建设投入，通过增加学校教室与功能室数量、扩建学生活动场地等为学生个性化发展提供基础保障。例如，在学习空间的划分上，可以分为教室学习空间和非教室学习空间，现实学习空间和虚拟学习空间等。其中教室学习空间又可划分为普通学习室、共享讨论室、创新实验室等，非教室学习空间又可划分为政治、物理、地理等学科研习室，满足学科教学与学习的需要。学校在建设场地的过程中要积极与教育部门协商沟通，有效缓解学校建设过程中的经费紧张问题。[①] 最后，学校与学校之间还可以共享师资资源，通过整合不同学校的师资需求信息，在合理的范围内加强教师的流动教学，形成有效的师资团队，满足区域内不同学校的差异化需求，有效缓解学生选科导致的师资分配不平衡的问题。

通过以上措施整合学校的现有资源、增加学校的不足资源，为学生的个性化学习提供强有力的环境支持，确保学生在舒适自由的学校环境中获得最优化发展，以实现学生的个性化成长。

---

① 刘建炜.新高考改革背景下普通高中应对策略研究[D].石家庄：河北师范大学，2020.

第八章　终身发展与生涯规划

新高考综合改革的核心精神是坚持正确的育人导向，遵循育人为本的基本原则，培养德智体美劳全面发展的社会主义建设者和接班人。把促进学生健康成长成才作为改革的出发点和落脚点，遵循教育发展规律和人才成长规律，克服唯分数论、一考定终身、学生选择性不够和过度偏科等问题，扭转片面应试教育倾向，深入实施素质教育。[①] 普通高中教育的根本任务是促进学生全面而有个性地发展，为学生适应社会生活、高等教育和职业发展做准备，为学生的终身发展奠定基础[②]。

第一节　新高考与终身发展

高考综合改革和普通高中课程改革是推进普通高中育人方式改革的重要抓手[③]，推进普通高中育人方式改革要着力构建德智体美劳全面培养的教育体系、促进学生全面而有个性地发展、创新人才培养方式、完善考试招生和评价制度、强化师资等保障条件等[④]。党和国家制定的改革目标是拓宽终身学习通道，构建衔接沟通各级各类教育、认可多种学习成果的终身学习立交桥。

一、终身发展的相关理论

当谈及"终身发展"时，人们普遍将其作为一个约定俗成的术语来使用，想当然地认为终身发展是一个无需阐述的概念，但是对于终身发展的概念界定，却很少有学者对其进行论述。那么谈及终身发展，我们就必须要关注到终身教育和终身学习。因为无论是终身教育还是终身学习都是为了促进人们的终身发展。终身发展是最终目的，为了实现这一目的，需要借助于终身学习和终身教育，其中，终身学习体现的是学习者的主动性，是内因；而终身教育体现的是社会提供的保障条件，是外因。[⑤]

---

① 上海市、浙江省深化高考综合改革方案[M]. 北京：人民出版社，2014：27.
② 中华人民共和国教育部. 普通高中课程方案(2017 版 2020 年修订)[M]. 北京：人民教育出版社，2020：1.
③ 尹后庆. 深入推进普通高中新课程体系建设[J]. 中国教育学刊，2020(8)：5.
④ 杨银付. 新时代普通高中育人方式改革如何推进[J]. 人民教育，2019(Z2)：1.
⑤ 王杭. 基于毕生发展观的现代职业教育体系终身发展维度[J]. 职业技术教育，2017，38(10)：13—18.

（一）终身教育

虽然终身教育这一概念广泛地出现在人们的视野中是在19世纪末20世纪初。但是，从广义上来说，教育作为一种传递社会经验和培育人的活动，在人类出现以来就已经存在，所以关于终身教育的思想其实很早就已经开始出现在各个国家中。我国的民间俗语“活到老，学到老”；孔子提出“吾十有五而至于学，三十而立，四十而不惑，五十而知天命，六十而耳顺，七十而从心所欲，不逾矩”和“人非生而知之者”等名句都指向人需要一生不断地去学习。颜之推也指出，“幼而学者，如日出之光，老而学者，如秉烛夜行，犹贤乎瞑目而无见者也”，倡导人们要终身乐于学习。在古代西方，终身教育的萌芽也发展着，希腊著名的哲学家苏格拉底、柏拉图、亚里士多德都十分关注教育，他们认为人一生接受的教育不是一次性的，而是连续不断的。例如，亚里士多德就主张“儿童和需要教育的各种年龄的人都应受到训练”。①

由此可见，终身教育的思想早就在一些国家中有所显现。但是促使终身教育成为一大教育思潮、形成一个完整的体系，甚至在全球范围内进行普及的是保罗·朗格朗。他在1965年提出了终身教育思想并进行论述。他曾主持召开了联合国教科文组织第三届成人教育促进国际会议，在该次会议上朗格朗正式提出了关于推广终身教育的提案。朗格朗终身教育提案的主要观点大致反映在以下五个方面。

(1)（社会）要为人的一生（从生至死）提供教育或学习的机会；

(2) 从人的发展和综合的统一性观点出发，各级各类教育的实施必须协调和统合；

(3) 小学、中学、大学及其他地区性社会学校、地区性文化中心所发挥的教育功能，（政府）应予以支持和鼓励；

(4)（政府或社会）应为本国公民有关劳动日的调整、教育休假、文化休假等针对本国公民的制度或措施的实施起促进作用；

(5) 为了对以往的教育观念做根本的改变，应使此理念（终身教育）渗透到教育的各个领域。②

此外，在1970年，联合国教科文组织出版了保罗·朗格朗的《终身教育引论》。在该书中，朗格朗对终身教育进行了界定，即“我们所说的终身教育是一系列很具体的思想、实验和成就。换言之，是完全意义上的教育，它包括了教育的所有各个方面、各项内容，从一个人出生的那一刻起一直到生命终结时为止的不间断的发展，包括了教育

① 陆磊. 终身教育与职业教育体系构建[M]. 北京：中国书籍出版社，2018：6.

② 吴遵民. 关于现代国际终身教育理论发展现状的研究[J]. 华东师范大学学报（教育科学版），2002(03)：38—44.

各发展阶段、各个关头之间的有机联系”[①]。

朗格朗对终身教育的定义包含两层重要的含义。其一，终身教育应该是一个人从出生到死亡的一生的教育。朗格朗认为：“将人的一生人为地划分为学习和劳动两个阶段，学习阶段用来积累知识，劳动阶段则一劳永逸地使用这些知识，是既不科学也不合理的。教育，不能停止在儿童期和青年期，只要人还活着，就应该是继续的。”[②]其二，终身教育是个人以及社会整个教育的统一综合。即终身教育不能仅仅局限于某个人单独的教育，而要将个人融入到国家、社会整体的教育来进行，个人一生受教育的机会与社会教育机会的统一才是终身教育。教育无处不在，它存在于社会生活的各个方面，充分调动和统一社会各个领域的教育机能以满足任何人在任何地方、任何时候所提出的学习要求。综上所述，所谓终身教育是人们在一生中所受的连续的（纵向的）、各方面的（横向的）教育的全部统合。统合不同于堆砌，而是一个有机的整体。简言之，终身教育是贯穿于生命全过程的全部教育，不是传统教育的简单延伸。[③]

1972 年，联合国教科文组织发表《学会生存——教育世界的今天和明天》报告，将终身教育思想带入了更高的认识层面和更加广泛的全球推进平台。该报告中提出“终身教育这个概念包括教育的一切方面……换言之，终身教育并不是一个教育体系，而是建立一个体系的全面组织所根据的原则，而这个原则又是贯穿在这个体系的每一个部分的发展过程之中的”[④]。该报告有关终身教育的内涵、目的，以及与民主社会相关的一系列观念与见解，成为被后人无数次引用的经典，被视为“理念型终身教育”的最佳代表。

1996 年，在题为《教育——财富蕴藏其中》的报告中，“把与生命有共同外延并已扩展到社会各个方面的这种连续性教育称之为终身教育”，并且指出终身教育是进入 21 世纪的关键，同时也是适应世界发展的需要和进一步适应个人不断变化的生活节奏的条件。报告强调终身教育不是一种遥远的理想，而是在一系列强化这种教育需求的复杂环境中日趋形成的一种现实。[⑤]

对于终身教育的概念目前并没有完全统一的说法，但是我们可以发现每种说法都存在几个相同的要点，即终身教育是一个持续性、动态发展的过程。终身教育的概念，并不是一个教育体系，而是把它作为一个“原则”来看待，因而形成了一种新的教育思

---

① [法]保尔·朗格朗.终身教育引论[M].周南照，陈树清，译.北京：中国对外翻译出版公司，1985：15—16.
② 王思斌.转型期的中国社会工作[M].上海：华东理工大学出版社，2002：1.
③ 刘雅丽.终身教育与终身学习的现代思考[M].长沙：湖南人民出版社.2008：25.
④ 王丽，王晓华.成人教育、继续教育与终身教育——概念的解读与辨析[J].继续教育研究，2010(11)：4—6.
⑤ 国卉男.当代国际终身教育政策的回顾与展望[J].外国中小学教育，2013(01)：17—23.

想。教育不再是学校的同义语，不再是累积知识为生活做准备，教育是为了建立一个不断演进的智力体系——学会生存。①

（二）终身学习

2019年发布的《中国教育现代化2035》中明确提出，要全面建成服务全民终身学习的现代教育体系。《中共中央关于制定十四五规划和2035年远景目标的建议》中明确指出，要发挥在线教育优势，完善终身学习体系，建设学习型社会。终身学习不仅是生存手段，更是生存方式、生活方式；终身学习不仅是权利，更是义务，是个人和社会发展之所需。

终身学习是贯穿人一生的持续性学习过程，终身学习理念不仅是国际组织倡议的“一项运动”“教育愿景”或“理论宣言”，更已成为国际公认的促进社会和教育变革的必要使命陈述。1994年，在意大利罗马举行的“首届世界终身学习会议”提出终身学习是21世纪的生存概念，并最终采纳终身学习的定义为“终身学习是通过一个不断支持的过程来发挥人的潜能，它激励并使人们有权利去获得他们终身所需要的全部知识、价值、技能和理解，并在任何任务、情况和环境中有信心、有创造性和愉快地应用它们”。由此，我们可以看出，终身学习的目标是指向人的终身发展，它包括人的各方面的发展。

当下，我们可以在各国的教育政策文本中看到有关“终身学习”的表述，但对于“终身学习”的概念界定却仍未达成统一共识。整体而言，终身学习的概念是在综合了终身教育和学习化社会的基本思想精髓后产生的，具有很强的针对性和完善性。它至少包含以下几个方面的内涵：第一，高扬社会成员的主体性，学习是贯穿其一生的自觉行动。第二，社会就是一个有机的教育系统，它具有随时随地满足社会成员学习的能力和条件。第三，学习途径扩大，学习机构不仅仅是学校，还应充分发挥图书馆、博物馆、体育运动设施、各种文化设施和各种大众传播媒介等的作用。② “终身学习”成为各国常用的教育理念“口头禅”，似乎适用于所有情境而无需进一步解释，成为不言而喻的“公共利益”。③ 但是，随着人们对终身学习研究的不断深入，我们对终身学习的认识也有了新的看法。

在人类进入工业社会以来，科学技术的更新、劳动力市场的变化、知识获取途径的便捷等，促使“一次性学习时代”结束，人们必须不断地接受教育和学习以适应不断变化的社会来生存。在这样的大环境下，联合国教科文组织发布了《学会生存——教育

---

① 王丽，王晓华.成人教育、继续教育与终身教育——概念的解读与辨析[J].继续教育研究，2010(11)：4—6.

② 刘雅丽.终身教育与终身学习的现代思考[M].长沙：湖南人民出版社，2008：72.

③ 桂敏.国际视域下终身学习概念特征、政策逻辑与价值反思[J].职教论坛，2021，37(01)：163—170.

世界的今天和明天》报告，使得终身学习这一名词广泛地出现在人们的视野当中。

《学会生存——教育世界的今天和明天》报告中提出，通过教育培养完人，即促使个体“自我肯定”“自我独立”，使人能成为“真正的自己”，能够自主地持续学习，这就是“学会生存”的基本含义，也是终身学习的价值追求。1996 年发布的《教育——财富蕴藏其中》，在更广阔的国际经济、政治、文化背景下论述教育的作用及有关问题，对终身学习做了更进一步的阐释。报告开宗明义，强调教育作为现代社会存在和发展的巨大财富，“面对未来的种种挑战，教育看来确实是使人类朝着和平、自由和社会正义迈进的一张必不可少的王牌”。而终身学习则是不断挖掘这一财富的重要手段。[①]

20 世纪末，面对即将进入的 21 世纪，人们期望世界经济能有更好的发展、社会矛盾能有所缓解、环境得到有效的改善。在此背景下，联合国教科文组织持续倡导终身学习，并明确提出了面向 21 世纪教育发展的四大支柱：学会认知、学会做事、学会共同生活、学会生存。致力于“使教育成为受教育者个人和社会成员在认识和实践方面的一种全面的、终生持续不断的经历”，使每一个人都能发挥和加强自己的创造潜力，挖掘出隐藏在每个人身上的巨大财富，实现“学会生存”的深层意涵，实现人的全面发展。

从 20 世纪 70 年代到 21 世纪初，终身学习理念从提出到在全球范围得到关注和认可，其内涵不断地丰富与扩展。学会生存，把学习作为一种个人的生存方式，迈向学习化社会；学会关心，关心所有人和事物，与其他生命和地球维系一种有意义的连接；学会认知和学会做事是学会生存的有效方式，它们构成了学会共同生活的基本要素。从生存到共存，由共存求生存，这一认识过程体现了终身学习理念从侧重观照个人的生存与发展逐渐深入到重视人与人、人与自然、人与社会的相互依存、相互建构和相互完善，逐渐形成以学习化社会为基础，以人自身的潜力为动力源泉，关注人与社会、自然可持发展的终身学习理论体系，标志着终身学习理念的不断丰富和发展。

随着时代的变迁，终身学习的最终目标也发生了改变，即实现全民的可持续发展。2005 年 3 月，联合国正式启动《联合国可持续发展教育十年(2005—2014)国际实施计划》，标志着旨在促进可持续发展的终身学习理念进入全面实践阶段。这个“十年计划”的总体目标是，把可持续发展观念贯穿到学习的各个方面，以改变人们的行为方式，建设一个全民的更加可持续发展和公正的社会。[②] 这也表明终身学习的发展趋向是实现全民的可持续发展。

---

① 联合国教科文组织. 教育：财富蕴藏其中[M]. 北京：教育科学出版社，1996：前言.

② 联合国教育促进可持续发展十年国际实施计划(2005—2014)[R]. 北京：北京教育科学研究院可持续发展教育研究中心：32.

关于终身学习的系列报告，从最初提倡“学会生存”到提出“可持续发展”理念，凸显了其对终身学习内涵不断深化的逻辑思考。这一过程展现了终身学习从一种教育思想逐渐发展到关注人的生存与发展，进而演化为人们的一种权利与生活方式，历经理论—实践—反思的嬗变过程，其张力从人类自身求得生存扩展到人与社会、自然的可持续发展，为引领世界各国终身学习实践提供了明确的指导思想。①

终身学习的内涵是一个动态发展的过程，在不断地演变，但是我们也可以看到，终身学习内涵的嬗变经历了理念深化、实践发展到价值体系的反思三个过程。在理念深化阶段，从关注人的社会适应性，关心人的生存与发展，到关注作为整体的、系统的“人们”的理性成长，构建学习化社会；在实践发展阶段，经历了可持续发展十年计划，逐步将可持续发展观念贯穿到了学习的各个方面；在价值体系反思阶段，反思终身学习的价值追求应该是超越功利，通过持续性地主动学习开发个人潜能，促进人与社会、自然的全面可持续发展，促进世界和谐发展。②

二、终身发展的价值意义

人总是处在未完成之中，因此，人的生命具有未确定性和无限发展的可能性。从这个意义上说，人的生命是一个不断产生意义、对自我进行创造和超越完善的过程与学习过程，是一个终身发展的过程。③ 美国人本主义心理学家马斯洛在论述人的动机时提出了需要层次理论。马斯洛认为，“人是一种不断需求的动物，除短暂的时间外，极少达到完全满足的状况，一个欲望满足后，往往又会迅速地被另一个欲望所占领。人几乎整个一生都总是在希望着什么，因而也引发了一切……”④人是永远有所要求的动物，人的一生实际上都处在不断地追求之中。为了达到自我终身发展的目的，人们接受终身教育，主动进行终身学习是一个必然趋势。

（一）从终身教育的角度看终身发展的价值意义

朗格朗认为，在当今世界，那种拥有一种知识或技能后可以终身享用的观念已经过时，教育不再是单纯地获得知识，而在于促进个人的发展。因此，教育的主要责任在于，“首先，组织适当的结构和方法，帮助人在一生中保持他学习和训练的连续性。其

---

① 李兴洲，耿悦. 从生存到可持续发展：终身学习理念嬗变研究——基于联合国教科文组织的报告[J]. 清华大学教育研究，2017，38(01)：94—100.

② 李兴洲，耿悦. 从生存到可持续发展：终身学习理念嬗变研究——基于联合国教科文组织的报告[J]. 清华大学教育研究，2017，38(01)：94—100.

③ 路日亮. 人的生命价值与人的全面发展[J]. 中国特色社会主义研究，2012(05)：36—41.

④ [美]马斯洛. 马斯洛人本哲学[M]. 成明，编译. 北京：九州出版社，2003：1.

次，培养每个人通过多种形式的自我教育在真正的意义上和充分的程度上成为自己发展的对象和手段”。朗格朗深刻地为我们提出了终身教育的现实意义所在，一方面指向教育结构和方法的变革所需，另一方面指出自我教育是实现终身发展不竭的动力。所以，终身教育的主要价值意义可以从以下几个方面入手，这也是终身发展所要达成的意义所在。

1. 打破传统教育的认识

在传统观念中，人们往往将教育限定成在某个年龄阶段需要去做的事情，直到现在我们还可以经常听到有人对高中生说“现在努力读书，到大学就轻松了”，殊不知这样潜移默化的影响会导致青年一代失去终身学习的意识，更不用谈及个人的终身发展了。终身教育理念的出现，打破了人们对前半生学习，后半生工作的看法，朗格朗认为，“如果人们一致同意教育过程必须持续地贯穿在人的一生之中，那么，就不可能有理由认为某个年龄阶段是专门用于教育的”。虽然根据人的身心发展规律可以得知人的一生中的某个时期比其他时期对学习更为有利，但是它只是表现在某些能力或技巧性较强的学科和体育运动中。人们在一生的每个阶段，都会接触到正规的或者非正规的教育，包括许多形式的智力、体力方面的知识技能。朗格朗认为，每个阶段都有自己的长处和弱点，自己的优点和缺陷，而且无论如何都有自己的具体内容，所以需要每一个时期在教育上都做出特别的努力。因此，朗格朗要求，教育工作者应尽一切努力放弃任何一种把思想和道德、习俗看成一成不变的观念，他们不仅需要努力使人接受变革，而且需要努力以各种方法促进教育的对象机智而有效地参与各个阶段的变革。

2. 提出教育的新要求

促进人的终身发展是教育的一大目的，相应地，为了实现这一目的，终身教育对学校教育的教育内容和教学方法的改革提出了新的要求。朗格朗主张，在任何学习过程中，重点不能再放在刻板的内容上，“它必须着眼于理解的能力、吸收和分析的能力、把学得的知识加以条理化的能力、应付自如地处理抽象与具体之间的关系和一般与特殊之间关系的能力、把知和行联系起来的能力以及协调专业训练和学识广博的能力”。这些要求对于当下的教育来说，无疑是一个巨大的挑战，如何使终身发展观念深入人心，成为当代教育的一大命题。朗格朗还认为，在终身教育的条件下，要用方法来武装人们，“授人以鱼不如授人以渔”，让人们掌握各种自我发展的方法，让他们能在自己的整个求知道路上和文化生涯中得心应手地运用这种方法，这才是实现终身发展可持续性的捷径。

朗格朗还从终身教育的角度明确提出教育过程的统一性和连贯性。他认为，虽然无论是在学校教育和制度化教育的范围内，还是在校外教育的各个领域内，都已经有许多终身教育的因素，但对于实际生活中的某一问题还是缺乏更为全面的认识。所以，他认为，如果不求助于一种新的教育概念，求助于对教育的重新认识，那么，要求得到这些问题的答案是不可能的。因此，他主张将教育看成是个统一的有机体，其中的每一部分有赖于其他部分，而且只有与其他部分发生联系时才具有意义。[①] 教育中的每一部分内容与其他的部分相互联系、渗透，形成终身教育的体系，从而为终身发展的建构提供基础。

3. 促进人的全面发展

传统教育虽然也强调人的发展，但这是建立在一种抽象的人性假设的基础上的。在教育实践中我们可以发现，传统学校教育十分强调学校的选拔性功能，这在很大程度上使大多数学生都处于对失败的恐惧之中，从而对于自我的学习和发展更加缺乏主动性和自信心；成人教育虽然是学校教育的一种延伸，意在推动成人个体的发展，但其仍然有一定的时间限制，也无法在真正意义上推动个体的全面发展。

终身教育将人的发展放置在具体的、与个体需要相一致的历史环境中，并将其扩展到人的一生。终身教育根据个体在每一个阶段内发展的需要及可能，为其提供连贯性的、整体性的教育，以便使个体在每一个阶段都能在理性的指导下，充分利用已有的、潜在的资源，实现自我全方位的发展。同时，终身教育也十分注重实践性和知识的适用性，以个体在职业、生活、发展中的各种实践问题和实践需要为起点，为人们终身职业能力的不断完善、个人价值和个人生活的不断提高开辟了广阔的渠道。同时，终身教育也改变了传统的生命概念和健康概念，以“生命在于无尽的探索”替代了传统的“生命在于运动”的观念，将个体的生命发展提升到了新的高度，还开辟了生命科学的新天地。[②]

从上述内容中，我们可以很清晰地看出，我们所确认的“终身教育视界”是：以能促进人的多方面终身发展和人格完善，使其有志于并有能力为创造一个更美好的世界作贡献为价值取向；以贯穿于人一生、渗透丁个体生命实践各种空间的生命和活动全时空为原则；通过将各种教育力量连通、整合、汇聚，形成全整性的教育系统，使全社会各项活动都自觉内含并在实践中体现终身教育的原则为实现路径。[③]

---

① 刘雅丽. 终身教育与终身学习的现代思考[M]. 长沙：湖南人民出版社，2008：12—14.

② 陆磊. 终身教育与职业教育体系构建[M]. 北京：中国书籍出版社，2018：23—24.

③ 叶澜. 终身教育视界的深刻意蕴：全时空性的全人发展——保尔・朗格朗带给我们的启示和价值[J]. 人民教育，2017(01)：13—18.

（二）从终身学习的角度看终身发展的价值意义

在终身教育这一理念下，终身学习也应运而生。终身教育的落脚点主要是培养完善的人，但这仅仅为人的生命完善提供了条件，如果想要达成这一目标，还必须通过个体主动的学习，内化为个人的经验才能实现，否则就只能停留在概念层面。所以，终身学习作为实现人终身发展的必由之路必须受到人们的重视。

1. 终身发展是实现人们生命利益的通道

从哲学层面看，"人永远不会变成一个成人，他的存在是个无止境的完善过程和学习过程。人和其他生物的不同点主要是他的未完成性。事实上，他必须从他所处的环境中不断地学习那些自然和本能没有赋予他的生存技术"。正是人的未完成性以及环境的不断变化，决定了人必须不断地完善、持续地发展从而完成自己的生命历程，因而人的教育和学习本质上也是一个贯穿终身的过程。人的终身发展，是个体生命随着时间的展开而不断地生成的，在这个过程中，个人的目标得以达成，个人的价值得以实现。教育只有定位于促进人全面、持续的发展，才能激起潜在的生命能量，使之获得终身发展的动力和永不枯竭的持续后劲。

若想要快速地融入瞬息万变的世界，就必须保持不断学习的能力，然而这并不是人人都可以做到的。在这个过程中肯定会存在单调、枯燥的现象，也会出现学习内容多样而学习时间有限的矛盾，形成终身发展的思想是改善这些误区的重要方式。大量调查研究结果表明，人们通过终身学习可在职业生活、家庭生活、健康生活以及自我认同、社会认同、情绪调节、情操陶冶等方面产生"获得感"，从而实现个人的终身发展。

2. 终身发展是推动社会可持续发展的需要

人是可持续发展的主体，构建终身教育的学习化社会，社会的发展、人的发展具有越来越重要的决定作用，而人们的终身发展是推动社会可持续发展的重要前提。社会的可持续发展是学习化社会的一个重要特点之一，而学习化社会是一个由低到高、由小到大生长的过程，其自身的生长遵循人类社会变迁和发展的基本规律。

仅仅从物质支持来思考社会的可持续发展是不全面的，这是因为如果仅仅从物质的层面来思索可持续发展就忽视了人在发展中的主观能动性。社会的可持续发展其实可以分解为人和社会各个方面的可持续发展，人是可持续发展的主体，而社会结构、社会关系等其他方面是可持续发展的客体。也就是说，"客体"的发展是为"主体"的发展提供物质手段和前提的，而人的发展，无论是素质的普遍提高，还是潜力的充分发挥，在知识经济时代，都需要人们不断进行自我提升、内化新知识、学会新技术、发展新经验，在终身发展的意识中实现个人的成长，从而推动社会的可持续发展。只有这样，才能有效地将个人学习、个人需要和社会教育、社会发展有机结合起来;只有在整个生活范围之内最大限度地利用、开发社会资源和每一个人自身的资源和智力资源,才能最有效地通过教育和学习手段推进人与社会的可持续发展。

终身发展的思想可以以教育和学习为纽带,把个人学习、个人需要与社会教育、社会发展有机结合起来,从而最有效地通过教育和学习手段推进人与社会的可持续发展。终身发展摒弃了传统的把自然资源的开发作为提高社会经济发展重点的旧观念,而将自然资源开发与社会资源、人力资源开发结合起来,从而为社会的可持续发展增添源源不断的动力。①

第二节 新高考与生涯规划

一、生涯规划的理论基础

在新高考改革的需求下,我国对高中生的生涯规划指导进行了进一步的理论和实践研究,目前对于学生的生涯规划指导多运用以下几个较为经典的理论作为基础。

(一) 帕森斯的特质因素理论

特质因素理论也称为人-职匹配理论,是最早的职业生涯理论,它由美国“职业指导之父”弗兰克·帕森斯(Frank Parsons)提出。该理论认为,每个人都有自己独特的人格模式,每种人格模式的个人都有其相适应的职业类型,并提出了选择职业的三条基本原则——了解自己、了解职业、人-职匹配。特质是指个人的人格特征,包括能力倾向、兴趣、价值观和人格等,这些都可以通过心理测量工具来加以评估;因素则是指在工作上要取得成功所必须具备的条件或资格,这可以通过对工作的分析而了解。

帕森斯的人-职匹配理论提出了选择职业的三条基本原则,从而形成三个简单的步骤,帮助人们进行个人分析,进一步帮助个人实现职业选择。

1. 了解自己,分析个人的生理和心理特征

通过心理测量及其他测评手段,获得有关求职者的身体状况、能力倾向、兴趣爱好、气质与性格等方面的个人资料,并通过会谈、调查等方法获得有关求职者的家庭背景、学业成绩、工作经历等情况,并对这些资料进行评价。

2. 了解职业,分析职业对人的要求

职业分析即评价职业对人的要求,包括:职业的性质、工资待遇、工作条件以及晋

---

① 刘雅丽.终身教育与终身学习的现代思考[M].长沙:湖南人民出版社,2008:77.

升的可能性;求职的最低条件,诸如学历要求、所需的专业训练、身体要求、年龄、各种能力以及其他心理特点的要求;为准备就业而设置的教育课程计划,以及提供这种训练的教育机构、学习年限、入学资格和费用等;以及就业机会。

3. 人-职匹配,选择一项既适合自己又有可能获得的职业

当个人特质与职业要求相匹配时,不仅个人会对职业产生满足感,也会促使个人在这一职业上进一步有所作为,双方都会受益。因此在了解自身特质和职业要求的基础上,对个人进行分析,有助于选择一种适合个人特点、能在职业上取得成功的职业。可以通过因素匹配,如需要有专门技术和专业知识的职业与掌握这种技能和专业知识的择业者相匹配;也可以通过特性匹配,如具有敏感、易动感情、不守常规、个性强、理想主义等人格特性的人,宜从事审美性、自我情感表达的艺术创作类型的职业。[①]

特质因素理论强调个人所具有的特性与职业所需要的素质和能力的协调与匹配,了解个人特性需要通过人才测评的方式,该理论为大量与人才测评相关的心理测量工具提供了良好的理论支持,为人们的职业选择提供了支持,但是该理论也忽视了社会因素对个人职业选择的影响。

(二) 舒伯职业生涯发展理论

1953年,舒伯(Donald E. Super)提出了职业生涯发展理论,针对个人的职业倾向和职业选择过程本身进行研究。舒伯把职业生涯的发展看成是一个持续渐进的过程,一直伴随个人的一生。他认为,在个体发展过程中,随着年龄的增长人们会需要扮演不同的角色,在同一年龄阶段也可能同时扮演多种角色,而且这些角色之间会有所重叠,但有一定的比例分配。

舒伯的职业生涯发展理论拥有自身的核心概念——“自我概念”,自我概念是一个整合体,是指个人对自己的兴趣、能力、价值观及人格特征等方面的认识。自我概念会因为外部环境和个人经验的增长而改变,所以职业的选择与适应是一个持续不断的过程,职业的选择与发展又会影响个人的自我概念。一个人的自我概念在青春期以前就开始形成,至青春期较为明朗,并于成人期由自我概念转化为职业生涯概念。工作与生活满意与否,就在于个人能否在工作和生活中找到展现自我的机会,即“职业生涯就是对自我的实践”。而个体能否妥善处理自己在职业生涯各个阶段的问题,主要取决于个体的职业成熟度,它包含两个方面:一是指个人在整个职业生涯过程中达到社会期望的水准;二是以职业生涯各发展阶段的发展任务为标准而做的衡量。职业生涯成

---

① 汤海滨,王克进.职业规划——理论、测评与分析[M].北京:清华大学出版社,2017:4—5.

熟度与自我认知、发展规划能力等相关联。

1. 职业循环发展理论

舒伯以生命全程论和发展任务论为基础，提出了生涯发展阶段理论。他将人的职业生涯发展分为五个阶段：成长阶段（0—14 岁）、探索阶段（15—24 岁）、建立阶段（25—44 岁）、维持阶段（45—65 岁）、衰退阶段（65 岁以上），职业发展的五个阶段并不完全和年龄相关，而且各阶段之间并不存在严格的界限，可能会有交叉。每个小阶段同样又面对“成长、探索、建立、维持和衰退”，因此每个时期又形成小循环。职业生涯发展就是一个循环往复的过程。

高中生正处于生涯发展阶段中的探索期，更具体地说，是探索期中的试验期和过渡期。这一阶段的主要任务是发展对工作世界的正确态度，了解工作的意义，并完成择业及初步就业。因此，高中生涯发展教育对学生当下乃至未来都有着重要的意义。

2. 职业生涯彩虹图

舒伯认为，一个人一生中扮演着许许多多的角色，就像彩虹一样同时具有许多色带。在生涯发展阶段的基础上，舒伯又加入了人一生中经历的各种角色，创造性地描绘出一个多重角色生涯发展的综合图形——职业生涯彩虹图，形象地展示了生涯发展阶段与角色彼此之间的相互影响，更好地诠释了职业生涯的定义，如图 8 - 1 所示。

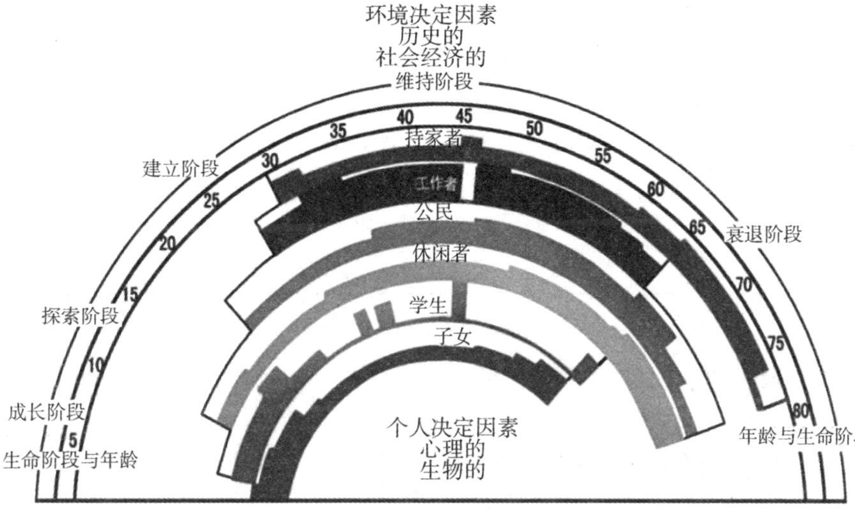

图 8 - 1 舒伯的职业生涯彩虹图

(1) 横贯一生的彩虹——生活广度

在职业生涯彩虹图中，横向层面代表横跨一生的生活广度。彩虹的外层显示人生主要的发展阶段和大致的年龄：成长阶段(相当于儿童期)、探索阶段(相当于青春期)、建立阶段(相当于成年期)、维持阶段(相当于中年期)以及衰退阶段(相当于老年期)。

(2) 纵贯上下的彩虹——生活空间

在职业生涯彩虹图中，纵向层面代表的是纵贯上下的生活空间，由一组职位和角色组成。舒伯认为人在一生当中必须扮演九种主要的角色，依次是：儿童、学生、休闲者、公民、工作者、夫妻、家长、父母和退休者。

职业生涯彩虹图可以很好地表示各个角色的变化，角色之间是互相作用的，某个角色上的成功也能带动其他角色的成功。反之，一个角色的失败，也可能导致另一个角色的失败，而且为了某一角色的成功付出太大的代价，也有可能导致其他角色的失败。人的社会任务或职业生活不断变化，角色也随之变化，从一个角色进入另一个角色。角色转换的变化从根本上来说是社会权利和义务的变化，而年轻人从学生到社会角色的转换不是瞬间发生和完成的，需要一个过程。①

舒伯的职业生涯阶段理论和职业生涯彩虹图让我们对生涯的理解有了一个重要的依据，生涯具有阶段性特征与要求，个体在生涯之中具有多重角色，生涯是个体与外部环境相互作用的过程与结果，不同阶段之间是相互联系的。②

(三) 霍兰德职业兴趣理论

霍兰德在1959年提出了影响甚广的职业兴趣理论，他认为人的人格类型、兴趣与职业密切相关。兴趣是人们活动的巨大动力，凡是符合个人兴趣的职业，都可以提高人们的积极性，促使人们积极地、愉快地从事该职业，并且职业兴趣与人格之间存在很高的相关性。霍兰德认为人可以分为现实型、研究型、艺术型、社会型、企业型和传统型六种性向类型，如表8-1所示。

表8-1 霍兰德职业兴趣理论

职业类型	人 格 特 质
现实型	偏好于具体任务，不善言辞，做事保守，较为谦虚，缺乏社交能力，通常喜欢独立做事。
研究型	他们的抽象思维能力强，求知欲强，肯动脑，善思考，但不愿动手，喜欢独立而富有创造性的工作，知识渊博，但不善于领导他人，考虑问题理性，做事喜欢精确，喜欢逻辑分析和推理，不断探讨未知的领域。

① 汤海滨，王克进. 职业规划——理论、测评与分析[M]. 北京：清华大学出版社，2017：10.

② 朱益明. 普通高中学生发展指导研究[M]. 上海：华东师范大学出版社，2012：49.

续　表

职业类型	人 格 特 质
艺术型	这一类人有创造力，乐于创造新颖、与众不同的成果，渴望表现自己的个性，实现自身的价值，做事理想化，追求完美，不重实际，具有一定的艺术才能和个性，善于表达、怀旧、心态较为复杂。
社会型	这类人喜欢与人交往，不断结交新的朋友，善言谈，愿意教导别人，关心社会问题，渴望发挥自己的社会作用，善于寻求广泛的人际关系，比较看重社会义务和社会道德。
企业型	这一类人追求权力、权威和物质财富，具有领导才能，喜欢竞争，敢冒风险，有野心，为人务实，习惯以利益得失、权利、地位、金钱等来衡量事物的价值，做事有较强的目的性。
传统型	这一类人尊重权威和规章制度，喜欢按计划办事，细心、有条理，习惯接受他人的指挥和领导，自己不谋求领导职务，喜欢关注实际和细节情况，通常较为谨慎和保守，缺乏创造性，不喜欢冒险和竞争，富有自我牺牲精神。

霍兰德的职业兴趣理论有三个核心概念，分别是适配性、差异性、一致性。适配性是指个人特质和环境特质的符合程度，人格和环境类型越接近、越相似，说明适配性越高；差异性是指各类型间的相对差距；一致性是指各类型之间的相似程度。[①]

个体的兴趣和特长与这些职业特征越相似，选择职业时所面临的矛盾和犹豫就会越少。霍兰德认为，上述六种职业类型之间并没有明确的界限，每个个体的职业兴趣与特长也并不是泾渭分明的。无论是个体还是职业，其特征都有一定的兼容性或者交叉性。为此，霍兰德提出了职业分类的六边形模型，六边形的每一角代表一种基本的类型，如图 8－2 所示。当然，在职业分类中，并非只有这六种类型，还有这六种类型组合成的其他类型。

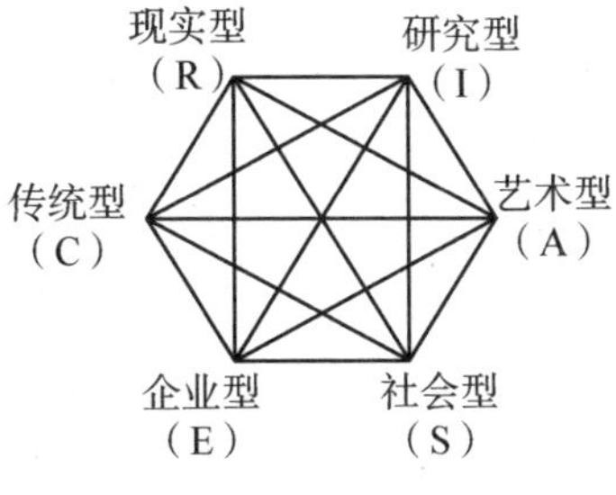

图 8－2　霍兰德职业分类的六边形模型

同样，每个个体并不只是适合从事一种职业，或者说只有一种职业特征，事实上，

① 方晓义，张明敏，张惟亮. 高中生生涯规划理论与实务：教师用书[M]. 北京：科学出版社，2020：13.

个体的兴趣与特长也是比较多元和综合的，在每种职业类型上都会有特征显现，进而构成一个特殊的具体的六边形。所以，个体选择职业时，并非只是简单的匹配，而需要综合考虑。因为在职业选择的过程中，还会受到外部环境因素的影响。

霍兰德以职业性格理论为基础，开发出了职业偏好量表和自我定向寻找量表，并运用于职业指导和职业咨询的实践中。目前，霍兰德职业分类理论被广泛用于企业招募员工的实践中，也被用于学校指导学生选择职业的教育活动中。

从表面上看，霍兰德的理论是一种职业选择理论，然而其强调个人特质与职业特性之间的匹配，本质上体现了个体以职业工作为主的生涯发展需要注重个体自身特点与兴趣的生涯特点。这种职业生涯对于个体而言，能够更好地发挥个体的潜能，并使个体感受到快乐和成就感。

通过职业兴趣测试，个人可以清晰地了解自己的职业兴趣类型和职业倾向性，从而能够在各种职业类型中找到最适合自己的职业，避免择业时的盲目性。对于缺乏职业经验的高中生来说，职业兴趣理论能够帮助他们更好地做好职业规划，从整体上认识和发展自己的职业能力。

二、学业-专业-职业一体化设计

2014 年 12 月 16 日，教育部颁发了《关于普通高中学业水平考试的实施意见》，并指出学业水平考试的基本原则是"坚持全面考核，促进学生完成国家规定的各门课程的学习；坚持自主选择，为每个学生提供更多的选择机会，促进学生发展学科兴趣与个性特长；坚持统筹兼顾，促进高中改进教学，服务高校选拔学生，减轻学生过重课业负担和学业压力"。2014 年考试招生制度改革以来，"分类考试、综合评价、多元录取"的高校招考模式逐渐形成。新高考通过"增加学生选择权"，使青年的自我探索和对未来的思考决策前置，选择空间的加大及选择时间的前置，为高中生铸就了个性化发展的机缘，但是也使得原本缺乏选择教育和选择能力的高中生更加迷茫与困惑。然而学生自己当下所选择的学习科目与大学的专业，甚至未来的职业生涯都是直接挂钩、环环相扣的，所以在新高考之下，如何做好学生的学业、专业、职业规划命题是十分重要的。

（一）高中-学业规划

在人类知识与科技快速进步的今天，社会对学生所需要掌握的能力的要求更高。高中阶段是学生系统学习知识，并且在生理、心理上逐渐转向成人初期的关键期，学生不仅要在指导服务与活动的帮助下做出教育、培训与职业等选择，更需具备根据环境变化来管理个人生涯发展进程的能力。

学业选择应是我国高中阶段学生发展指导的核心。高中生的生理、认知、心理与社会化发展与其在校学习表现、学业发展情况密不可分，在高中阶段学业事实上支配着学生发展的各个维度。而学业选择，又称学业决策，要解决的是学生“学什么、在哪里学”的问题，包括高中科目与课程选择、大学学校与专业选择、高考志愿填报等。[①] 在新高考政策的要求下，学生的学业选择成为高中阶段学生发展的首要任务，这不仅仅是学生整个人生生涯规划的初始阶段，更直接影响学生未来的职业规划和人生规划，影响人的终身发展，由此可见，学业规划对于高中生来说有着重要的意义。

学业生涯规划，也被称为学业规划，是指为了提高求学者的人生事业发展效率，而对与其相关的学业所进行的筹划和安排，也是生涯规划在学习阶段的具体体现，是学生在受教育阶段所进行的一切以学业为主的规划活动。学业规划包括两个部分：一是学习动机的激发、学习目标的设置、学习计划的制定与执行；二是选科选考和升学的决策，学习方法、策略和时间等投入与管理，以顺利解决自身学业与升学的问题。就其内涵来看，学业生涯规划是指在对求学者学业生涯的主观和客观条件进行测评、分析与总结研究的基础上，对求学者的兴趣、爱好、气质、人格、能力、特长及不足、家庭背景等方面进行综合分析和权衡，并结合时代发展特点，再根据求学者的职业倾向，确定其最佳的学业发展路线与目标，并为之制订学业生涯发展计划，以确保用最短的时间、最少的精力、最少的资金等获得实现目标所必需的素质和能力的过程。[②]

伴随着高考的改革，学业生涯规划将很快成为高中生学习的一个重要内容。高中生的学业生涯规划，不仅仅是针对高考选哪些课程的规划，也不仅仅是解决如何顺利通过学业水平考试和高考的问题，更是帮助学生认识社会、了解社会的发展趋势的规划，使学生能认识自我，明确自己的优势和劣势，思考自己的学业、前途以及人生的意义。对自己学业有清晰明确规划的学生往往能够成长得更加轻松、愉快，能合理、高效地度过三年的高中生活。换句话说，高中生的学业生涯规划就是学生完成社会化、自我成长的过程。可见，学业生涯规划对高中生的意义重大。

但是实际上，当下高中生的学业规划情况并不乐观。有研究调查发现，当下高中生的学业规划意识淡薄，对学业规划了解不足，同时自我学业规划行为缺乏主动性，很少制定详细的学业计划。面对新高考的到来，相当一部分学生采取较消极的应对方

---

① 丁若曦. 高中学业选择指导前沿之社会认知生涯理论的框架、解释力与实用性[J]. 教育理论与实践，2021，41(31)：10—16.

② 薛海平，罗峥，唐一鹏. 新高考背景下高中生学业生涯规划[M]. 北京：科学出版社，2020：2.

式，甚至产生焦虑、茫然等负性情绪。①

究其原因可能在于当前学科教学在落实学科核心素养过程中还没有充分发挥应有的功能和价值，存在着学科教学与生涯教育脱节的现象。由于高中生面临着高考这一特殊时期，所以学科教学仍然必须占很大一部分时间，但是一些学校对于学生学业规划的不重视，导致学科教学局限于固有知识的传播，而忽略了学生科目兴趣的培养和学业发展规划的训练。因此，在新高考背景下高中学科教学亟须生涯教育的回归，应在学科与生涯融合视野下开展生涯教育，在学科教学中渗透生涯教育，在生涯教育中培养学会学习、学会学业与专业发展规划，二者相互促进，共同增强学生的学业规划能力。

如何改善当下学生学业规划意识淡薄的现象呢？主要可以从以下几个方面着手：首先，对于学生来说，需要帮助学生找到既适合自己又具有兴趣的内容，在进行学科教学时有意识地培养学生的学习兴趣与特长，明确自己的学习风格、学习能力和学业水平，有针对地选择合适自己的学习科目。其次，结合新高考的评价体系，对学生现有的学习水平与能力进行综合评估，帮助学生尽早寻找到可行的有效方法，以最大程度发挥他们在各学科学习上的优势和潜能，促进综合素质能力全面发展，为生涯规划奠定基础。最后，结合生涯辅导与咨询，有针对性地开展学习辅导，帮助学生掌握和运用高效的学习方法，提高学生学科学习能力，学会依据自身能力特点能动自觉地做好学业规划和选科选考。②

学业规划让生涯教育融入各个学科，建立起专业、职业与学科之间的逻辑关系，同时能辅助家长和学生共同进行学业决策过程的管理。指导学生适应高中阶段的学习，帮助学生确立恰当的学习目标，让学生能够根据自己的学习优势和兴趣特长等选课、选科、选考，科学规划三年学业发展，从而引发学科兴趣方面的探究，科学合理地安排学习，最终实现自己的理想目标。

（二）大学-专业规划

在传统高考体制下，大部分高中生都是在高考结束后根据自己的高考成绩来填报志愿，也就是说，大部分高中生在高考结束前都没有对自己的专业选择进行过认真的思考、规划。在志愿填报前才思考选择什么专业，在这较短的时间内，是很难深入了解该专业及其就业前景的。甚至有部分学生和家长重学校轻专业，为了进入理想院校而

---

① 王汭晴，曾天德. 新高考视域下的高中生生涯认知特征及提升路径[J]. 教育学术月刊，2021(10)：83—90.

② 王汭晴，曾天德. 新高考视域下的高中生生涯认知特征及提升路径[J]. 教育学术月刊，2021(10)：83—90.

选择自己并不喜欢或不适合的专业。这导致很多学生进入大学后,学习动力不足,甚至大学毕业后放弃专业就业。归根结底,这是因为高中生对专业与职业的联结了解不够,对学科与专业认识不足,也缺乏充分的时间探索专业。

在新高考的背景下,学生的选择权进一步增加,学生在高考结束后匆忙进行专业选择的现象得到改善。高校各专业之间将不再简单地按照文理进行分科录取,而是要按招生专业(类)指定选考科目。因此,考生为了能够满足相应的科目要求,必须尽早考虑自己未来的专业志趣,以尽早确定主攻科目。这使得考生相较以往,除了要树立理想的大学目标外,还需考虑专业的问题,考生对大学的专业意识无疑得到了加强。①

专业与学科、专业与职业有着密不可分的关系,但专业不等于学科,也不等于职业。专业以学科为依托,一个专业可以是多个学科知识的综合,个人所学的专业预示着他们未来可能从事的职业。② 我国《普通高等学校本科专业目录(2012 年)》中共设有 12 个学科门类,92 个专业类,506 个本科专业。不同专业适合的职业范围大小有着明显差异,开设在不同学校的同一个专业的内涵也可能不同,因此培养出来的人才实际上适宜从事的职业也会有较大差别。

新的高考招生改革实施后,高校将会对专业需要哪些中学学科知识基础提出明确的要求。有的专业会提出一科必须选考要求,有的会提出两科或三科选考要求,大学专业是高中学科知识的延续,高中的学科知识是大学某一专业的理论基础。选择的专业其理论基础与高中阶段兴趣高、成绩好的学科相一致,这对将来的专业学习是有利的。所以对于高中生来说,全面地认识某一专业的相关内容是十分有必要的。

要全面认识一个专业,既要知其内涵,也要知其外延,了解它本身的专业特质,洞悉它是如何被社会大环境影响,个人特点又会怎样与专业相互作用,从而达到完美匹配的。"专业"这一术语有两种含义,一是指学业,大体相当于美国大学的"major",二是基于专门教育培训基础上的某些特定的职业门类,大体相当于"profession"。在我国颁布的教育政策文件中,这两种用法也同时存在。③ 上文谈及的《普通高等学校本科专业目录(2012 年)》中的"专业"就是指学业。

当我们听到某个专业的名称时,心里会对这个专业所要进行的工作内容、人员职称、未来发展甚至薪资报酬等有一个判断,但是这些往往是人们所形成的刻板印象,对于某一专业的深入了解,需要从该专业更为具体的定义出发,了解该专业是什么、学什

① 于世洁,徐宁汉,杨帆,尹佳. 新高考改革下高校选考科目的制定[J]. 清华大学教育研究,2015,36(02):32—36+63.
② 杨玉春. 新高考模式下的高中生涯规划指导[M]. 北京:北京师范大学出版社,2020:69.
③ 余东升,郭战伟. 专业教育:概念与历史[J]. 高等工程教育研究,2019(03):116—120.

么、有哪些特点、培养什么样的人、未来可能从事哪些方面的工作等。对于高中生来说,在了解某一专业时,更应当从这些方面入手,尤其是在进入大学之后,专业课程的学习是十分重要的。

对于高校来说,若想要在新高考改革的洪流中不被"淹没",就必须做出相应的改变。一是优化学科专业结构。新高考倒逼高校重新审视学科专业优势,通过专业调整提升高校在招生录取中的竞争力,以吸引更多优质生源报考。优化专业结构,冷门专业限制招生或者停止招生,压缩专业数量,集中力量办好优势专业。同时加强对专业的动态评估,坚决取消没有优势或者没能办好的专业,通过专业"健身计划"实现专业的动态调整,突出优势专业的竞争力。二是加强专业内涵建设。立足区域发展定位,根据社会需求和办学基础,提高学校相关专业的辨识度,做到"人无我有,人有我优",避免专业同质化现象;在原有专业基础上开设新兴的、跨学科多领域交融的、富有地域特色和院系特色的专业方向,促进招生与专业建设间的良性循环,突出专业的吸引力。①

(三) 生涯-职业规划

新高考改革赋予了学生更大的选择权,但是由于高中生所处的阶段对其学业要求更多,他们的全部精力都放在了学业当中,对于社会和行业发展前景缺乏了解,对自己的能力、兴趣、潜能缺乏综合分析。但是在生涯规划系统中,职业规划又是其中的重要组成部分,是学业准备、高考志愿填报的最终归宿,也是全部生涯规划的方向,所以做好职业规划十分重要。

对于高中生来说,做好职业规划的首要步骤就是先进行职业探索,职业探索是普通高中开展生涯规划教育的重要支撑。主要指导学生了解职业分类、当今职业发展与社会需求以及高校专业与社会职业的关系,培养学生专业性向和理想职业所需要的个人知识与能力;引导学生深入社会实践,了解各行业现状和工作环境,体验不同职业的角色特点和工作状态,了解职业的社会意义,初步确立自己的职业志向和职业理想;在了解升学和就业所需知识技能的基础上,着力培养学生的创新精神、责任意识和动手实践能力,帮助学生树立正确的职业价值观。职业探索可以为生涯决策确定具体职业奠定坚实基础,是职业规划的重要组成部分。

在进行职业探索时,需要先对自己的职业倾向有一个大致的了解。职业倾向是指在职业评价的基础上形成的一种稳定的行为倾向,即个人职业选择的趋势和大致方

---

① 王新风,钟秉林.新高考背景下高校招生与人才培养的成效、困境及应对[J].中国高教研究,2019(05):49—53+57.

向。职业定向的前提是了解职业，而了解职业则必须要全面收集职业信息，职业信息首先可以来自身边，包括家庭、亲戚、朋友以及老师推荐等；其次个人可以从自己所阅读过的书籍、影视资料等中找到个人所感兴趣的职业并进行深入了解；最后，在信息共享时代，大量的招聘网站、招聘信息也可以成为职业探索的入口。

面对职业生涯规划，高中生往往处在多重矛盾的交叉点上。首先，在进行职业生涯规划时，不仅要考虑自己的兴趣爱好，还要考虑自己是否有适合某种工作的能力，这就需要学生一方面根据自己的兴趣爱好树立适合自己的职业理想，另一方面通过专业的兴趣、能力测试，并参照家长、老师等人的评价，全面地认识自我，找到自己所想、所能的职业。其次，高中生具有很强的可塑性，发展空间较大。在高中三年的时间里规划好自己的职业，还需要通过专业测试之后确定自己的目标。拥有明确的目标后，学习动机也会随之加强，但是这并不需要一上来就树立自己未来的职业理想，因为高中阶段学生毕竟还没有面临就业问题，再加上未来社会发展的不确定性以及新兴职业的发展，所以短期的规划、长期的职业方向才是比较适合高中生的需要。

职业规划的目的绝不仅是帮助个人按照自己的资历找到一份适合的工作，更重要的是帮助个人真正了解自己，为自己定下今后的发展方向，发挥自己的潜能，达到与实现个人职业目标，能够认识环境，对社会的发展和职业的需求等外部信息了然于心，在自我接纳的基础上，学会自我评估，建立个人与职业世界的联系，了解大学院系及职业世界的分类情况，对自己感兴趣的职业进行进一步地了解，实践并探索职业领域的价值，深入了解各种职业对个人各个方面的要求，从而制定比较合理的个人学习计划，提升生涯信念，生成一定的生涯态度，提高自己的生涯管理能力，最终在知己知彼的基础上，关注并整合自己的职业兴趣，学会自我觉察，选择适合自己的大学科系，做出最符合自己的选择。①

高中生正处在个体生涯发展的探索期，其生涯发展的任务是在三年的学校学习、课外活动及各种社会实践中进行自我探索、角色试探及职业探索，在不断提高学习能力和综合了解自我的基础上设计未来、规划人生。理解人生各阶段的社会作用和责任，并依据自己的职业兴趣、目标，从知识、技能和综合素质方面做好准备并锻炼自己，逐步建立职业理想、生存价值和自我价值，并开始进行有意识的行动，从而做出个人应该和可能的最佳选择，找到自己的成功之路，幸福快乐地成长。在新高考改革背景下，生涯规划是学生当下发展和长远发展都不容忽视的一个重要环节。

---

① 王爱芬，雷晓. 新高考改革背景下高中生涯规划教育及其实现路径[J]. 教育理论与实践，2018，38(01)：33—37.

三、学生终身发展与生涯规划

2017年,中共中央办公厅、国务院办公厅印发《关于深化教育体制机制改革的意见》,明确提出"要注重培养支撑终身发展、适应时代要求的关键能力""在培养学生基础知识和基本技能的过程中,强化学生关键能力培养",并进一步指出要培养学生的四种关键能力,即认知能力、合作能力、创新能力、职业能力。学生的终身发展是一个持续不断的长期过程,而生涯规划也是指一个人尽其所能地规划未来生涯发展的历程。我们可以看到终身发展和生涯规划的一个共同点就是持续性、长期性,在生涯规划的过程中实现终身发展,在终身发展的目标中完善生涯规划,二者是相辅相成、不可分割的。

我们可以发现,新高考最为突出的改革是将生涯决策进行了前置。高考科目的选择不仅会影响到学生在大学所要学习的专业,甚至还会影响学生未来的职业发展。面对人生未来的发展方向,绝大部分的学生是迷茫、手足无措的,因为这不仅涉及个人的生涯发展,更是实现终身发展的重要指针。上海市教育科学研究院普通教育研究所的刘静提出,高考改革后高中生涯教育的现实任务是,"着眼于学生在高中阶段所面临的成长与升学的特殊需求,培养学生以选择能力为核心的初步的人生规划能力,帮助他们顺利完成人生的初步选择"。然而,高考改革后的生涯教育,更为重要的任务是培养有目标又能适应社会变化的青少年,最终实现青少年的终身发展。通过自我探索,把学生的外在考试压力转变为兴趣、意义等内部动机,把升学成绩目标转变为人生价值目标,把教师和家长安排学习内容转变为自主选择、自主安排学校生活。通过这样的自主选择和体验,最终把一段段割裂的被动人生转变为连续生长的主动人生,把无意义的生活转变为自我赋义、充满意义的生活。①

终身发展与生涯规划之间有着密切的联系,早在1973年吉斯伯斯(Gysbers)和摩尔(Moore)就提出了终身生涯发展观。它是指个体在一生中通过各种角色、环境以及事件间的相互作用和整合而达到的自我发展。② 从长度来看,终身生涯发展包含个体一生的生命历程,这就突破了以一开始从事某一职业为起点的职业生涯概念的局限。职业生涯的理解就从局部的时间维度,扩展到全程的时间维度。如此就能够从个体生涯发展的过去、现在和未来的视点上,帮助个体深刻地领悟和探寻其职业生涯发展的内在动力,激发其内在的生涯意识,探索其终身生涯发展的能力;从宽度和深度上来

---

① 樊丽芳,乔志宏.新高考改革倒逼高中强化生涯教育[J].中国教育学刊,2017(03):67—71+78.

② Norman C. Gysbers, Mary J. Heppner, Joseph A. Johnston.职业生涯咨询:过程、技术及相关问题(第二版)[M].侯志瑾,译.北京:高等教育出版社,2007:8.

看，终身生涯发展观包含个体活动的各个领域以及个人身份认同中的所有方面。这就由单一的职业维度扩展到生活角色、生活环境、生活事件及生涯发展影响因素等多维度。终身生涯发展观对职业生涯教育的意义在于促进实现“职业选择”的教育朝着“职业潜能”的教育转向，“实现就业”的教育朝着“实现价值”的教育转向。[①]

《上海市中长期教育改革和发展规划纲要》也提出将“为了每一个学生的终身发展”作为教育改革和发展的核心理念，职业生涯是个体人生历程的主体，职业生涯发展是终身发展的核心。学生职业生涯发展教育是以职业生涯规划为主线的，有目的、有计划、有组织的综合性教育活动，是学生提高自我职业生涯规划的意识与技能、顺利实现从学校生活向社会与职业生活过渡的基本途径，也是学校素质教育的重要组成部分。实施学生职业生涯发展教育的根本目标是让每一个学生获得最佳的职业选择，并在这一过程中最大限度地实现自己的职业规划与事业愿景的统一，最大限度地实现人生理想和社会价值，最终实现自身的终身发展。

对于高中生来说，他们是未完成的、未成熟的人。了解终身发展与生涯规划之间的联系，积极地创建和构造自己的生涯规划，促使个人终身发展的实现，是需要从当下做起并一直持续进行的事情。

四、新高考生涯规划教育现状

（一）生涯规划时间

高中生的生涯规划包括学业规划和职业规划两部分。经过调研发现（表 8－2），有 62.87％的学生在高一开始进行学业规划，有 20.12％的学生在高二开始进行学业规划，有 4.05％的学生高三才开始进行学业规划，甚至有 12.96％的学生没有进行过学业规划。不同群体进行学业规划的时间存在一定的差异。从性别来看，女生进行过学业规划的比例略高于男生，分别有 12.41％的女生和 13.62％的男生没有进行过学业规划；而且女生较早进行学业规划的比例高于男生，有 64.32％的女生在高一开始进行学业规划，而男生这一比例为 61.15％。从学习水平看，学习水平越高，学生进行学业规划和较早地在高一进行学业规划的比例越高。从优秀生到差生，未进行学业规划的比例逐渐增加，仅有 8.62％的优秀生没有进行过学业规划，但在差生中这一比例高达 24.37％；从优秀生到差生，在高一进行学业规划的比例逐渐减少，优秀生中在高一开始进行学业规划的比例为 73.51％，而差生中这一比例仅为 50.28％。

---

① 贾红秋. 终身生涯发展观：大学生职业生涯教育的缺失与回归[J]. 继续教育研究，2015(09)：26—29.

表 8-2 学生进行学业规划的时间

		高一	高二	高三	没有规划过
性别	男生	61.15%	21.23%	4.00%	13.62%
	女生	64.32%	19.18%	4.09%	12.41%
学习水平	优秀	73.51%	15.05%	2.82%	8.62%
	良好	66.04%	20.09%	3.82%	10.05%
	中等	61.13%	21.19%	4.22%	13.46%
	差	50.28%	20.17%	5.18%	24.37%
合计		62.87%	20.12%	4.05%	12.96%

就职业规划来看(表 8-3),47.21%的学生在高一开始进行职业规划,有 21.79%的学生在高二开始进行职业规划,有 7.52%的学生高三才开始进行职业规划,甚至有 23.47%的学生没有进行过职业规划。不同群体进行职业规划的时间存在一定的差异。从性别来看,男女生进行职业规划的比例基本相当,女生较早进行职业规划的比例略高于男生,有 48.04%的女生在高一开始进行职业规划,男生这一比例为 46.24%,总体差异不大。从学习水平看,学习水平越高,学生进行职业规划和较早地在高一进行职业规划的比例越高。从优秀生到差生,未进行职业规划的比例逐渐增加,有 17.24%的优秀生没有进行过职业规划,但差生中这一比例高达 34.73%;从优秀生到差生,在高一进行职业规划的比例逐渐减少,优秀生中在高一开始进行职业规划的比例为 57.52%,而差生中这一比例仅为 38.38%。

表 8-3 学生进行职业规划的时间

		高一	高二	高三	没有规划过
性别	男生	46.24%	22.33%	7.49%	23.94%
	女生	48.04%	21.33%	7.56%	23.08%
学习水平	优秀	57.52%	19.44%	5.80%	17.24%
	良好	49.43%	22.59%	7.97%	20.01%
	中等	45.42%	22.04%	7.73%	24.82%
	差	38.38%	20.17%	6.72%	34.73%
合计		47.21%	21.79%	7.52%	23.47%

对比学生的学业规划和职业规划发现,学生较为重视学业规划,而对职业规划的

重视度有待提高。目前有87.04%的学生进行过学业规划，其中62.87%的学生在高一就开始学业规划；而仅有65.27%的学生进行过职业生涯规划，比进行过学业规划的学生比例低近22个百分点，而在高一开始进行职业规划的比例仅为47.21%。因此，当前应引导学生重视职业规划，同时要鼓励学生更早地进行学业规划和职业规划，以更好地进行选考、选课和选学；同时，要关注不同学习水平学生的差异，鼓励学习水平相对较差的学生重视并及早地进行学业规划和职业规划。

（二）生涯规划教育的需求

总体而言，目前学生对于生涯规划教育的需求很大。经过调研发现（表8－4），有55.68%的学生非常需要生涯规划教育，有34.77%的学生比较需要生涯规划教育，仅有不足9.55%的学生表示一般或不需要生涯规划教育。但是不同性别学生对生涯规划的需求存在显著差异（$t=2.714$，$p<0.01$），男生对生涯规划的需求显著高于女生。同时，不同学习水平的学生对生涯规划的需求存在显著差异（$F=21.333$，$p<0.001$），学生学习水平越高，对生涯规划的需求越高。有71%的优秀学生表示非常需要生涯规划，良好和中等学生的这一比例分别为51.96%和49.44%，而差生的这一比例仅为49.44%；相反，有6.9%的优秀学生表示不太需要生涯规划或对生涯规划需求度一般，而差生的这一比例高达15.96%。这与我们惯常的认知有所出入，我们一般认为，学生学习成绩越差，越需要生涯规划教育，但此次调研却不支持这种观点。之所以出现这一现象，可能与学生对未来生涯发展的重视程度不同有关，学生学习成绩越好，他们越重视未来生涯发展，因而对生涯规划教育的需求越大。

表8－4 不同学生对生涯规划教育的需求

		M±SD	非常需要	比较需要	一般	不需要	差异检验
性别	男生(a)	1.58±0.73	54.95%	34.04%	9.13%	1.87%	$t=2.714^{**}$ a>b
	女生(b)	1.53±0.68	56.30%	35.38%	7.12%	1.20%	
学习水平	优秀(c)	1.46±0.69	71.00%	22.10%	4.86%	2.04%	$F=21.333^{***}$ c,d<e<f
	良好(d)	1.45±0.64	58.25%	34.08%	6.66%	1.02%	
	中等(e)	1.55±0.67	51.96%	37.98%	8.91%	1.15%	
	差(f)	1.62±0.74	49.44%	34.59%	11.76%	4.20%	
合计		1.55±0.71	55.68%	34.77%	8.04%	1.51%	

注：$^{***}p<0.001$，$^{**}p<0.01$。

从生涯规划指导需求的内容看（表8－5），89.31%的学生希望通过生涯规划指导了解自己的兴趣、能力等，其所占比例远高于其他内容；其次，52.77%的学生希望获得生涯规划的方法指点与引导。之后，在学生期望的生涯规划指导内容中，所占比例较高的是希望通过生涯规划指导了解大学专业介绍与学科前景、具体岗位的工作内容和要求、就业市场和行业发展信息以及成功职场人士的经历和经验，这些都与未来就读专业和从事职业有密切关系，其所占比例分别为 48.59%、44.48%、40.59%和 34.72%。此外，还有 31.03%的学生希望在生涯规划指导中获得心理咨询和辅导，25.11%的学生希望可以到具体的岗位参观。

表 8-5 学生对不同生涯规划指导内容的需求

		了解自己的兴趣、能力等	成功职场人士的经历和经验	具体岗位的工作内容和要求	生涯规划的方法指点与引导	到具体的岗位参观	大学专业介绍与学科前景	就业市场和行业发展信息	心理咨询和辅导	其他
性别	男	87.77%	35.88%	41.24%	47.63%	22.88%	41.88%	34.88%	27.11%	10.97%
	女	90.62%	33.74%	47.22%	57.12%	27.00%	54.26%	45.42%	34.34%	9.41%
学习水平	优秀	90.75%	43.57%	49.22%	54.23%	30.56%	47.81%	41.22%	30.41%	11.91%
	良好	90.38%	36.54%	46.38%	53.54%	25.73%	51.34%	42.39%	30.44%	7.93%
	中等	89.23%	32.19%	43.68%	52.91%	23.54%	47.87%	39.46%	31.04%	10.48%
	差	84.87%	31.65%	37.39%	48.32%	24.93%	43.28%	38.94%	33.47%	14.29%
合计		89.31%	34.72%	44.48%	52.77%	25.11%	48.59%	40.59%	31.03%	10.13%

具体到不同群体来看，男生更希望通过生涯规划指导了解成功职场人士的经历和经验，除此之外，男生对其他生涯规划指导内容的需求均低于女生；学习水平较差的学生更希望在生涯规划指导中获得心理咨询和辅导，除此之外，他们对其他生涯规划指导内容的需求均低于其他学生。

（三）生涯规划的指导方式

经过调研发现，目前学校生涯规划指导的方式主要包括讲座、生涯规划课程、老师讲解、咨询专家、宣传画板、学科课程渗透等形式（表 8-6）。其中，讲座、老师讲解是最主要的形式，分别有 68.32%、67.95%的学生反映当前学校主要通过讲座、老师讲解进行生涯规划指导。有 57.50%的学生表示学校会开设生涯规划课程，但其比例低于讲座、教师讲解等形式。此外，学科课程渗透、咨询专家、宣传画板也是重要的生涯规划指导方式，分别有 33.13%、26.90%和 19.35%的学生选择这些方式。

表8-6 不同学校生涯规划指导方式

		讲座	生涯规划课程	老师讲解	咨询专家	宣传画板	学科课程渗透	其他	没有进行指导
地区	浙江	64.77%	62.39%	67.06%	21.10%	18.17%	34.86%	13.85%	3.76%
	山东	72.04%	62.31%	74.57%	34.63%	25.94%	41.45%	17.09%	3.89%
	河北	65.18%	49.32%	60.00%	19.68%	11.55%	21.87%	18.25%	5.54%
学校类型	省重点高中	73.03%	65.97%	71.92%	33.73%	22.21%	41.16%	17.16%	4.31%
	市重点高中	70.29%	61.18%	77.00%	36.58%	30.67%	43.45%	15.34%	3.51%
	县重点高中	66.68%	53.47%	67.58%	25.29%	17.56%	29.28%	16.86%	4.94%
	普通高中	66.79%	55.49%	64.28%	22.60%	16.71%	29.70%	17.40%	4.45%
合计		68.32%	57.50%	67.95%	26.90%	19.35%	33.13%	17.00%	4.48%

不同学校开展生涯规划指导的方式有一定的差异。从地区来看，不同地区学校生涯规划指导形式大致相当，浙江和山东学校最主要的形式是教师讲解，其后依次是讲座和生涯规划课程；河北学校主要以讲座为主，之后是教师讲解和生涯规划课程。但山东学校各种形式的生涯规划指导方式开展率较高，除生涯规划课程这一形式与浙江基本相当外，其他形式的生涯规划指导方式所占比例均高于浙江和河北。如分别有72.04%和74.57%的学生表示学校通过讲座和教师讲解进行生涯规划指导，而浙江和河北通过讲座进行生涯规划指导的比例分别为64.77%和65.18%，通过教师讲解进行生涯规划指导的比例分别为67.06%和60.00%。其他指导方式也呈现了相似的趋势。相比之下，河北学校的生涯规划指导方式开展率较低，特别是生涯规划课程、学科课程渗透等比例较低。

从学校类型来看，不同类型学校生涯规划指导形式大致相当，主要的形式是讲座、教师讲解，其后依次是生涯规划课程、学科课程渗透等。但省重点高中和市重点高中各种形式的生涯规划指导方式开展率均高于县重点高中和普通高中。如65.97%的省重点高中学生和61.18%的学生表示学校开展生涯规划课程，而县重点高中和普通高中这一比例分别为53.47%和55.49%；有41.16%的省重点高中学生和43.45%的学生表示教师会通过学科课程渗透进行生涯规划教育，而县重点高中和普通高中这一比例分别为29.28%和29.70%。

(四) 生涯规划指导教师配备情况

生涯规划指导的关键是生涯规划指导教师的配备。总体而言，目前学校都比较重视生涯规划指导教师的配备，有57.06%的学生配备了生涯规划指导教师(表8-7)。

表 8－7　不同学校生涯规划指导教师配备情况

		是	否	不清楚
地区	浙江	66.61%	17.89%	15.50%
	山东	67.30%	9.95%	22.75%
	河北	40.00%	26.57%	33.43%
学校类型	省重点高中	69.91%	10.55%	19.54%
	市重点高中	67.57%	12.62%	19.81%
	县重点高中	46.63%	22.99%	30.37%
	县普通高中	55.99%	17.75%	26.26%
合计		57.06%	17.40%	25.54%

但不同地区和不同学校在生涯规划指导教师的配备上存在一定的差异。从地区来看，浙江和山东两省生涯规划指导教师配备情况更好，在浙江和山东，分别有66.61%和67.30%的学校配备了生涯规划指导教师；而在河北，仅有40.00%的学校配备了生涯规划指导教师。随着新高考改革的推进，各地在生涯规划指导教师的配备上还需加强。从学校类型看，不同类型学校在生涯规划指导教师的配备上存在显著差异。从县重点高中，到市重点高中、省重点高中，生涯规划指导教师的配备率逐渐递增，有69.91%的省重点高中配备了生涯规划指导教师，而县重点高中的这一比例仅为46.63%。值得说明的是，县普通高中的生涯规划指导教师配备率要高于县重点高中。未来，应重点关注县级高中，特别是县重点高中的生涯规划指导教师的配备情况。

（五）生涯规划指导效果

总体而言，目前学生对于生涯规划指导效果满意度较高。经过调研发现（表 8－8），有39.95%的学生对生涯规划指导效果非常满意，有34.77%的学生对生涯规划指导效果比较满意，仅有3.47%的学生对生涯规划指导效果不满意。但是不同地区学生对生涯规划指导效果的满意度存在显著差异（$F=233.701, p<0.001$），山东学生对生涯规划指导效果的满意度显著高于浙江，浙江显著高于河北。同时，不同类型学校学生对生涯规划的需求存在显著差异（$F=46.951, p<0.001$），省重点高中和市重点高中学生对生涯规划指导效果的满意度显著高于县重点高中和普通高中学生。有49.48%的省重点高中学生和54.47%的市重点高中学生对学校生涯规划指导效果非常满意，而县重点高中和普通高中这一比例分别为33.77%和35.80%。这与学校生涯规划指导形式开展率分布呈现相似的趋势，学校生涯规划指导开展率越高，学生的满意度也越高。

表8-8 学校生涯规划指导效果

		M±SD	非常满意	比较满意	一般	不满意	
地区	浙江(a)	1.90±0.82	36.88%	38.81%	22.11%	2.20%	$F=233.701^{***}$ c>a>b
	山东(b)	1.68±0.81	52.16%	29.95%	15.77%	2.12%	
	河北(c)	2.16±0.87	25.06%	39.60%	29.60%	5.74%	
学校类型	省重点高中(d)	1.72±0.82	49.48%	31.35%	16.86%	2.30%	$F=46.951^{***}$ d,e<f,g
	市重点高中(e)	1.67±0.84	54.47%	27.16%	15.65%	2.72%	
	县重点高中(f)	1.99±0.86	33.77%	37.16%	25.29%	3.79%	
	县普通高中(g)	1.96±0.87	35.80%	36.87%	23.35%	3.98%	
合计		1.89±0.86	39.65%	34.96%	21.92%	3.47%	

注：$^{***}p<0.001$。

第三节 新高考下生涯规划教育策略

一、完善生涯规划课程体系

（一）明确终身发展与生涯规划的课程目标

在新高考背景下，高考改革最紧迫的任务是将生涯教育的目标从为高中生的升学、就业准备，转变为促进高中生的全面可持续发展；从单纯的培养选科、选专业、职业生涯规划的能力，转变为帮助高中生整合自我和外部世界，具备适应未来社会的知识、能力、态度等，使之能够适应社会，实现终身发展。所以，对于当下终身发展与生涯规划课程的目标确定也应当从高考改革的重要任务入手。

在当下，大部分高中学校开始响应新高考的政策要求，设立生涯规划的相关课程。相应的，终身发展的理念并不是说在某一课程中就能实现，而应当贯穿于学生生涯发展的各个阶段，潜移默化地让学生形成终身发展的意识。所以，对于普通高中阶段生涯规划教育的目标一定要是综合的、全面的、深入的，不能是单一的、片面的、浅层次的，其最终指向是从帮助学生“正确认识学业”转变到“选择一所适合的学校”再转变到“引导学生实现终身发展”，是对学生自身“想往哪条路发展”“适合往哪条路发展”“可以往哪条路发展”的理性解答，通过“学校＋社会＋人生”的能动关系式，给予学生系统的、复合的、综合的生涯规划指导，以帮助学生学会平衡生活中各种社会角色，从而使他们拥有过一种更好的人生的可能性。①

① 李军靠，丁一鑫.新高考下普通高中生涯规划教育样态重塑与保障[J].教育探索，2018(01)：44—48.

(二)设立相应的终身发展与生涯规划课程体系

1. 完善相应的终身发展与生涯规划课程内容

顾明远认为,“每门课程在培养学生全面发展中都起着不可替代的作用”。课程结构、课程类型及学生修习课程的方式,都会影响学生的发展,这无论是对于基础教育还是中等教育来说都是同样重要的内容。因此,顾明远既强调课程对学生共同基础的培养,又强调共同基础上学生的自主选择,呼吁学校要为每个学生的个性发展提供合理的课程支持,呼吁建设多样丰富的课程,形成合理的课程结构,为学生的终身发展服务。①

由于高中生面临着成长与升学阶段的特殊性,高中生当下的主要课程仍然应当以学科课程为主体,在学科教学中渗透终身发展与生涯规划。形成以学科教学为主,以生涯课程和个别、团体生涯辅导为支撑的生涯教育实施体系,充分调配和运用各方面的资源,满足不同学生的发展需求,为学生的个性化发展提供可能的课程和环境支持。必修课程要以高中生生涯辅导的目标和任务为导向,围绕学生面临的共性问题和发展需要开展教学。选修课程可根据不同年级学生的差异性需求,开展针对性教育。比如,对高一学生开展入学学业适应教育、新高考政策介绍等;对高二学生加强考试安排及策略指导等;对高三学生开展考前心理辅导及高校专业探索等。学科渗透可多介绍与相应科目有关的专业、职业的历史和未来趋势,引发学生的好奇和关注。

课程建设是学校教育的核心工作,生涯规划课程是学校课程建设的一部分,是学校各种生涯规划教育内容、形式及其进度与安排的综合,具有系统性、全面性、专业性等特征。如在杭州师范大学附属中学,生涯规划课程分为中学生职业生活规划概述、职业生涯自我探索、职业探索篇、职业素养篇、职业能力篇五大主题,共计 24 课时。这种课程体系很好地体现了生涯规划课程的应有属性,具有借鉴意义。

学校要构建以培养学生的生涯规划意识为主线、贯穿终身发展理念的课程体系。要建立全面系统的生涯教育课程体系,通过必修课、专题讲座、选修课、班会辅导、体验活动、职业测评、生涯社团等多种形式,帮助学生认识自我、理性分析自我,从而发现自身的兴趣和发展潜力,逐步认识自身的能力和价值观。通过专业系统的生涯规划课程,指导学生掌握学业规划、职业规划以及人生规划的基本方法,唤醒学生的生涯意识。课程的开设可以从课堂教学、微课、慕课等多个方面着手,充分利用多媒体工具,辅助于相应的 MBTI、霍兰德、DISC 等职业测评工具,为学生做出正确的职业决策发挥引导作用。②

---

① 郭华.为学生终身发展奠基——顾明远基础教育课程教学思想研究[J].中国教育学刊,2018(10):17—21.

② 王爱芬,雷晓.新高考改革背景下高中生涯规划教育及其实现路径[J].教育理论与实践,2018,38(01):33—37.

2. 提供多种形式的课程路径

与学科课程不同，生涯规划和终身发展课程对于学生当下所处的年龄阶段而言是较虚无的，如果没有亲身体验到与生涯规划相关联的内容，学生很难感受到生涯规划和终身发展的重要意义所在。所以除了设置相应的课程以外，亲身的实践也是激发学生生涯规划和终身发展意识的重要途径。

因此，学校要充分利用社会资源为学生提供丰富的课程，让学生在基于兴趣满足与成长需要的拓展课、兴趣课、社会服务与调研等活动中拓展认识，提高自己选择的能力。学校可以开展体验式生涯规划活动，组织学生进行职业体验，参观相关企业、高校。同时，学校要加强实践教学，尽可能地组织学生进行生涯实践体验活动，鼓励学生多参加以生涯探索为主题的社会实践，引导学生总结实践经验。如可以通过创建社团组织、组织志愿活动、开设各种专家学者的论坛等，将与生涯规划教育相关的内容融入到丰富的实践活动过程中，拓展学生职业生涯规划教育的空间，实现生涯规划教育理论与实践的结合，这对于促进学生进一步自我了解、自我审视，体验并建立与职业世界的联结，增强生涯意识，有着不可替代的作用。加大投入，通过报告会、研讨会、短期授课等形式，聘请校外专业人士对学生、家长、教师进行专业生涯规划教育，提高人们对生涯规划的兴趣，树立生涯规划意识。

二、做好生涯规划专业指导

(一) 成立专门的指导教师队伍

从我国目前的学校实践来看，对于成立专门的指导教师队伍仍然存在几个错误的观点。首先，目前大多数学校的生涯规划指导教师是由班主任或心理辅导教师兼任，没有形成具备专业知识的、专门化的指导教师队伍，尤其是对于高中的班主任来说，日常的琐事和教学工作已经占据了他们的大部分时间，若想将学生的生涯规划和终身发展工作做得具有专业水准恐怕困难重重。2020 年教育部新修订的《普通高中课程方案(2017 年版 2020 年修订)》也强调，“学校应建立学生发展指导制度，采用专职教师与兼职教师相结合的方式，组建专门队伍，加强对学生的理想、心理、学业、生活、生涯规划等方面的指导”。其次，在学科教学中渗透生涯规划和终身发展理念是非常有必要的，但是当下多数教师对生涯规划教育应有的丰富内涵与广泛作用认识不足，依然以“职业生涯辅导”为主要内容，窄化了生涯规划和终身发展的理念范围。最后，在指导方法上“科学化倾向”突出，如不少学校引入职业心理测评量表，并基于测评结果给出学生职业选择建议，这一做法违背了现代教育对学生发展的基本认识——人的发展具有无限可能性,在他们的青少年时期就预先设计其职业发展路向,是不利于他们自身潜能的充分发展的。

生涯规划和终身发展的开展必然会对学校的师资力量提出新的要求,学校要在这场新的变革中做到有条不紊,就必须优化师资力量,为生涯规划教育的开展提供必要的保障。因此,学校除了要充分发挥学科教师在日常课堂中对学生生涯规划和终身发展的渗透作用之外,还要培养一批比较专业的指导教师队伍,为生涯规划课程的开展和终身发展理念的渗透注入新鲜血液。同时,学校要根据生涯规划教育的要求以及教师的实际情况,有目的、有计划、有步骤地组织教师认真学习生涯规划知识,促使教师真正了解实施生涯规划教育的重要性和必要性。此外,学校还可聘请专门的生涯规划教师,为学生提供专业的指导和帮助,通过团体辅导、个人辅导等多种方式,促使学生全面认识自我,进而做出正确的、合适的选择。

(二) 加强对指导教师队伍的专业资质培养

我国关于指导教师队伍的培养目前还没有形成较为统一的标准和要求,这也使得当下一些指导教师的个人专业能力良莠不齐。但是国外一些国家对于指导教师队伍的选拔和培养已经形成了较为完整的系统,我们或许可以从中获得一些启发。

以美国、法国、加拿大为例,他们对于指导教师队伍的学历要求、选拔方式以及后期的培养有着严格的要求,如表 8-9 所示,国外对于指导教师的要求倾向于专业化、职业化的方向发展。三个国家的高校都设有相应的指导教师专业,并且在指导教师的学历上都是以高标准学历为门槛。相应的,指导教师已经成为了一种专门的职业,从业人员需要进行专业的资格考试来获取职业资格证书,这足以看出国外对于指导教师的专业性要求是十分严格的。最后,即便是已经成为了一名专业的指导教师,也需要接受统一的培训。在培训方面这些国家也是形成了较为完整的内容,注重指导教师在知识技能和实践经验方面的培养,将理论知识和实际相结合,最终培养出一批批高质量的指导教师队伍。

表 8-9 国外关于指导教师培养的标准和要求

	学历要求	选拔方式	培训内容
美国	硕士学位	通过职业资格考试	专业知识+实践
法国	接受过高等教育	通过选拔考试	专业知识+实践
加拿大	硕士学位	通过教师资格考试	专业知识+实践

对于教师指导队伍的培养,需要我们在结合当下教育实际情况的基础上,因地制

宜,借鉴国外的经验,形成独具特色的教师指导队伍。可以从指导教师的知识、能力、态度等方面来入手,比如,在专业知识方面,指导教师要能够掌握和运用教育学、心理学、生涯规划理论、专业规划领域等知识,并且逐渐能够提炼和生成新的生涯规划与终身发展知识与理论以及开发出新的生涯规划和终身发展课程;在能力方面,教师要能够掌握生涯规划所需核心能力,能使用测评工具,并对测评结果进行分析与处理,能从容处理各种复杂情况,开展针对性的咨询与辅导,能独立开展指导教师培训,积极探索新的生涯规划方法与技巧;在态度方面,要能够把握指导教师的职业特点、工作原则及内容等,在工作过程中能遵循专业守则与职业道德,有较强烈的职业认同感,工作热情足、积极性高,具有职业理想,享受工作的意义与价值,追求自我实现。从知识、能力、态度这三大方面入手,为指导教师队伍科学合理地设计教师培训体系,开展相应的国培、省培、市培、校培,引导教师转型,提高教师的专业指导水平。

三、加强生涯规划教育保障

在新高考改革初期,学生、家长、学校均会对生涯规划和终身发展如何进行以及最终的效果感到迷茫甚至是无措。最终的突破口在哪里,这对于大多数学校和教师来说都是一个十分困惑的问题。要想解答这些困惑,及时地为学校、教师指点迷津,促进生涯规划和终身发展理念的有效展开,就要充分发挥政府对教育改革的推动作用,使政府以有效的方式适时介入新高考改革。

为此,地方教育行政部门应通过协调多方力量综合考量,对生涯规划教育进行统筹规划,完善终身发展的体系,进一步加强对其的顶层设计,这是促使新高考良好展开的必不可少的环节。加强生涯规划和终身发展的顶层设计,根据高考招生制度改革的精神,我们要从学校定位、师资实际和生源特点出发,突出学生发展核心素养,以高中学生身心发展阶段的特点为着力点,立足于地方实际,借鉴国外、国内先进的生涯规划教育经验,充分利用校内外、社区及其周边教育资源,构建层次清晰、递进有序、开放有致的学校课程体系和相对稳定、完备的生涯规划教育体系,以供各个学校参考使用,从而为生涯规划和终身发展的有力开展指明方向。①

(一) 制定好学生终身发展与生涯规划的顶层设计

"无规矩不成方圆",终身发展与生涯规划的相关法律法规是对新高考改革的持续性补充与完善,更是学校开展终身发展与生涯规划相关课程与活动的指针,当下我国

---

① 王爱芬,雷晓.新高考改革背景下高中生涯规划教育及其实现路径[J].教育理论与实践,2018,38(01):33—37.

高中生终身发展与生涯规划的开展还面临着许多困难,需要这样的指针来进行指引,为新高考改革的顺利开展添砖加瓦。

首先,当前新高考改革方案中还存在着责任主体界定不清晰、考试功能定位模糊、政策刚性不足等问题,需要完善制度设计,提供内涵清晰、约束性高的制度。同时,人才培养的连续性要求高校和中学协同育人,教育行政部门应统筹协调高校和中学招考、人才培养行为,创建沟通平台,从制度和程序上理顺人才培养的衔接链条,强化高校与中学在教学内容、课程体系和组织形态上的衔接,增强高校与中学之间的联系。此外,信任是教育政策有效施行的重要因素,能够增强治理系统中多元利益主体之间的合作意愿。但我国的高考关键信息不透明,参数信息不公开,使不同利益主体的信息不对称,从而对高考改革政策缺乏信任,难以真正配合制度的执行。所以,有必要制定推进高考信息公开的相关政策和执行标准,加强信息的公开程度和水平,并向参与者提供对信息的适当解释,提高参与者理解、接纳以及使用信息理性参与高考改革的能力。①

(二)为指导教师队伍提供保障

指导教师队伍的保障是促使终身发展与生涯规划顺利展开的另外一个重要方面。按照《关于新时代推进普通高中育人方式改革的指导意见》中的相关内容,各地要进一步加大编制统筹调配力度,于 2020 年底前完成普通高中教职工编制核定,以适应选课走班教学需要。《中共中央国务院关于全面深化新时代教师队伍建设改革的意见》也明确提出了"为高中阶段教育学校侧重培养专业突出、底蕴深厚的研究生层次教师"。在高考综合改革推进过程中,省政府、人社部门应尽快统筹安排,调整师生比标准,尽快核定、增加教师编制;创新已有师资培养体系,为新高考后的普通高中储备紧缺学科教师,由教育行政部门统筹区域内学校学科教师配置。②

《关于新时代推进普通高中育人方式改革的指导意见》中关于高中教师的保障措施,对于终身发展与生涯规划的指导教师同样适用。由于当前普通高中终身发展和生涯规划教育仍需提升,且在不同维度间存在着显著差异,尤其是当下我国高校中对于指导教师队伍并没有开设相关专业,这就更加需要尽快重新设定高中学校设置标准,建立与高考改革相配套的师资队伍。教育行政部门应未雨绸缪,建立区域层面的师资调配中心,探索区域内师资的共享,重视引进和培养专业的终身发展和生涯规划指导

---

① 阎琨,吴菡.新高考改革的现实困境与突破策略[J].中国高教研究,2022(02):13—20.

② 苏娜,刘梅梅.新高考后普通高中育人能力现状调查及对策研究——基于对 31 省 1256 所普通高中的调查[J].中国教育学刊,2021(01):54—59.

教师。制定与终身发展和生涯规划教育相匹配的硬件配置标准，更新制定指导教师编制标准，调整绩效工资标准，创新教师人事管理体制。

在设立指导教师的基础之上，更需要的是对指导教师的保障工作进行落实，只有提高指导教师在社会中的地位，建构积极的教学评价制度、薪酬制度、奖励制度，才能激发教师参与改革的激情与动机，进而促使他们自觉、主动、持续地投入到新高考改革中。比如，在法国成为指导教师的人员，将具有国家公职人员地位，领取工资。只有将指导教师的积极性和工作热情调动起来后，学生的终身发展与生涯规划课程的展开才会更加顺利。

参考文献

边新灿.高考“分类考试”改革研究[J].教育评论,2017(01):3—7.
边新灿,蒋丽君,雷炜.论新高考改革的价值取向与两难抉择[J].中国高教研究,2017(04):61—65.
边新灿.新一轮高考改革的多视域考察——简论浙江高考招生制度改革[M].北京:北京大学出版社:2018:242—244.
蔡志文.基于Internet的学分制选课系统设计[J].成都信息工程学院学报,2004,19(1):58—61.
柴唤友,陈丽,郑勤华,王辞晓.学生综合评价研究新趋向:从综合素质、核心素养到综合素养[J].中国电化教育,2022(03):36—43.
陈兰枝,夏豪杰,王后雄.新高考、新趋势、新思路、新策略——访华中师范大学考试研究院院长王后雄教授[J].教师教育论坛,2016,29(10):4—7.
陈玉德.基于技术的网络选课系统实现及网络拥堵处理[J].佳木斯大学学报(自然科学版),2008,7(26):524—526.
陈云超.新高考来了,普通高中教师发展如何未雨绸缪[J].教育家,2017(15):46—47.
程岭.纳入高等学校招生体系的综合素质评价:“难为”审思与“能为”创建[J].教育研究,2020,41(12):111—120.
程龙.高中综合素质评价十年回顾与反思[J].教育参考,2015(06):41—46.
程伟,程友娟.新高考背景下普通高中课程改革的问题与对策[J].教学与管理,2020(07):1—4.
程燕慧,吴永容.新高考改革的理念、影响及学校转型对策探究[J].教育与装备研究,2021,37(09):86—89.
崔桂利.生涯发展指导引领选课走班——青岛一中智能多元生涯测评系统破解选课走班难题[J].山东教育,2019(Z3):45.
崔伟,孙晓园.新高考选科要求的变与不变[J].中国考试,2020(05):8—15.
崔允漷,柯政.关于普通高中学生综合素质评价研究[J].全球教育展望,2010,39(09):3—8.
丁若曦.高中学业选择指导前沿之社会认知生涯理论的框架、解释力与实用性[J].教育理论与实践,2021,41(31):10—16.
董建春.论发展性课程评价制度建设[J].中国教育学刊,2008(04):52—55.
董君武.个性化学习的系统建构与实践探索——以上海市市西中学为例[M].北京:人民教育出版社:2017.52.
董新良,陈汉明.学生指导:“新高考时代”学校教育变革的新趋向[J].教育理论与实践,2018,38(01):29—32.
杜芳芳,金哲.新高考改革背景下高中生科目选择意向现状及对策——基于浙江省五所高中的调查分析[J].教育理论与实践,2016,36(08):15—18.
杜永贵.大数据技术在学生志愿填报中的应用分析[J].软件,2021,42(07):178—180.
樊丽芳,乔志宏.新高考改革倒逼高中强化生涯教育[J].中国教育学刊,2017(03):67—71+78.
樊亚峤,徐海,赵鹏林.新高考改革中综合素质评价的实施困境及突破策略[J].中国考试,2019(07):63—71.
樊亚峤.综合素质评价纳入高考录取的阻力与对策[J].中国教育学刊,2016(06):33—37+53.
方晓义,张明敏,张惟亮.高中生生涯规划理论与实务:教师用书[M].北京:科学出版社:2020.13.
冯天瑜.科举制度——中国第五大发明[J].山西大学学报(哲学社会科学版),2014(1):47—55.
付兴宏,罗雨滋.关于Web选课系统中的选课冲突及其解决方法[J].辽宁师专学报,2006(3):

81—82.
付宜红. 2020 年修订版普通高中课程方案及标准的主要变化及有关考虑[J]. 基础教育课程，2020(13)：22—28.
干春松. 知识与权力的互动：科举制度与儒家的制度化建构[J]. 社会科学，2011(6)：115—121.
关松林. 我国普通高中学生学业水平考试问题分析[J]. 中国教育学刊，2013(11)：1—5.
桂敏. 国际视域下终身学习概念特征、政策逻辑与价值反思[J]. 职教论坛，2021，37(01)：163—170.
郭创任. 新高考背景下高中学校管理的创新探索[J]. 中国教师，2021(07)：102—103.
郭华. 为学生终身发展奠基——顾明远基础教育课程教学思想研究[J]. 中国教育学刊，2018(10)：17—21.
郭娇娇. 普通高中学业水平考试改革的困境与解困[J]. 教育与考试，2019(05)：20—25.
国卉男. 当代国际终身教育政策的回顾与展望[J]. 外国中小学教育，2013(01)：17—23.
国家中长期教育改革和发展规划纲要工作小组办公室. 国家中长期教育改革和发展规划纲要(2010—2020 年)[Z]. 2010-07-29. 国务院办公厅. 国务院办公厅关于新时代推进普通高中育人方式改革的指导意见[Z]. 国办发[2019]29 号，2019-06-11.
国务院. 国务院关于深化考试招生制度改革的实施意见[Z]. 国发[2014]35 号，2014-09-03.
韩艳梅. 新课程背景下学习组织方式的新探索———走班制的实施与管理[J]. 辽宁师范大学学报，2003，(5)：43—46
郝占伟. 新高考选科误区与建议[J]. 考试与招生，2020(11)：43—45.
何强. 高中选修课程开发的实践思考与路径探究——以《浙江省深化普通高中课程改革方案》为例[J]. 教学月刊・中学版(教学管理)，2013(06)：24—26.
何通海. 选课走班在行动——高中选择性教育的设计与实施[M]. 杭州：浙江教育出版社，2018：117—118.
何忠礼. 科举制起源辨析[J]. 历史研究，1983(2)：101.
洪瑞祥，王晓阳. 新高考综合素质评价发展的影响因素——基于社会学制度主义视阈[J]. 教育学术月刊，2022(01)：58—65.
胡金平. 三十余年来高考政策研究的社会学审视[J]. 教育学报，2011，7(4)：19—26.
胡晓红. 选择性：浙江高考改革和高中新课程改革的共同目标[J]. 中国考试，2017(05)：35—38.
黄朝阳. 新高考制度背景下高中教学管理应对策略[J]. 文理导航(中旬)，2021(11)：66—67.
黄留珠. 创新与流弊：千年科举制度面面观[J]. 学术研究，2005(11)：64—66.
黄伟. 半个世纪以来的高中语文选修课程的历史发展[J]. 天津师范大学学报(基础教育版)，2006(2)：16.
黄妍. “学生选课”与“高校选科”的耦合性分析及建议——以山东省 2017 级学生为例[J]. 考试研究，2020，16(04)：8—16.
霍益萍，朱益明. 中国高中阶段教育发展报告 2015[M]. 上海：华东师范大学出版社：2016. 110.
计敏. 烟台开发区高级中学思想政治课学生选课指导的行动研究[D]. 上海：华东师范大学，2010.
季青春. 考试与招生联动：高考科目改革的价值、困境与对策[J]. 中国考试，2018(06)：10—15.
贾红秋. 终身生涯发展观：大学生职业生涯教育的缺失与回归[J]. 继续教育研究，2015(09)：26—29.
江苏省人民政府. 江苏省政府关于印发江苏省深化普通高校考试招生制度综合改革实施方案的通知[Z]. 苏政发[2019]31 号，2019-04-21.
蒋国民. 例析高中选修课程开发的基本模式——以浙江省为例[J]. 中学政治教学参考，2013(16)：44—46.
教育部. 教育部关于加强和改进普通高中学生综合素质评价的意见[Z]. 教基二[2014]11 号，2014-12-10.
教育部. 教育部关于进一步深化普通高等学校招生考试制度改革的意见[Z]. 1999-02-13.
教育部. 教育部关于普通高中学业水平考试的实施意见[Z]. 教基二[2014]10 号，2014-12-10.
解露，周序. 选修课的意义与价值[J]. 中国教师，2018(7)：127—128.

靳培培,周倩. 新高考背景下高校招生综合素质评价的问题与对策[J]. 当代教育文化,2019,11(06):82—88.
鞠瑞利. 新高考背景下生涯教育与心理健康教育融合的思考与探索[J]. 教育参考,2020(06):54—60.
柯政. 校内选课指导制度的建立[J]. 当代教育科学,2003(20):17—21.
柯政. "选考"制度下的"田忌赛马":原因与对策[J]. 教育发展研究,2016,36(18):32—38.
李宝庆,魏小梅. 高中学业水平考试改革的阻力及突破策略[J]. 湖南师范大学教育科学学报,2017(3):34—42.
李兵,许静. 论清代科举考试内容对书院教学的影响[J]. 湖南大学学报(社会科学版),2008(5):22—28.
李广,姜英杰. 个性化学习的理论建构与特征分析[J]. 东北师大学报,2005(03):152—156.
李国荣. 千年科举的功劳与罪过[J]. 北京档案,2012(10):4—6.
李弘祺. 学以为己——传统中国的教育(上)[M]. 上海:华东师范大学出版社,2018.
李军靠,丁一鑫. 新高考下普通高中生涯规划教育样态重塑与保障[J]. 教育探索,2018(01):44—48.
李军靠,丁一鑫,赵丹. 新高考下普通高中选课走班教学的困境与跨越[J]. 中国教育学刊,2018(01):26—30.
李立峰. 科举配额制演化的历史考察[J]. 中国地质大学学报(社会科学版),2008(1):93—97.
李木洲. 高考改革的历史反思[M]. 武汉:华中师范大学出版社,2014.
李娜. 新高考改革背景下我国普通高中选课研究[D]. 沈阳:沈阳师范大学,2016.
李兴洲,耿悦. 从生存到可持续发展:终身学习理念嬗变研究——基于联合国教科文组织的报告[J]. 清华大学教育研究,2017,38(01):94—100.
李雁冰. 论综合素质评价的本质[J]. 教育发展研究,2011,33(24):58—64.
李永强,马慧玥. 论中国科举制度对西方文官制度的影响[J]. 中国人民大学学报,2008(1):112—116.
李云淑. 课程选择与选课指导[J]. 中国教师,2003(03):20.
李云星,李一杉. 新高考改革背景下高中生学校适应的调查研究——以浙江省 S 市为例[J]. 教育发展研究,2018(22):30—36.
李之军,申静伟. 浅谈高中生涯规划与科学选科[J]. 高考,2021(29):5—6.
联合国教科文组织总部. 教育:财富蕴藏其中[M]. 联合国教科文组织中文科,译. 北京:教育科学出版社,2001.
林伯海,等. 思想政治教育的人学取向[M]. 北京:现代教育出版社,2015:278
林德全. 新高考选考科目嬗变的多维审视[J]. 湖南师范大学教育科学学报,2019,18(06):40—46.
林桂榛. 简论《大学》三纲八目的人生图式[J]. 道德与文明,2000(2):27—29.
凌宗伟. 新高考,新方案[M]. 上海:华东师范大学出版社,2019:8.
刘宝剑. 关于高中生选择高考科目的调查与思考——以浙江省 2014 级学生为例[J]. 教育研究,2015(10):142—148.
刘二茹. 哈尔滨市普通高中选课制实施现状调查研究[D]. 哈尔滨:哈尔滨师范大学,2017.
刘海峰. 跌宕起伏:中国招生考试 70 年[J]. 高等教育研究,2019(11):9—20.
刘海峰. 贡院——千年科举的背影[J]. 社会科学战线,2009(5):203—209.
刘海峰. 科举制——具有世界影响的考试制度[J]. 中国考试,2005(1):13—16.
刘海峰. 重评科举制度——废科举百年反思[J]. 厦门大学学报(哲学社会科学版),2005(2):5—12.
刘建炜. 新高考改革背景下普通高中应对策略研究[D]. 石家庄:河北师范大学,2020.
刘静. 高考改革背景下高中生涯规划教育的重新审视[J]. 教育发展研究,2015,35(10):32—38.
刘遒银. 中国古代科举制度对西方近代文官制度改革的影响[J]. 文史杂志,1989(6):17—19.
刘希伟. 新高考综合试点改革的四重审视[J]. 中国教育学刊,2019(06):13—18.
刘希伟. 中国近代高中会考制度及其现实观照价值[J]. 课程·教材·教法,2017(7):119—123.

刘雅丽. 终身教育与终身学习的现代思考[M]. 长沙:湖南人民出版社,2008:25.
刘志军. 关于综合素质评价若干问题的思考[J]. 课程·教材·教法. 2016,36(01):40—44.
刘志军,张红霞,王洪席,王萍,王宏伟. 新高考背景下综合素质评价的意蕴、实施与应用[J]. 华东师范大学学报(教育科学版),2018,36(03):57—68+168.
柳学智. 高考科目设置与专业性向测定——破解新一轮高考改革困局[J]. 中国考试,2015(08):3—10.
娄立志. 普通高中学生选课指导原则探析[J]. 教学与管理,2005(01):52—54.
娄立志,张基惠. 新高考本体价值之表达:评价理念、育人功能、人本取向[J]. 中国考试,2019(10):30.
楼劲. 科举制"投牒自举"之法溯源[J]. 历史研究,2019(1):55—71.
卢海弘,张也. 综合素质评价研究:最新进展、主要难点及破解思路[J]. 现代教育管理,2020(05):46—50.
卢雨辰. 学业水平等级性考试内容改革的实践与发展趋向[J]. 教学与管理,2021(07):77—80.
陆磊. 终身教育与职业教育体系构建[M]. 北京:中国书籍出版社,2019.
路日亮. 人的生命价值与人的全面发展[J]. 中国特色社会主义研究,2012(05):36—41.
吕莹. 普通高中学生综合素质评价的现状、桎梏及展望[J]. 教学与管理,2019(03):68—70.
罗晓燕,李孔珍. 新高考改革背景下的教师专业发展:挑战与对策[J]. 教育参考,2020(03):43—49.
马嘉宾,张珊珊. 推行综合素质评价的操作策略研究[J]. 中国教育学刊,2017(02):1—5.
马跃,韦小满. 新一轮高考改革中的测验等值问题[J]. 考试研究,2015(05):63—69.
缪水娟,钱万军. 寻找适合学生的教育——浙江省深化高中课改七大新举措[J]. 人民教育,2014(11):49—53.
庞君芳,任学宝. 选择性课程的改革:背景、意义及实践向度[J]. 中国教育学刊,2022(2):71—74.
彭温豪博. 新高考背景下教师专业发展面临的挑战及对策[J]. 教学与管理,2019(27):56—59.
齐林泉,李萍. 新高考改革如何稳妥推进[N]. 中国教育报,2018-3-10(5).
祁占勇,陈赵阳. 40 年来我国高考政策的演进逻辑与未来走向[J]. 江苏高教,2018(3):19—24.
任筱萌. 中国科举制度的对外影响[J]. 中国文化研究,1999(2):138—141.
任学宝. 新高考背景下浙江高中课改的经验与反思[J]. 基础教育课程,2017(16):7—18.
任学宝,周丽婷,董莉. 尊重差异与选择实施分类分层走班教学——杭州师范大学附属中学深化课改探索纪实[J]. 基础教育参考,2014(17):28—32.
上海市人民政府. 上海市深化高等学校考试招生综合改革实施方案[Z]. 沪府发[2014]57 号,2014-09-18.
上海市、浙江省深化高考综合改革方案[M]. 北京:人民出版社,2014(9):28.3.
邵朝友,周文叶,崔允漷. 基于核心素养的课程标准研制:国际经验与启示[J]. 全球教育展望,2015,44(08):14—22+30.
邵光华,吴维维. 新高考改革何去何从——关于新高考"选考"和"一科两考"问题的再思考[J]. 教育发展研究,2018,38(08):13—20.
申屠永庆. 新高考下学科功能教室的创建与运行[J]. 中小学管理,2017(09):56—58.
申屠永庆,周红军. 打造新高考背景下的"互联网+学科教室"[J]. 浙江教育技术,2018(4):29—31.
石鸥. 高中学校如何指导和帮助学生选课[J]. 人民教育,2004(17):33—35.
宋宝和,赵雪. 课程标准与考试大纲[J]. 中国考试,2016(12):5—9.
宋立坤. 普通高中实施选修走班制的实践与思考[D]. 济南:山东师范大学,2007.
苏娜,刘梅梅. 新高考后普通高中育人能力现状调查及对策研究——基于对 31 省 1256 所普通高中的调查[J]. 中国教育学刊,2021(01):54—59.
苏娜,魏晓宇. 改革开放 40 年高考招生制度改革述评[J]. 全球教育展望,2018,47(07):76—90.
苏尚锋. 选修模块的类型拓展及其课程价值——兼评北京市高中课程改革中的翱翔计划. 中国教育学刊,2011(4):33—36.
苏树华.《大学》"三纲""八条"的心学阐释[J]. 江西社会科学,2001(10):47—49.

孙培青，等. 中国考试通史[M]. 北京：首都师范大学出版社，2008.
覃红霞. 科举学的法律视角——以《钦定科场条例》为例[J]. 厦门大学学报（哲学社会科学版），2010(5)：67—73.
汤海滨，王克进. 职业规划——理论、测评与分析[M]. 北京：清华大学出版社，2017：4—5.
陶百强. 对我国新高考方案高中学业水平考试的思考与政策建议——浙江、上海 2014 年高考改革学业水平考试方案商榷[J]. 中国考试，2015(08)：26—38.
屠永永，刘红霞. 新高考改革对普通高中学校管理的影响研究[J]. 教育观察，2018，7(20)：4—6.
万玉凤. 高考改革公平科学选才——新高考招生录取改革述评[N]. 中国教育报，2018 - 3 - 12(6).
王爱芬，雷晓. 新高考改革背景下高中生涯规划教育及其实现路径[J]. 教育理论与实践，2018，38(01)：33—37.
王博. 新高考背景下高中选科指导的问题与对策[J]. 天津市教科院学报，2019(04)：77—82.
王大磊. 论科举制度的国际影响[J]. 河北师范大学学报（教育科学版），2008(1)：71—74.
王国强. 全国新高考方案的比较及对陕西的启示[J]. 陕西教育（综合版），2021(11)：19—21.
王杭. 基于毕生发展观的现代职业教育体系终身发展维度[J]. 职业技术教育，2017，38(10)：13—18.
王洪席. 高中学生综合素质评价：误读与澄清[J]. 中国教育学刊，2016(03)：65—67.
王洪席. 我国综合素质评价政策的演进历程及特征分析[J]. 课程·教材·教法，2016(12)：28—34.
王后雄. 新课程高考科目方案述论与改革价值取向[J]. 高等教育研究，2007(5)：26—31.
王惠清. 高中综合素质评价的定位、难题与改进[J]. 教学与管理，2020(10)：68—71.
王火生. 高考制度改革的道与术[J]. 教育学术月刊，2018(2)：22—33.
王杰. 大学之道：构建以“三纲八目”为核心的道德修养体系[J]. 中国文化研究，2001(8)：66—73.
王静丽. 新高考背景下高中生涯规划教育的反思与实践[J]. 基础教育课程，2017(01)：29—34.
王丽，王晓华. 成人教育、继续教育与终身教育——概念的解读与辨析[J]. 继续教育研究，2010(11)：4—6.
王萌. 选科指导，赋予学生未来发展更多可能——普通高中有效开展选科指导的思考和建议[J]. 新校园，2021(10)：85—87.
王汭晴，曾天德. 新高考视域下的高中生生涯认知特征及提升路径[J]. 教育学术月刊，2021(10)：83—90.
王润. 新高考改革背景下高中实施走班制的问题审视与路径超越[J]. 中国教育学刊，2016(12)：29—35.
王思斌. 转型期的中国社会工作[M]. 上海：华东理工大学出版社，2002.
王小明，丁念金. 历史与嬗变：普通高中学生综合素质评价改革十年[J]. 现代教育管理，2015(11)：74—79.
王晓冬. 深化课程改革背景下浙江省普通高中选课系统研究与设计[J]. 中国教育技术装备，2013(23)：29—32.
魏羲之. 2011.“零纪录”的科举考试[N]. 学习时报，2011 - 03 - 05(4).
吴照，季金杰. 以综合素质评价撬动普通高中育人方式变革[J]. 人民教育，2022(06)：44—47.
吴遵民. 关于现代国际终身教育理论发展现状的研究[J]. 华东师范大学学报（教育科学版），2002(03)：38—44.
武秀霞. 适应“新高考”的高中学校改革：需求、问题与展望——基于学校资源发展的视角[J]. 教育学术月刊，2019(4)：41—48.
肖磊，刘志军. 制度信任视域下的综合素质评价[J]. 课程·教材·教法，2017，37(05)：77—83.
肖焱连. 新高考背景下选课走班教学的问题与对策——以重庆市青木关中学高 2021 级为例[J]. 科教导刊，2021(33)：112—114.
辛涛，张世夷，贾瑜. 综合素质评价落地：困顿与突破[J]. 清华大学教育研究，2019(02)：11—16.
徐辉. 废除科举与中国社会的现代转型[J]. 厦门大学学报（哲学社会科学版），2003(5)：27—32.
徐雅梦. 新高考改革背景下选课走班制管理问题及策略研究[D]. 重庆：西南大学，2020.

薛海平，罗峥，唐一鹏. 新高考背景下高中生学业生涯规划[M]. 北京：科学出版社，2020：2.
阎琨，吴菡. 新高考改革的现实困境与突破策略[J]. 中国高教研究，2022(02)：13—20.
杨德军，黄晓玲. 基于新高考的普通高中学生模拟选课调查及分析[J]. 教育科学研究，2017(11)：48—53.
杨国强. 论科举制度尚公平的历史内容和历史矛盾[J]. 华东师范大学学报(哲学社会科学版)，2014(4)：1.
杨九诠. 综合素质评价的困境与出路[J]. 华东师范大学学报(教育科学版)，2013(02)：36—41.
杨清. 新高考背景下学校课程建设的困境与出路[J]. 教育科学研究，2020(10)：62—67.
杨旭，孙学军. 透析新课改"3＋1＋2"选科模式缺陷，再谈新高考"3＋2＋1"模式应对方案[J]. 高考，2021(17)：9—10.
杨学为，等. 中国考试通史[M]. 北京：首都师范大学出版社，2008：3—5.
杨学为. 中国考试通史(卷五)[M]. 北京：首都师范大学出版社，2001：56.
杨银付. 新时代普通高中育人方式改革如何推进[J]. 人民教育，2019(Z2)：1.
杨英姿. 试论《大学》"三纲八目"之儒学奥义及当代价值[J]. 伦理学研究，2015(1)：57—61.
杨玉春. 新高考模式下的高中生涯规划指导[M]. 北京：北京师范大学出版社，2020：69.
杨运，闫守轩. 新高考改革背景下高中生选科问题与对策[J]. 教育理论与实践，2019，39(29)：11—14.
杨志成. 新高考背景下高中教学组织变革范式研究[J]. 中小学管理，2018(09)：33—36.
杨志明. 完善新高考学业水平等级考试赋分方案的三种策略[J]. 教育测量与评价，2018(12)：5—10.
叶澜. 终身教育视界的深刻意蕴：全时空性的全人发展——保尔·朗格朗带给我们的启示和价值[J]. 人民教育，2017(01)：13—18.
尹后庆. 深入推进普通高中新课程体系建设[J]. 中国教育学刊，2020(8)：5.
于涵，韩宁，关丹丹，章建石，焦丽亚. 关于改进新高考选考科目赋分方案的若干思考[J]. 中国高教研究，2018(06)：44—49.
于世洁，徐宁汉，杨帆，尹佳. 新高考改革下高校选考科目的制定[J]. 清华大学教育研究，2015，36(02)：32—36＋63.
于允锋. 精心涵养分层走班新生态[N]. 中国教育报，2015-03-05(7).
余东升，郭战伟. 专业教育：概念与历史[J]. 高等工程教育研究，2019(03)：116—120.
俞晓东. 选择与适合：新高考触发学习变革的学校管理创新[J]. 教育科学研究，2018(06)：24—29.
禹薇，胡中锋. 新高考之负效应及其应对策略——以浙沪两地的新高考为例[J]. 教育理论与实践，2019，39(29)：15—18.
袁朝晖，杨潇. "选课走班制"高中教学楼空间模式研究[J]. 西安建筑科技大学学报(自然科学版)，2020，52(03)：431.
臧铁军，刘冰洁. 新高考学业水平考试的定位及调整策略[J]. 教育研究，2020(11)：118—125.
詹真荣，熊乐兰. 高考新政的回顾与展望——以浙江省"新高考"改革为例[J]. 社会科学战线，2018(10)：268—272.
张恒亮. 学业规划：筹划未来[M]. 西安：电子科技大学出版社，2003.
张红霞，侯小妮. 综合素质评价落地的现实症结与突破路径[J]. 教学与管理，2020(22)：72—74.
张基惠. 发挥高考改革对高中课程改革的促进作用[J]. 基础教育课程，2019(05)：59—64.
张娟. 新高考改革背景下学生综合素质评价的挑战与出路[J]. 教学与管理，2020(36)：65—68.
张铭凯，靳玉乐. 新高考改革的价值取向[J]. 河北师范大学学报(教育科学版)，2016，18(01)：62—66.
张尚谦. 董仲舒对策考[J]. 云南民族大学学报(哲学社会科学版)，2008(4)：98.
张亚群. 科举考试与汉字文化[J]. 中国地质大学学报(社会科学版)，2009(6)：79—84.
张亚群. "物有本末，事有始终"：论科举考试的文化渊源[J]. 河南大学学报(社会科学版)，2017(5)：132—139.
张扬，尹红，李孟辉. 高校发展性课程评价探析[J]. 中国农业教育，2010(01)：55—57.

张雨强,顾慧,张中宁. 普通高中生高考选考科目现状及影响因素研究——以浙江省 5 所高中首批选考学生为例[J]. 教育学报,2018(04):29—38.
张远增. 新高考学业水平等级考试的等级分连接研究[J]. 中国考试,2021(06):61—69.
张中宁. 新高考背景下普通高中选课走班调查研究[D]. 济宁: 曲阜师范大学,2017.
章红斌. 新高考生物成绩报告单教学价值浅析[J]. 中学生物学,2018(2):62—64
赵丹,李军靠. 新高考下普通高中选课走班教学面临问题及应对[J]. 科教文汇(下旬刊),2018(12):109—111.
赵雄辉. 新高考促进高中学校新发展[J]. 湖南教育(C 版),2019(04):36—37.
赵雪,宋宝和. 普通高中学业水平选择性考试的难度设计研究[J]. 教育理论与实践,2022,42(02):18—22.
浙江省人民政府. 浙江省人民政府关于印发浙江省深化高校考试招生制度综合改革试点方案的通知[Z]. 2014-09-18.
郑从金. 从精英循环的角度看科举制度的历史功用[J]. 云南社会科学,2004(1):106—108.
郑若玲. 科举至公之道及其现实启思[J]. 厦门大学学报(哲学社会科学版),2010(5):58.
郑若玲. 科举制度对社会流动的影响几何?[J]. 人民论坛,2017(06):143.
郑若玲,徐东波. 高考科目改革向何处去——基于 70 年高考科目设置变迁与困境的分析[J]. 复旦教育论坛,2020(3):91—97.
郑仲逊,孔门弟子画传[M]. 北京:知识产权出版社,2012:31—47.
中华人民共和国教育部. 普通高中课程方案(2017 年版 2020 年修订)[M]. 北京:人民教育出版社,2020.
钟秉林,王新凤. 新高考的现实困境、理性遵循与策略选择[J]. 教育学报,2019,15(05):62—69.
周彬. “新高考”引领下的高中教育“新常态”[J]. 人民教育,2015(01):34—35.
周彬. 指向学生个性成长的高中教育转型——基于上海与浙江高考改革试点的实践研究[J]. 中国教育学刊,2017(04):28—32.
周杨经. 新一轮高考改革下的学生焦虑及其对策——以浙江省新高考第一届学生为例[J]. 中国考试,2016(6):17—19.
朱婕,雷浩. 课程选择性不断增强的 40 年[J]. 中国教育学刊,2018(06):18—24.
朱坤. 普通高中网上选课系统的研究与设计[D]. 哈尔滨:哈尔滨工程大学,2011.
朱益明. 普通高中学生发展指导研究[M]. 上海:华东师范大学出版社,2012:49.
朱振岳. 浙江高中课改新政鼓励学校及学生“自主学习”[J]. 课程教材教学研究(中教研究),2012(Z4):40.
竺丽英,王祖浩,全微雷. 中学生高考科目选择能力调查:基于 NVivo 的分析[J]. 化学教学,2018(02):7—13.
宗钰,邹放鸣. 现代化发展与适应性变革[J]. 现代教育管理,2017(11):14—19.
祖慧,龚延明. 科举制定义再商榷[J]. 历史研究,2003(6):31.
[法]保尔・朗格朗,终身教育引论[M]. 周南照,陈树清,译. 北京:中国对外翻译出版公司. 1985.
[美]雷夫・艾斯奎斯. 第 56 号教室的奇迹:让孩子变成爱学习的天使[M]. 卞娜娜,译. 北京:光明日报出版社,2014:1—3.
[美]Norman C. Cysbers, Mary J. Heppner, Joseph A. Johnston. 职业生涯咨询:过程、技术及相关问题(第二版)[M]. 侯志瑾,译. 北京:高等教育出版社,2007:8.
[美]马斯洛. 马斯洛人本哲学[M]. 成明,编译. 北京:九州出版社,2003.
[德]马克思・韦伯. 韦伯文集(下)[M]. 韩水法,编. 北京:中国广播电视出版社,2000:370—371.

附录　调查问卷

普通高中选考选课选学现状调查问卷

亲爱的同学：

你好！为深入了解新高考下高中生的选考选课选学现状及问题，进一步完善高考政策和高中教育，特进行此调研。此问卷为匿名调查，答案没有对错之分，仅作研究之用，请根据自己的情况独立完成。

国家社科基金课题组

2021.6

一、基本情况

1. 您的性别[单选题]

A. 男　B. 女

2. 您所在省市[单选题]

A. 浙江　B. 上海　C. 天津　D. 山东

E. 河北

3. 您就读的高中属于[单选题]

A. 省级重点高中　B. 市重点高中　C. 县重点高中　D. 普通高中

4. 您现在就读年级[单选题]

A. 高二　B. 高三　C. 大一　D. 大二

E. 大三　F. 大四

5. 您自己的学习成绩[单选题]

A. 优秀　B. 良好　C. 中等　D. 差

6. 您最终的选考科目组合是[多选题]

A. 物理　B. 化学　C. 生物　D. 政治

E. 历史　F. 地理　G. 技术

7. 父母的最高学历[单选题]

A. 研究生　B. 本科　C. 专科　D. 高中

E. 初中及以下

8. 您家庭的平均年收入[单选题]

A. 5万以下　B. 5万以上—10万以下

C. 10万以上—15万以下　D. 15万以上—20万以下

E. 20万以上

9. 您父亲的职业是[单选题]

A. 国家机关、党群组织、企业、事业单位负责人；

B. 专业技术人员；

C. 办事人员和有关人员；

D. 商业、服务业人员；

E. 农、林、牧、渔、水利业生产人员；

F. 生产、运输设备操作人员及有关人员；

G. 军人；

H. 其他

10. 您母亲的职业是[单选题]

A. 国家机关、党群组织、企业、事业单位负责人；

B. 专业技术人员；

C. 办事人员和有关人员；

D. 商业、服务业人员；

E. 农、林、牧、渔、水利业生产人员；

F. 生产、运输设备操作人员及有关人员；

G. 军人；

H. 其他

二、主要内容

专业优先与选考博弈

11. 您最喜欢的科目[多选题]

A. 语文　B. 数学　C. 英语　D. 物理

E. 化学　F. 生物　G. 政治　H. 历史

I. 地理　J. 技术

12. 您最擅长的科目[多选题]

A. 语文　B. 数学　C. 英语　D. 物理
E. 化学　F. 生物　G. 政治　H. 历史
I. 地理　J. 技术

13. 哪位老师对您的选考科目选择影响最大？[单选题]

A. 语文　B. 数学　C. 英语　D. 物理
E. 化学　F. 生物　G. 政治　H. 历史
I. 地理　J. 技术

14. 家长对您选考科目的建议是？[多选题]

A. 物理　B. 化学　C. 生物　D. 政治
E. 历史　F. 地理　G. 技术　H. 无

15. 您最要好同学的选科情况[多选题]

A. 物理　B. 化学　C. 生物　D. 政治
E. 历史　F. 地理　G. 技术　H. 无

16. 您心仪的专业对选考科目的限制[多选题]

A. 物理　B. 化学　C. 生物　D. 政治
E. 历史　F. 地理　G. 技术　H. 无

17. 您对学校选考指导的评价[单选题]

A. 非常满意　B. 满意　C. 一般　D. 不满意

18. 您对专业了解的程度[单选题]

A. 非常了解　B. 了解　C. 一般　D. 非常不了解

新高考与高中学习的关联度研究

19. 您怎么对待非高考科目课堂[单选题]

A. 认真听课　B. 时不时听一下
C. 干自己的事情　D. 翘课

20. 在高考科目的课堂上，面对老师的提问，您如何应对[单选题]

A. 积极思考，并认真听讲解　B. 愿意积极思考，选择性听讲解
C. 有时积极思考，不太听讲解　D. 老师问什么，我不关心

21. 您会怎么对待非高考科目布置的课程作业[单选题]

A. 认真完成　B. 马马虎虎地完成

C. 多就不做，少就做　　D. 不做

22. 你们学校每周开设非高考科目课程的频率[单选题]

A. 几乎不开设　　B. 每周开设一门

C. 每周开设两门　　D. 每周开设三门及以上

23. 您处理非高考科目情况[单选题]

A. 非常重视　　B. 重视　　C. 一般　　D. 不重视

选择性课程体系研究

24. 您对自己的高中所进行的课程课时安排态度是？[单选题]

A. 非常满意，很适合自己　　B. 满意，还可以更好一些

C. 不满意，还需要稍微调整　　D. 无所谓

25. 您对于学考与选考分开进行的态度是？[单选题]

A. 支持　　B. 较为支持　　C. 中立　　D. 反对

26. 您认为您所在高中对于必考科目课程安排情况如何？[单选题]

A. 高一、高二、高三都安排得很合理　　B. 较不合理，高一高二安排得较少

C. 较不合理，高三安排得较少　　D. 其他

27. 您高中选修课程的开设对于您的考试课程影响情况如何？[多选题]

A. 选修课程与考试课程没有关系

B. 选修课程的开设占用了我学习考试课程的时间

C. 选修课程的开设有利于提高学习考试课程的积极性

D. 选修课程对考试没有帮助，会增加学业负担

E. 选修课程对考试有帮助，可以促进个性化发展

28. 您平时如何平衡学考与选考科目的关系？[单选题]

A. 在学考之前，以学考科目为重，选考科目为辅

B. 在学考之前，以选考科目为重，学考科目为辅

C. 在学考之前，学考选考并重

D. 以选考科目为重，对学考科目关注少

走班教学与学习共同体构建研究

29. 您的高中考试课程是否存在根据学业成绩进行分层教学的情况[单选题]

A. 存在且成效显著　　B. 存在但成效微弱

C. 不存在　　D. 不了解

30. 您的高中非考试课程分类开展情况如何？[单选题]

A. 完全满足学生选择，做得非常好

B. 较能满足学生选择，做得好

C. 无法满足学生选择，做得一般

D. 做得很差

31. 自主选课可以更大程度发挥学科特长[单选题]

A. 非常符合　B. 符合　C. 一般　D. 不符合

32. 选课能够减轻学生的学习负担[单选题]

A. 非常符合　B. 符合　C. 一般　D. 不符合

33. 我更适应自主选科[单选题]

A. 非常符合　B. 符合　C. 一般　D. 不符合

34. 走班课程需频繁更换教室，十分不便[单选题]

A. 非常符合　B. 符合　C. 一般　D. 不符合

35. 相较于固定班级，您更适应走班学习[单选题]

A. 非常符合　B. 符合　C. 一般　D. 不符合

36. 您能够适应和不同班级的同学一起上课[单选题]

A. 非常符合　B. 符合　C. 一般　D. 不符合

37. 学校安排了足够多的选科教室[单选题]

A. 非常符合　B. 符合　C. 一般　D. 不符合

38. 学校各科师资充裕[单选题]

A. 非常符合　B. 符合　C. 一般　D. 不符合

39. 学校走班人数安排合理[单选题]

A. 非常符合　B. 符合　C. 一般　D. 不符合

E. 未安排走班(请跳至第42题)

40. 实施走班制后，教学班与行政班相比同学之间的关系如何？[单选题]

A. 更亲密　B. 没变化　C. 淡薄　D. 其他

41. 实行走班制后，原本班级组织的活动相较于之前如何？[单选题]

A. 变多　B. 差不多　C. 变少　D. 没有了

选课指导和支持系统

42. 您所在高中有下列哪些选课指导？[多选题]

A. 选课规划课程、讲座或班会　B. 导师制

C. 选课指导手册　D. 选课意愿调查

E. 班主任或任课教师有关选课的谈话 F. 其他

43. 您所在高中选课指导的频率如何?[单选题]

A. 总是 B. 常常 C. 偶尔 D. 从未

44. 学校提供的选课指导包含哪些方面?[多选题]

A. 专业取向 B. 赋分介绍

C. 本高中发展特征 D. 师资配备情况

E. 往届选课情况 F. 其他

45. 对您选课影响最大的一项因素是(排序)[排序题,请在中括号内依次填入1~7七个数字,]数字越小影响越大,如1表示影响最大。

[ ]兴趣 [ ]擅长学科

[ ]未来专业 [ ]往届选课情况

[ ]本校特长学科 [ ]能够提高高考成绩或排名

[ ]家长建议

学业规划、职业规划与生涯规划研究

46. 您对自己的个性、兴趣、能力的了解程度:[矩阵量表题]

	非常了解	了解	不是很了解	完全不了解
个性	○	○	○	○
兴趣	○	○	○	○
能力	○	○	○	○

47. 您是否明确将要报考的专业?[单选题]

A. 非常明确 B. 比较明确 C. 不是很明确 D. 不明确

48. 您报考的专业是如何决定的?[单选题]

A. 由自己选择 B. 让父母选择

C. 让朋友、老师帮忙选择 D. 其他

49. 您是什么时候开始做学业规划的?[单选题]

A. 高一 B. 高二 C. 高三 D. 没有规划过

50. 您是什么时候开始做职业规划的?[单选题]

A. 高一 B. 高二 C. 高三 D. 没有规划过

51. 您认为高中生对生涯规划教育的需求程度如何?[单选题]

A. 非常需要　B. 比较需要　C. 一般　D. 不需要

52. 你们高中开展生涯规划教育的主要方式是？［多选题］

A. 讲座　B. 生涯规划课程

C. 老师讲解　D. 咨询专家

E. 宣传画板　F. 通过学科课程渗透

G. 其他　H. 没有进行指导

53. 你们高中是否配备专门的生涯规划导师？［单选题］

A. 是　B. 否　C. 不清楚

54. 您对所就读高中开展的生涯规划教育满意程度如何？［单选题］

A. 非常满意　B. 比较满意　C. 一般　D. 不满意

55. 您认为高中最应该进行的生涯规划教育是？［多选题］

A. 了解自己的兴趣、能力、性格　B. 成功职场人士的经历和经验

C. 具体岗位的工作内容和要求标准　D. 生涯规划的方法指点与引导

E. 到具体的岗位参观　F. 大学专业介绍与学科前景

G. 就业市场、行业发展的信息　H. 心理咨询和辅导

I. 其他

学业水平、综合素质评价研究

56. 您认为综合素质评价结果能客观、准确反映您综合素质的实际水平吗？［单选题］

A. 完全能　B. 比较能　C. 一般　D. 不能

57. 您认为在普通高中开展综合素质评价重要程度如何？［单选题］

A. 非常重要　B. 比较重要　C. 一般　D. 不重要

58. 您赞成将您的综合素质评价结果作为毕业和升学考试的依据吗？［单选题］

A. 非常赞同　B. 比较赞同　C. 一般　D. 不赞成

59. 您如何评价将综合素质评价结果和高校选拔挂钩？［单选题］

A. 非常好　B. 比较好　C. 一般　D. 很不好

60. 高考录取中进行综合素质评价，您认为最重要的内容是［多选题］

A. 道德品质　B. 公民素养　C. 学习能力　D. 交流与合作

E. 运动与健康

61. 您对学考等级赋分的态度是［单选题］

A. 非常赞同　B. 比较赞同　C. 一般　D. 不赞成

个性化学习及支持系统

62. 高中上课时老师最经常使用的教学方法是[单选题]

A. 讲授法　B. 讨论法　C. 演示法　D. 自主学习法

E. 其他

63. 在高中课堂中,您认为老师能满足您个性化学习的需求吗?[单选题]

A. 完全能　B. 能　C. 一般　D. 不能

64. 您高中参加个性化课外辅导的情况[单选题]

A. 经常参加　B. 偶尔参加　C. 没参加(请跳至第 66 题)

65. 您对课外个性化辅导的满意度[单选题]

A. 非常满意　B. 满意　C. 一般　D. 不满意

66. 您所在高中对学生个性化学习的支持情况[单选题]

A. 非常满意　B. 满意　C. 一般　D. 不满意

后　记

新高考综合改革是一项事关千家万户的重大国事，高考的点滴变动都会牵动亿万大众的神经。以增加学生的选择权为新亮点的新高考自然生成了选考选课选学的育人方式新样态，其中的复杂性、艰巨性与困难性可想而知，当然其重要性也是显而易见的。作为一名学者，如果面对这样一个巨大的时代命题无动于衷的话，多少有点对不起自己的专业；反过来，作为一名小小的教育学者去触碰这一时代难题，显然有点蚍蜉撼大树之感。带着对学术的敬畏之情，我尝试着去思考新高考下的普通高中育人方式变革这一重大命题。经过长期的酝酿与研究，“新高考下选考选课选学研究”有幸被列为2017年度国家社科基金教育学课题。

浙江省作为全国新高考试点省份之一，经历了“3＋3”和“7选3”模式的先行探索，为后续试点提供了宝贵的正反两方面的经验。全国很多地区快速推出了第二、三、四、五批新高考模式。实践性变革速度远远超出了理论框架模型之维度。作为未有新高考体验之感的我来说，去驾驭快速高考调整显然力不从心，好在课题申报之前，在裴娣娜教授的带领下，我深度参与了浙江省高中课程改革的相关调研工作，积累了一些直观感觉和理性分析经验。本研究涉及了太多话题，如高考改革、选择性教育、“五育”融合、生涯指导、学习空间等，自己在研究过程中也在不停地发问：选考选课选学这“三选”可以并列吗？存不存在选考选课而不选学的？选考选课选学与育人方式的逻辑是什么？是因果关系还是包含关系或并列关系或其他关系？……这些问题若不尝试着厘清就会影响后续研究工作的开展。不管如何，自己还是勇敢地提出选考选课选学的内涵界定和逻辑判断。正当课题进入攻坚调研阶段，新冠疫情席卷全球，本来要实地调研的预设只能中断。特别感谢山东省潍坊市教育局局长刘海涛师兄、天津市教育学会副会长陈自鹏教授、天津职业技术师范大学职业教育学院副院长赵文平教授、河北省石家庄市教育局高建华处长，他们在疫情蔓延的日子里动员了6 000多名高中生填写问卷。也感谢课题立项以来，借着教育研究方法课程帮助我搜集大量资料的杭州师范大学2016级、2017级、2018级、2019级小学教育专业的学生们。没有一定量的调查数据和原始基础性资料，就很难支撑起一项国家课题。

急功近利本不是我的性格，但考虑到国家课题的截止时间，我不得不去完成规定的论文、著作。在著作撰写过程中，杭州师范大学曾文婧、周亚东两位博士，以及我的在读研究生尚雪、王志蕾、张葛、李睿、兰琳，各领任务、分头行动，快速丰富了著作内容。更应该感谢杭州师范大学教育学院给予课题重点项目培育经费支持，以及杭州师范大学教师发展研究中心团队的智力支持。在课题研究过程中我也得到了北京师范大学裴娜、鲍东明、郑葳教授，以及河南大学刘志军教授、东北师范大学秦玉友教授、广西师范大学孙杰远教授、浙江师范大学李伟教授和李润洲教授的大力支持，在此一并感谢。

最后，我还要感谢我年迈的母亲和岳父母，感谢我的兄弟姐妹大家庭，感谢我的妻子王静博士和儿子崇源、崇正，正因为他们，我才有了家的温暖、爱的港湾、心灵的归属以及奋斗的动力，时刻提醒我牢记“先人后己、崇学向善”的家训家风。

作为课题研究成果，本书只是一个暂时的句号，书中所提到的很多问题依然没有彻底讲清楚、弄明白，以选考为育人新引擎、选课为育人新载体、选学为育人新机制的普通高中育人方式改革仍将是一个重大时代性课题和理论性命题，需要各界同仁协力探讨！

孙德芳
于杭州师范大学
2023 年 9 月 6 日